A IGREJA QUE SOMOS NÓS

Coleção Ecclesia XXI

A comunidade cristã na história (2 vols.) – Roger Haight

A Igreja que somos nós – Mario de França Miranda

A missão em debate: provocações à luz de Aparecida – Amerindia

Amor e discernimento: experiência e razão no horizonte pneumatológico das Igrejas – Ana Maria Tepedino

Fora dos pobres não há salvação: pequenos ensaios utópicos-proféticos – Jon Sobrino

Igreja: comunidade para o Reino – John Fuellenbach

Movimentos do espírito – João Décio Passos (org.)

O futuro do cristianismo – Stanistas Breton

Os ortodoxos – Enrico Morini

Para compreender como surgiu a Igreja – Juan Antonio Estrada

Paróquia, comunidades e pastoral urbana – Antonio José de Almeida

Mario de França Miranda

A IGREJA QUE SOMOS NÓS

Dados Internacionais de Catalogação na Publicação (CIP)
(Câmara Brasileira do Livro, SP, Brasil)

Miranda, Mario de França
   A Igreja que somos nós / Mario de França Miranda. – 1. ed. – São Paulo :
Paulinas, 2013. – (Coleção ecclesia XXI)

   ISBN 978-85-356-3589-8

   1. Comunicação - Aspectos religiosos - Cristianismo 2. Igreja e o mundo
3. Mídia - Aspectos religiosos - Cristianismo I. Título. II. Série.

13-06891   CDD-200

Índice para catálogo sistemático:
1. Igreja e sociedade : Comunicação : Cristianismo 200

Direção-geral:	*Bernadete Boff*
Conselho Editorial:	*Dr. Afonso M. L. Soares*
	Dr. Antonio Francisco Lelo
	Me. Luzia M. de Oliveira Sena
	Ir. Maria Goretti de Oliveira
	Dr. Matthias Grenzer
	Dra. Vera Ivanise Bombonatto
Editores responsáveis:	*Vera Ivanise Bombonatto*
	Afonso M. L. Soares
Copidesque:	*Mônica Elaine G. S. da Costa*
Coordenação de revisão:	*Marina Mendonça*
Revisão:	*Ruth Mitzuie Kluska*
Gerente de produção:	*Felício Calegaro Neto*
Capa e diagramação:	*Telma Custódio*

1ª edição – 2013
1ª reimpressão – 2015

Nenhuma parte desta obra poderá ser reproduzida ou transmitida
por qualquer forma e/ou quaisquer meios (eletrônico ou mecânico,
incluindo fotocópia e gravação) ou arquivada em qualquer sistema ou
banco de dados sem permissão escrita da Editora. Direitos reservados.

Paulinas
Rua Dona Inácia Uchoa, 62
04110-020 – São Paulo – SP (Brasil)
Tel.: (11) 2125-3500
http://www.paulinas.org.br – editora@paulinas.com.br
Telemarketing e SAC: 0800-7010081
© Pia Sociedade Filhas de São Paulo – São Paulo, 2013

PREFÁCIO

Vivemos hoje num tempo agitado, instável, apressado, tenso mesmo. Para os estudiosos da questão, ele resulta das rápidas e sucessivas transformações socioculturais que a sociedade experimenta. De modo geral, as instituições tradicionais se veem desafiadas e ultrapassadas por novas questões, sem poder equacioná-las e explicá-las com os recursos disponíveis e suficientes num passado próximo. No âmbito da família, da educação, da saúde, da política, da cultura, problemas inéditos não conseguem ser assimilados e adequadamente respondidos. Igualmente a Igreja, enquanto instituição inserida nesta sociedade, não é capaz de permanecer imune a tais transformações, gerando desconforto e instabilidade entre seus membros. Cada um de nós, em grau diverso naturalmente, experimenta essa realidade.

Sabemos também que cinquenta anos atrás o Concílio Vaticano II procurou renovar a Igreja de modo que ela pudesse melhor se manifestar como sinal e instrumento da salvação de Deus para a humanidade. Diálogo e atualização foram as palavras-chave que orientaram os trabalhos desse Concílio. Os anos seguintes demonstraram quão difícil é traduzir na realidade as opções teológicas e pastorais tão claras e evidentes nos textos. Sabemos que a "recepção" de pronunciamentos do magistério costuma ser longa e demorada, que os anos que se seguem a um Concílio não são de modo algum tranquilos e que, queiramos ou não, somos atingidos em nossa vida de fé por essa turbulência eclesial. Alguns se sentem incomodados com as mudanças e advogam a volta a um passado mais tranquilo. Outros se queixam da lentidão das reformas e pleiteiam uma Igreja mais progressista. Entretanto, ambas as partes não podem negar nem que mudanças fecundas se deram, nem que ainda restam desafios a serem enfrentados.

Entre as inovações renovadoras e profundamente positivas que, mais do que inovações, foram uma autêntica volta às fontes mais puras do cristianismo, poderíamos citar a reforma litúrgica, a emergência do laicato, o compromisso ecumênico, o diálogo com as outras religiões, a proclamação da liberdade religiosa, a primazia da Palavra de Deus. Entre as reivindicações ainda não plenamente atendidas, poderíamos mencionar estruturas adequadas de colegialidade episcopal, valorização efetiva das Igrejas locais, descentralização do governo eclesial, participação mais ativa do laicato na vida e na pastoral da Igreja, maior reconhecimento à mulher na Igreja, melhor formação do clero, maior empenho na opção pelos pobres, entre outras.

As páginas deste livro se situam no interior desse quadro eclesial. Elas têm como *pressuposto fundamental* que a Igreja deve ser como instituição o que Deus quis que ela fosse, a saber, sinal e instrumento da salvação da humanidade ao longo da história. Sua identidade teológica deve transparecer em sua realidade fenomenológica. Caso contrário, ela não mais será pertinente e significativa para seus contemporâneos, nem conseguirá realizar sua missão de evangelizar por sua proclamação e por seu testemunho. Pois a *proclamação* deverá ser realizada numa linguagem acessível ao mundo de hoje, que leve a sério as tensões e os condicionamentos da complexa sociedade onde vivemos, que constitua uma mensagem realmente salvífica por conhecer concretamente o ser humano em seus anseios e em suas limitações. Mais importante ainda é o *testemunho eclesial*, modalidade mais convincente da proclamação do Reino de Deus. Felizmente não faltam cristãos e cristãs que vivem autenticamente sua fé, por vezes de modo anônimo, na simplicidade e no escondimento. Mas o testemunho deveria se traduzir também na dimensão institucional. Caso contrário as estruturas eclesiásticas, muitas vezes históricas e contingentes, podem desacreditar e mesmo anular a própria mensagem evangélica. Haveria tanto carreirismo no meio clerical se o modelo institucional estivesse fundamentado mais na comunhão e na participação de todos, e menos no poder e no arbítrio de alguns? Não estaria aqui a raiz de certo desânimo e distanciamento por parte do laicato, constatável hoje entre católicos de melhor formação? Não se caracteriza a legítima e necessária autoridade eclesial pelo serviço e não pelo poder, como nos adverte o Mestre de Nazaré: "Entre vós, não deve ser assim" (Lc 22,26)?

Preocupa-nos a ignorância e a desvalorização, em certos ambientes eclesiais, do evento e dos textos do Concílio Vaticano II, fruto de heroica dedicação de bispos e teólogos ao recuperar as riquezas da autêntica tradição representada pelos Santos Padres. Preocupa-nos a ênfase dada por alguns aos sinais externos da vida eclesial diante dos desafios de uma sociedade pluralista e secularizada. Preocupa-nos a presença do ideal da cristandade no imaginário de muitos, concretizado numa Igreja de poder e prestígio. Preocupa-nos a confiança posta nos recursos humanos para a propagação do Reino de Deus que deixa em segundo plano a fé na força de Deus e a importância da oração, libertando-nos das interpretações e avaliações baseadas na eficácia e nas estatísticas. Preocupa-nos observar certo esfriamento da dimensão profética da fé cristã em contraste com uma maior atenção a aspectos exteriores do culto e a uma mística de cunho emotivo e individualista.

Outra *chave de leitura* para os textos deste livro consiste no fato de que todos nós somos Igreja, todos nós somos membros ativos dela, todos nós somos colaboradores de Deus na promoção do seu Reino, todos nós somos chamados a participar da renovação eclesial deslanchada no Concílio Vaticano II. Mas só nos empenharemos nessa ajuda se estivermos conscientes e convencidos de sua razão de ser e de sua necessidade. Cada capítulo desta obra pretende nos dar uma maior consciência de que, como batizados, temos direitos e deveres de cidadania na Igreja, somos também responsáveis por sua existência e por sua missão, já que a Igreja somos nós. Simultaneamente pretende cada capítulo oferecer objetivos teologicamente fundamentados para nosso comportamento no interior da Igreja e para nossa missão, como Igreja, na sociedade atual. Naturalmente nos limitaremos a orientações de cunho teológico, deixando para outros a tarefa de traduzir mais concretamente para a prática cotidiana tais ensinamentos.

Estamos convencidos de que a renovação eclesial só acontecerá com a colaboração de todos. E não só a partir de ideias claras, de atividades adequadas, de correto investimento de recursos humanos e materiais, mas também da *conversão pessoal* de cada um de nós, pois a ação do

Espírito Santo nos desinstala de nossos comodismos e exige dedicação e generosidade, sem falar nas incompreensões que podem surgir por parte de nossos contemporâneos e até mesmo de responsáveis eclesiásticos. Pois a Igreja corre sempre o perigo de se mundanizar, de deixar-se contaminar por mentalidades e práticas da sociedade almejando poder, prestígio, popularidade, bens materiais. E sempre encontramos razões para justificar tais desvios.

Estas páginas pretendem ajudar os fiéis a viverem sua fé nesta época turbulenta que é a nossa. Entender melhor o mundo hodierno, refletir seus desafios à luz da fé, discernir como sintonizar com Deus neste momento histórico, assumir sua responsabilidade diante da sociedade e da Igreja, são objetivos visados nos diversos capítulos. Tarefa importante em nossos dias, quando assistimos, por parte de alguns, como já mencionamos, a uma volta anacrônica à cristandade do passado em busca de estabilidade e segurança, de prestígio e poder, de ênfase no cúltico e no religioso em detrimento do profético e do místico. Temos que respaldar a linha de governo que vai assumindo nosso Papa Francisco. Tarefa que concerne a todos nós enquanto membros da Igreja. Oxalá possam estas páginas ajudar-nos a melhor desempenhá-la!

COMO SER IGREJA HOJE?

Este capítulo inicial se fez necessário primeiramente devido ao fato da renúncia do Papa Bento XVI e de toda a *turbulência* na Igreja e na sociedade que se seguiu a ele. De fato, para muitos católicos o gesto inusitado do sucessor de Pedro e a avalanche de notícias sensacionalistas, tão ao gosto da mídia, geraram desconforto, ansiedade e mesmo angústia. A imagem que tinham da Igreja, talvez um pouco idealizada, sofreu fortes danos, aumentando ainda mais certa consciência crítica presente em muitos católicos que consideram a Igreja quase exclusivamente como a hierarquia. O fato é agravado pela perspectiva de leitura própria do jornalismo falado e escrito que privilegia o viés sociológico e político das tensões e das diversidades no interior da Igreja. Desse modo se viu questionada para muitos a imagem tradicional de uma Igreja que, em sua vida e em sua proclamação, desempenhava o papel de educadora da humanidade, de guardiã dos valores substantivos, de instância crítica diante da sociedade pressionada pelo individualismo e pelo consumismo.

Naturalmente essas características da Igreja, tão atuantes na época da cristandade, já se viram enfraquecidas com o advento de uma sociedade pluralista e secularizada. A Igreja aparece então como mais uma instância que participa do diálogo público, fator necessário numa sociedade que abriga o pluralismo e a diversidade em seu seio. Desse modo o cristão experimenta sensivelmente que sua visão do mundo, seus valores e suas práticas de vida não são mais um patrimônio comum da sociedade, sendo mesmo incompreendidas e questionadas. A eleição do Papa Francisco despertou não só nos católicos, mas em todo o mundo, um momento de alegria e de esperança. E estamos certos de que muitas expectativas silenciadas virão à luz. Entretanto, o Papa Francisco tem diante de si uma tarefa bastante difícil por ter de contrariar certas mentalidades e romper com algumas estruturas, o que exigirá dele muito esforço e sacrifício. Certamente, sozinho, ele não conseguirá levar adiante a renovação que todos desejamos. Daí a exigência de com ele *colaborarmos* já que somos católicos e, portanto, somos Igreja. Consequentemente a hora atual pede de nós um momento de parada, de silêncio, de reflexão, e mesmo de conversão. Só assim poderemos chegar à visão objetiva, à postura correta, às opções de vida, que a conjuntura eclesial nos pede.

Os sucessivos capítulos desta obra tratam da nossa Igreja sob perspectivas diferentes que justificam sua diversidade e sua sequência. Oxalá sua leitura proporcione ao leitor elementos valiosos para compreender melhor a Igreja, sua história, sua identidade, seus desafios e, por conseguinte, o lugar e a responsabilidade que lhe cabe como membro dela. Contribuição valiosa e mesmo necessária numa época de mudanças e incertezas. Assim constituem as páginas seguintes referências substantivas de cunho doutrinal e teológico. Mas insuficientes do ponto de vista mais existencial, mais pessoal, mais vivencial. Pois é importante que saibamos *como viver* este momento histórico da Igreja. Dispomos hoje de uma oportunidade, rara nos períodos mais pacíficos, para examinarmos, para avaliarmos e, por que não, para mudarmos nosso comportamento concreto no interior da comunidade eclesial.

Este capítulo introdutório pretende principalmente nos convidar a uma caminhada em direção ao que somos como membros da Igreja. Ele pretende indicar a rota a ser seguida através de orientações que brotam da nossa identidade de católicos. A devida fundamentação teológica dessas orientações será objeto dos capítulos restantes, já que buscamos neste capítulo inicial apenas caracterizar qual deva ser nossa *atitude pessoal* para viver nossa pertença a essa comunidade humano-divina de modo correto. Consequentemente as afirmações de fundo, de cunho teológico, serão aqui apenas acenadas. Ainda que tais pontos de orientação sejam tratados sucessivamente, eles constituem uma unidade, já que estão intimamente conectados entre si, reforçando-se e iluminando-se mutuamente, como o leitor poderá comprovar.

I. Todos na Igreja somos Igreja

Esta afirmação indica que não existe cristão isolado. Pelo fato de sermos cristãos estamos necessariamente vinculados a uma comunidade de homens e mulheres que professam a mesma fé. Pois tudo o que sabemos de Deus, de Jesus Cristo, da mensagem evangélica, da oração, dos sacramentos, nos foi *transmitido* por essa comunidade eclesial, da qual fazem ou faziam parte nossos pais, nossos parentes, nossos educadores, padres e leigos/as, enfim todas as pessoas que foram significativas em nossa vida. Sendo todos eles membros da Igreja, sendo todos eles Igreja em toda sua amplitude, nós podemos concluir ser a Igreja nossa Mãe e Mestra, a intermediária entre nós e Deus, a pedagoga que nos conduz, a comunidade humana que caminha conosco, a companheira que nos alimenta, nos renova, nos ajuda pela Palavra e pelos sacramentos, pelo testemunho e pela vida exemplar de muitos de seus membros, pela acolhida que nos deram em momentos difíceis, pelo sentido da vida que nos transmitiram. Eis toda uma riqueza que passa despercebida para muitos católicos, mas não é menos real e efetiva.

Essa Igreja, entretanto, não está voltada somente para seus membros, já que constitui a mediação humana dos desígnios salvíficos de Deus para *toda a humanidade.* Quis Deus se servir de homens e mulheres escolhidos (Abraão, Moisés, os profetas, João Batista) para constituírem o Povo de Deus, uma sociedade humana cuja convivência social fosse dependente da vontade de Deus, deixando transparecer em sua vida a presença atuante de Deus na história humana, sua soberania, ou como nos habituamos a designar, o seu Reino. A Igreja deve, portanto, pela vida de seus membros, por suas verdades e suas práticas, testemunhar uma *sociedade alternativa* fundamentada no amor e na justiça. Desse modo o seu sentido, a sua finalidade, o seu existir é estar voltada para a sociedade, servindo-a, humanizando-a, incutindo-lhe os valores evangélicos em obediência ao mandato do Mestre de Nazaré.

Enquanto membro da Igreja, cada cristão é um escolhido, um eleito de Deus, pois a fé que nos faz aderir à pessoa de Jesus Cristo, tornada expressa e visível no Batismo, é dom de Deus. Jamais investiríamos nossa vida no carpinteiro de Nazaré sem a ajuda do Espírito Santo. "Ninguém confessa Jesus como Senhor a não ser na força do Espírito Santo", como nos ensina Paulo (1Cor 12,3). Mas toda eleição na Bíblia significa um *chamado para a missão*, um pôr-se a serviço da comunidade e da sociedade. Portanto, a característica de evangelizador compete a todos/as na

Igreja. Aqui devemos nos livrar da falsa representação de uma hierarquia ativa e de um laicato passivo, mesmo reconhecendo as raízes históricas dessa concepção errônea. Todos nós somos Igreja, todos nós somos responsáveis pela comunidade dos fiéis. Querendo ou não, tornamo-la mais autêntica e transparente ou, ao contrário, mais deformada e inverídica, conforme vivemos nossa condição de cristãos e de cristãs. Todos nós somos incumbidos, em qualquer grau que seja, de levar a mensagem cristã aos nossos contemporâneos, de lhes comunicar a verdade que é Jesus Cristo, de lhes transmitir essa nossa experiência com Deus que nos realiza, nos conforta, nos transmite paz e sentido, nos faz viver melhor essa aventura que é a existência humana.

Seguir a Cristo é segui-lo *em sua missão*, é ser seu colaborador, é ser um discípulo missionário, como expressaram os bispos em Aparecida. Onde quer que estejamos, somos ali os intermediários de Deus, sua presença naquele meio. Através de nossas pessoas, Deus pode interpelar, questionar, levar vida e sentido, fazer-se presente e atuante, proporcionar novas experiências aos que nos rodeiam. Sem o nosso testemunho, pela palavra e pela vida, muitos recantos da sociedade se verão privados da mensagem evangélica, já que em muitos deles jamais pisará um sacerdote. Não esqueçamos: Deus conta conosco! Esta afirmação vale também para o interior da Igreja. Não somos convocados para tarefas pastorais devido à escassez de clero. Pois pelo Batismo somos incumbidos da evangelização, pelo Batismo devemos igualmente colaborar para o bem da comunidade eclesial, devemos poder exercer nosso sacerdócio comum tal como no-lo apresenta o Concílio Vaticano II na Constituição Dogmática sobre a Igreja (LG 10s) e no Decreto sobre o Apostolado dos Leigos (AA 2s). Alguns passos já foram dados nesse sentido, embora insuficientes por nos faltarem ainda estruturas correspondentes e mentalidades condizentes com essa dinâmica conciliar. Sem dúvida o futuro reserva um protagonismo cada vez maior aos leigos e às leigas no interior da Igreja no que diz respeito ao ensino, à santificação e ao próprio governo da comunidade. Mas para isso temos que mudar nosso modo de estar na Igreja, temos que lutar por um espaço de liberdade, temos que criar novas estruturas. É o que Deus pede de nós neste momento histórico.

II. Todos na Igreja somos sinais do Reino de Deus

Já que somos Igreja e se esta última existe para tornar visível ao longo da história a ação vitoriosa de Deus, sua soberania, seu Reino como uma realidade já presente na humanidade, então essa missão da Igreja é igualmente *nossa missão*. O cristão não só não existe isolado, como vimos, mas está sempre às voltas com uma missão. Afirmação inusitada para muitos de nós, já que no passado o compromisso pastoral dependia mais de gosto ou inclinação pessoal, ou mesmo de generosidade para suprir vazios devido à escassez de clero. Hoje sabemos que ser cristão significa ser irradiador da Boa-Nova, ser atuante ao cristianizar a sociedade, ser luz para o mundo, sal para a terra e fermento para a massa. E como podemos realizar tal incumbência?

Numa sociedade atravessada por tantos e tão diferentes discursos que se relativizam e enfraquecem mutuamente, ganha importância o *testemunho de vida*. Se as palavras movem, os exemplos arrastam, já diziam os antigos. A vida de Jesus foi dar *testemunho de Deus* como Pai misericordioso, que transparecia de seu comportamento na sociedade de então. Sua vida por si só já falava, interpelava, questionava, iluminava e fortalecia seus contemporâneos. Suas palavras explicavam seu comportamento como o irromper atual do Reino de Deus em sua pessoa (Lc 4,21). O teor de sua vida granjeava-lhe uma forte autoridade moral entre seus ouvintes. Deus que nos é inacessível, que é Mistério para nós, que é Transcendente a tudo, se manifestou e se revelou, em sua pessoa e em seu desígnio salvífico, na existência de Jesus de Nazaré (Jo 1,18). Os apóstolos foram, por sua vez, *testemunhas de Jesus Cristo* (At 1,8), de sua vida (At 10,39s) e de sua ressurreição (At 3,15). Nossa fé é apostólica porque fundamentada no testemunho dos apóstolos.

Como Igreja *também nós* devemos testemunhar o desígnio salvífico de Deus, como Ele continua agindo na vida de homens e mulheres em nossos dias, como Ele dá sentido, força e esperança à existência humana tão ameaçada e desvalorizada em nossos dias. O testemunho cristão não consiste apenas em trazer à memória a pessoa de Jesus Cristo, sua vida e sua mensagem. O testemunho cristão, por encarnar seriamente o *modo de vida* do Mestre de Nazaré, torna-O presente e atuante na vida do cristão, cujo exemplo, cujas ações, cujas motivações deixam *transparecer* sua fé no Ressuscitado, irradiam a imagem de Deus como Pai e atestam a força do Espírito Santo em sua existência. Madre Teresa de Calcutá mexeu com a consciência do planeta pelo modo simples, mas profundamente cristão, como viveu. Sua vida abnegada em favor dos miseráveis dizia mais do que um discurso eloquente. Em nossos dias, devido à inflação de palavras e ao bombardeio incessante de mensagens escritas, orais ou virtuais, a coerência do que cremos com o que vivemos ganha mais do que nunca um valor único e decisivo.

Razões de cunho histórico explicam a enorme quantidade de católicos apenas de Batismo, ou mesmo um catolicismo mais cultural do que religioso. Temos que aceitar o fato porque nos foi legado do passado. Realmente para muitos o catolicismo se limita à recepção de alguns sacramentos, sem que haja uma real incidência da fé em sua vida cotidiana. Não dão testemunho de vida e, por conseguinte, constituem mais *obstáculos* do que sinais do Reino de Deus, mesmo que não possamos fazer um juízo moral sobre suas vidas. Privam a Igreja de *credibilidade* diante da opinião pública, enfraquecem-na como realização efetiva do Reino de Deus, da caridade, da justiça, da compaixão inerentes à fé cristã. Desse modo a Igreja aparece aos olhos de muitos como uma instituição autoritária, mais preocupada com doutrinas e normas morais, sem deixar transparecer sua verdadeira identidade. Aqui não podemos evitar a questão: e quem de nós se encontra totalmente livre dessa incoerência entre fé e vida?

Os mais clarividentes percebem claramente na atual situação do mundo uma profunda crise espiritual, provocada pela ausência de referências sólidas e de correspondentes convicções, requeridas para tornar reais os valores que tragam vida, justiça e felicidade para a humanidade. Se tudo é descartável, nada tem consistência, nada me motiva a voltar-me para o próximo. Daí reinar hoje o individualismo desenfreado. Tal contexto influencia fortemente a vida dos cristãos que se deixam arrastar pelos impulsos egocêntricos em busca de maior poder, prestígio, bens materiais, prazeres imediatos. Todos nós estamos sob essa influência perversa que nos aprisiona em nós mesmos, nos torna insensíveis aos sofrimentos de nossos semelhantes, nos impele a buscar na vida apenas satisfações pessoais. Essa pressão sociocultural atinge os membros da Igreja em todos os seus níveis. Nenhum de nós está imune de sua influência, nenhum de nós escapa à sua influência.

Consequentemente hoje o imperativo da *conversão* diz respeito a todos os membros da Igreja. Conversão de representações tradicionais arcaicas, de juízos anacrônicos, de piedades privadas, de religiosidade desprovida de preocupação social com os mais pobres e excluídos. Conversão a uma vida mais sóbria numa época em que tantos homens e mulheres vivem na miséria, ignorados pela cultura do consumo. Conversão a uma vida de serviço à semelhança de Jesus Cristo e não de poder e prestígio como nos incita a sociedade, conversão aos valores evangélicos que fazem de nós pessoas diferentes, o que reputo altamente positivo. Só sendo diferentes poderemos ser sinal e luz para os demais. Cada um de nós inevitavelmente manifesta para fora o que tem dentro no coração: seus ideais, seus sonhos, seus valores, suas convicções, sua fé. Pois não somos puros espíritos, mas temos um corpo material que veicula visivelmente o que é invisível para os demais. Realmente manifestamos o que somos através da nossa própria vida de cada dia. Desfiguramos ou irradiamos o que é a Igreja, já que também somos Igreja?

III. Todos na Igreja somos cristãos conscientes

O fato de termos sido batizados não acarreta automaticamente que saibamos o que somos como cristãos. Nem mesmo se fomos devidamente catequizados quando crianças. Pois nos transmitiram o que podíamos naquela idade aprender e assimilar, nos ensinaram verdades profundas expressas na linguagem infantil. Com os anos evoluímos em nossa compreensão da realidade, ampliamos nosso horizonte, percebemos a complexidade da realidade, adquirimos novos critérios de juízo, abandonamos o mundo infantil do passado, assimilamos o imaginário das ciências e as interpretações da história, tornamo-nos críticos diante do patrimônio recebido na infância. E nesse legado estava também a primeira formação religiosa. Caso ela não tenha tido um prosseguimento ao longo da nossa evolução humana e profissional, acaba certamente sendo abandonada como mais própria da etapa infantil de nossa vida. E isso vem acontecendo há anos com muitos católicos e muitas católicas. Por não conseguirem conhecer sua fé *como adultos*, não conseguem igualmente relacioná-la com sua vida concreta, e desse modo acabam banindo-a de sua existência, sem, entretanto, negá-la ou combatê-la, embora outros rejeitem explicitamente certas verdades cristãs por entendê-las na versão infantil ou simplesmente de modo errado.

Hoje a *formação na fé* não mais é reservada aos futuros presbíteros como no passado. Os cursos de ensino superior de religião ou mesmo de teologia são oferecidos por toda a parte com grande interesse do laicato. É um fenômeno típico da Igreja em nosso país. Talvez uma reação dos católicos/as diante de uma sociedade pluralista e secularizada, ou mesmo de uma sociedade marcada por uma pluralidade de confissões cristãs e de outras religiões. Tal situação constitui, sem dúvida, um desafio para o católico que busca então uma maior fundamentação para sua fé. Só assim poderá ele liberá-la das imagens infantis e simplórias, só assim poderá compreender seu sentido profundo, sua carga existencial, sua importância na aventura da vida, sua luz e sua motivação numa sociedade tão carente de referências vitais sólidas e confiáveis.

Certamente o laicato tem importante papel para o futuro da Igreja. Mas condição para essa *participação ativa* é uma devida formação religiosa, pressuposta evidentemente uma vida cristã autêntica. Pois só assim será capaz de refletir sobre sua condição própria de seguidor de Cristo, de contrapor-se a uma realidade hostil, de dar passos convenientes num contexto talvez ignorado pela própria hierarquia, de estabelecer pontes possíveis para a evangelização, de praticar a caridade em resposta às necessidades de seu meio social, de expressar toda essa riqueza de experiências para a Igreja, de criticar o que não lhe parece certo e de apoiar e colaborar com as iniciativas das autoridades eclesiais. A formação requerida fundamenta a participação consciente na vida da Igreja. E a Igreja necessita dessa participação.

Observemos, entretanto, que essa participação não consiste numa obediência robótica e infantil às determinações da autoridade. Pois desse modo estaríamos negando a homens e mulheres adultos a maioridade que têm na família e na vida profissional. Sem falar que, nesse caso, sua participação ativa para o bem da Igreja seria mínima, repetitiva e servil. Não esqueçamos que o Espírito Santo guia e orienta a Igreja, que o Espírito Santo age em cada fiel, que o Espírito Santo distribui seus dons e carismas como quer, sempre para o bem de toda a comunidade. Também os leigos e as leigas são mediadores dessa ação de Deus através de seu Espírito, são chamados a abrir novas frentes, a equilibrar unilateralismos do passado, a ter uma palavra livre no interior da comunidade e um comportamento próprio diante da sociedade, desde que não tenha sido previamente determinado pelas autoridades eclesiásticas.

Estamos prontos para ser Igreja como nos pede Deus em nossos dias?

IV. Todos na Igreja somos místicos

O cristão é aquele que vive em dois mundos: o da realidade cotidiana e o mundo da fé. Ele sabe por sua fé cristã, e de certo modo experimenta mesmo, que Deus o acompanha continuamente através de seu Espírito Santo, iluminando-o, fortalecendo-o, consolando-o, guiando-lhe os passos. E a razão nos foi dada por Jesus Cristo: Deus, esse mistério inacessível que nos envolve, tão grande que nem sequer conseguimos imaginá-lo, é um *Pai que nos ama*, compassivo e misericordioso, e muito próximo de nós quando estamos em dificuldades e passamos por sofrimentos. A fé não só nos faz tomar consciência desse Deus que nos é próximo. Ela nos permite também olharmos a realidade ao nosso redor, pessoas e coisas, eventos e rotinas, *de modo diferente*. Pois a fé nos ensina o modo como Deus olha o mundo, valoriza as pessoas, avalia os acontecimentos. O cristão assume a interpretação divina da realidade, enxerga mais além do que nossos olhos podem atingir, capta o sentido último de tudo. Nunca vive sozinho, mas sempre com Deus, pois é "templo do Espírito Santo".

Naturalmente ele tem também tentações contra essa fé, experimenta então momentos de crise, quando sente o risco que corre e a alternativa de tudo deixar lhe assalta. Vencidos tais momentos, ele sai fortalecido e mais confiante em sua fé. Experimenta então a força de Deus presente e atuante em sua fragilidade, renova seu compromisso, sai revigorado para a missão. E ainda mais. Sua pessoa, em seu comportamento, suas palavras e suas ações, enquanto imbuída de fé, deixa transparecer aos outros esse Mistério inacessível que chamamos Deus. Ela atesta como Deus continua atuando nas pessoas, incitando-as para o cuidado com os demais, injetando assim amor e justiça na sociedade. O cristão que vive realmente sua fé é sinal, expressão, visibilidade histórica de Deus agindo em nossos dias.

Entretanto, essa consciência de viver em dois mundos pode se ver enfraquecida, esquecida ou mesmo destruída pela erosão diária ocasionada pela sociedade secularizada em que vivemos. Nela contam somente os bens materiais, os momentos de prazer, o desfrute do poder, o consumismo compulsivo, a felicidade egocêntrica. Muitos de nossos contemporâneos não conseguem aceitar algo que transcenda o que veem seus olhos. Como vivemos sempre em sociedade, esse fato também nos atinge. Aqui aparece claramente o sentido da *oração* na vida do cristão. Ela é, no fundo, apenas a expressão de sua fé, a tomada de consciência do que ele é como cristão, a janela aberta para Deus, o encontro com Ele, que nos ilumina, apazigua e robustece para a luta diária. A oração frequente nos fornece uma maior sensibilidade para percebermos a presença atuante de Deus em nossa vida, para experimentarmos como Ele está "colado" em nós. É nesse sentido que afirmamos ser *todo cristão um místico.*

Mas como ninguém é cristão sozinho, já que está sempre numa comunidade de cristãos, então também a Igreja é sinal da presença salvífica de Deus entre os seres humanos, sinal do Reino de Deus se realizando onde aconteça amor, perdão, partilha. É toda a comunidade eclesial que deve testemunhar as maravilhas de Deus, sua proximidade, sua benevolência, sua paixão pelo ser humano. É toda a comunidade que deve remeter para Deus os olhares de seus contemporâneos, desvendando-lhes a dimensão transcendente e a componente divina da pessoa humana. Pelo fato de sermos Igreja, somos também os *mediadores de Deus* para os que nos rodeiam simplesmente por nossa experiência de Deus, por nosso modo de vida e por nossas palavras. Temos que mostrar para todos que na Igreja o existencial, o vivido, o experimentado, é decisivo, e que ela não se constitui apenas com o doutrinal e o jurídico, por mais importantes que sejam. E a razão é simples: o institucional, o sacramental, o doutrinal e o jurídico devem estar *a serviço* do encontro do cristão com Deus vivo.

Essa verdade exige dos cristãos *outra postura* diante de tudo o que constitui a visibilidade da Igreja. A proclamação da Palavra de Deus, a celebração dos sacramentos, os atos devocionais, as imagens e as músicas, os grupos de espiritualidade, de ação apostólica e de assistência social, os projetos pastorais, os ministérios diversos, enfim tudo o que pode ser *visto* quando se fala de Igreja. Porque tudo isso é território de passagem, é mediação para nos levar a Deus, é sinal que pode ser ultrapassado para irmos nos encontrar com Deus. A proclamação da Palavra é Deus que nos interpela pedindo de nós uma resposta. A Missa é a celebração da vida, morte e ressurreição de Jesus, e também celebração de nossa vida, morte e ressurreição, pois somos cristãos, seguidores de Cristo, querendo viver como Ele próprio viveu, certos de que também como Ele ressuscitaremos. A Eucaristia também nos interpela, nos cobra, nos converte se dela participamos conscientemente. Tudo na Igreja é sinal que nos remete para além de si, para Deus. Só depende de nós não nos determos na realidade visível e procurarmos chegar ao invisível, ao mistério, a Deus. A densidade mística da Igreja depende de cada um de nós, movidos pela graça de Deus que nunca nos falta. Quão distante estamos de um positivismo cristão limitado apenas ao institucional, ao doutrinal e ao jurídico da fé cristã!

V. Todos na Igreja somos uma comunidade sustentada pela força de Deus

Estamos (mal) acostumados a pensar na grande instituição, quando mencionamos o termo "Igreja". Do que vimos até aqui Igreja somos todos nós Povo de Deus, como afirma o Concílio Vaticano II, comunidade dos fiéis com carismas e atividades diversas, grupo de pessoas unidas pela mesma fé em Jesus Cristo. Desde o início do cristianismo, os discípulos de Cristo constituíram comunidades, pois nenhum ser humano consegue ser independente dos outros. Menos ainda um cristão. Essa *comunidade de fiéis* pode ser bastante diversificada segundo as condições socioculturais onde esteja, mas todas elas guardam algumas características que lhe garantem sua *identidade*. Mudam suas configurações, suas estruturas externas, suas modalidades de presença e atuação na sociedade, para que possa ser entendida e aceita em cada época, mas permanecem os elementos essenciais provindos do próprio Jesus Cristo.

Estamos todos experimentando não uma época de mudanças, mas uma autêntica mudança de época, tal a extensão e a profundidade das transformações socioculturais em nossos dias. A configuração da Igreja, plasmada já desde a Idade Média à semelhança das instituições feudais e monárquicas posteriores, já não consegue responder seja aos anseios do povo cristão, seja às suas próprias finalidades. Pois a cultura hodierna se caracteriza pelo respeito à pessoa humana, por conceder-lhe liberdade de opção, possibilidade de participação, espaço de expressão, aceitação da diversidade. Uma instituição que reserva o poder, o exercício da palavra, as iniciativas de ação a apenas um grupo de pessoas não conseguirá atrair para sua esfera um enorme setor da sociedade. Aqui está a *dificuldade maior da Igreja* em nossos dias, pois ela dá para a sociedade a impressão de ser autoritária, centralizadora, moralista, dona da verdade, autossuficiente, mais preocupada com a formulação de suas doutrinas e a observância de suas normas do que propriamente com o ser humano em sua real condição de vida.

Além disso, a quantidade de católicos e de católicas pertencentes a uma mesma paróquia impossibilita considerá-los membros de uma *comunidade*, já que estamos às voltas com uma verdadeira coletividade. Naturalmente esse problema já foi pressentido anos atrás e tem provocado reflexões e iniciativas que tentam resolvê-lo. Fala-se mesmo da paróquia como "comunidade de comunidades", mas se sente a dificuldade de transpor a expressão para a realidade, especialmente no contexto urbano. A questão de uma nova estrutura que melhor condiga com a sociedade atual é demasiado complexa para ser abordada aqui. Importante é refletirmos sobre o que poderia ser *nossa colaboração* nesse impasse, que nos toca diretamente. Pois está em jogo uma nova modalidade de ser Igreja, sendo que nós somos Igreja. Vejamos.

Toda comunidade de fiéis tem sua razão de ser numa tríplice finalidade: o anúncio, a oração e o serviço. Já vimos como a *missão* caracteriza a Igreja e como nosso testemunho de vida é componente fundamental dessa missão. Através de nossas ações e palavras, proclamamos o sentido profundo e a ansiada felicidade do ser humano tal como no-la revelou Jesus Cristo. Compete-nos ser sal da terra, luz do mundo e fermento da massa. Por outro lado, a oração, *o culto*, as celebrações da fé, as expressões plurais de nossa vivência cristã, constituem componente necessário da realidade eclesial. Pois todos os seus membros estão voltados para Deus, confessam "Jesus como Senhor" pela ação de Deus, procuram reproduzir em si a vida de Jesus, reconhecem serem pecadores perdoados por Deus, são gratos a Deus por tudo o que dele receberam, estão conscientes de que Deus sustenta a fé da comunidade toda e, portanto, a própria comunidade.

O *serviço* revela a autenticidade da caridade cristã. Voltada para todos, especialmente para os mais necessitados, a comunidade cristã deve humanizar a sociedade, testemunhar por iniciativas em favor dos últimos o valor único da pessoa humana, transformar mentalidades e estruturas egoístas que produzem sofrimento, violência, injustiça. Cada ação na linha do Reino de Deus incute na sociedade amor e solidariedade, por mais simples e anônima que seja. Nas comunidades menores tudo isso pode e deve ser realizado. E é o que a hora presente pede dos membros da Igreja. Essas comunidades não se justificam pela escassez do clero, porque brotam da consciência de que o laicato pode e deve se reunir, se ajudar mutuamente em sua fé, partilhar suas convicções e problemas, juntos assumir a tarefa missionária que compete a todos na Igreja; numa palavra, se sentir adultos e responsáveis diante dos desafios da sociedade evolvente.

Já que essas pequenas comunidades mantêm a união com a paróquia, podem e devem ser ajudadas e orientadas por um ministro ordenado, cujo carisma é exatamente *estar a serviço das comunidades*, mas sem lhes privar da liberdade cristã, fonte de iniciativas e atividades próprias. Fundamental é que o laicato esteja consciente de sua *responsabilidade*, saiba escutar as pessoas, falar-lhes na sua linguagem, oferecer-lhes a mensagem cristã como mensagem de vida, de felicidade, de sentido. E não como um pacote de doutrinas e normas que tornam a vida ainda mais pesada e difícil.

Mas todos, clero e laicato, devemos nos converter a uma Igreja despida de poder e de prestígio, honrada pelos grandes do mundo, confiada em seus recursos materiais e em seus quadros intelectuais e administrativos. A Igreja da cristandade já pertence ao passado. Mesmo sem querermos repristinar as comunidades cristãs primitivas, dado que estamos em outro contexto sociocultural, algumas características delas devem estar presentes na Igreja atual. Já sua fragilidade institucional, a pobreza dos meios disponíveis e o nível social da maioria dos primeiros cristãos os levavam a *confiar em Deus*, a implorar o Espírito Santo, a não esmorecer diante das dificuldades e perseguições. Mas também a experimentar a *alegria* e o consolo de serem os eleitos de Deus, chamados a constituir o seu Povo, a participar um dia da vitória de Jesus Cristo. Tudo o que vimos neste capítulo nos convida a um *modo novo* de sermos Igreja que exigirá de cada um de nós coragem, formação adequada, abertura ao Espírito e muita familiaridade com a Palavra de Deus que ilumina e fortalece nossa fé.

A Igreja como Povo de Deus

As verdades da fé cristã, que foram patrimônio tranquilo de séculos de cristianismo e guias inquestionáveis de muitas gerações passadas de cristãos, podem, entretanto, se ver consideradas em certas épocas temas de debates e causas de dissensões. A razão desse fato está no *contexto existencial, histórico, sociocultural* em que essa verdade de fé é anunciada, entendida e vivida por uma geração. Porque todo anúncio salvífico jamais é feito ao ser humano em geral, já que não existe, mas encontra sempre esse mesmo ser humano já inserido numa determinada sociedade com características próprias. A eclesiologia predominante durante séculos na Igreja, chamada por alguns de hierarcologia por se limitar ao clero, reduzindo os demais fiéis a uma massa passiva e sem voz, se verá enfraquecida por sólidos estudos bíblicos que deixam transparecer melhor a vida das primeiras comunidades cristãs. Esses testemunhos neotestamentários, juntamente com estudos históricos e sistemáticos que procuravam corrigir uma eclesiologia que ignorava a maior parte dos membros da Igreja, não deixaram de influenciar os participantes do Concílio Vaticano II, levando-os a debates acalorados na aula conciliar e a opções eclesiológicas de sérias consequências para o futuro da Igreja. A expressão bíblica *Povo de Deus* constitui apenas mais um caso dessa mudança na eclesiologia vigente.

Sendo assim, revela-se insuficiente um estudo que procure esclarecer apenas o seu sentido bíblico ou que o pense numa perspectiva de teologia sistemática, deixando no esquecimento a situação concreta vivida pela comunidade de fiéis. Naturalmente sabemos que todos os dados da revelação, ao serem abordados, entendidos e expressos, o são sempre no interior de uma perspectiva de leitura, de um horizonte de compreensão, que irá simultaneamente desvelar e velar certas dimensões da mensagem salvífica, mesmo que implicitamente. Mas aqui esse condicionamento histórico e cultural será abordado *explicitamente*, situando esta reflexão no atual momento eclesial marcado, sobretudo, por um debate em curso sobre o valor e a pertinência do Concílio Vaticano II.

Trataremos essa noção primeiramente a partir dos dados da Escritura e como passou por transformações semânticas ao longo da história. Numa segunda parte buscaremos uma compreensão teológica dessa expressão, fundamentando-nos especialmente no Vaticano II. Em seguida veremos sua recepção na Igreja da América Latina, abordando então os debates nos anos que se seguiram ao Concílio. Finalmente veremos o que implica mudança por parte da Igreja, seja em sua mentalidade, seja em sua estrutura institucional, para que todos em seu seio se sintam realmente um Povo de Deus adulto, responsável e atuante. Concluiremos com uma breve reflexão que ressalta a importância do tema para a Igreja atual.

I. Povo de Deus na Escritura e na história do cristianismo

No *Antigo Testamento* encontramos a expressão "nação", de conotação mais sociopolítica, e o termo "povo", que implica mais parentesco, relações pessoais, escolha. Nunca se fala de Israel como a nação de Javé, e sim como Povo de Deus, constituído por eleição de Deus, manifestada na aliança realizada no Monte Sinai (Ex 6,7) e que coloca Israel numa relação íntima e familiar com Deus. A consciência de ser o Povo de Deus fundamenta tanto a intervenção de Deus em favor de seu povo como também o correspondente comportamento ético de Israel na obediência ao Deus da aliança. Essa noção oferece *identidade* ao povo, sobretudo em momentos de crise, de tal modo que podemos afirmar ser uma aliança irreversível e fundamental para Israel. Depois do exílio, contudo, a expressão ganhará certa universalidade pela inclusão das demais nações no povo de Deus, por ser Deus o único Deus e criador de tudo, fornecendo assim base para a unidade escatológica de toda a humanidade. A expressão "novo Povo de Deus" no Antigo Testamento não indica uma nova aliança, mas simplesmente a restituição dela, que é indestrutível e perene. Se, por um lado, a eleição por parte de Deus torna essa noção veterotestamentária imprescindível para uma eclesiologia, por outro, esta deve respeitar a precedência e a legitimidade de Israel como Povo de Deus, que é só um, indicando que a separação de judeus e cristãos deverá ser suprimida na escatologia.[1]

No *Novo Testamento* o tema do Povo de Deus aparece com frequência e designando Israel. Constitui a meta da missão de Jesus: reunir as doze tribos num só povo no fim dos tempos, daí a escolha dos doze apóstolos. A primeira geração de cristãos se compreende como a Igreja (*ekklesia*) convocada por Deus *em Cristo* que sucessivamente acolhe também os não judeus. Paulo sustenta ser Israel o Povo de Deus escolhido, embora constituam os cristãos um "resto" (Rm 11,5) que acolheu Jesus como Messias, beneficiando-se, porém, das promessas de Deus a Abraão. Assim utiliza a expressão Povo de Deus apenas nas citações veterotestamentárias. Mais tarde o cristianismo começa a se separar do judaísmo e utiliza outras expressões que deixam de fora os judeus (1Pd 2,9; Ef 2,19), sendo que nos Atos dos Apóstolos o tema do Povo de Deus ocorre com frequência, mas sem que haja uma substituição de Israel pela Igreja, que só acontecerá mais tarde (Epístola de Barnabé).[2] Enquanto assembleia do Povo de Deus, ganha novos matizes: o protagonismo de todos, a igualdade de todos prévia a funções e carismas, a consciência comum de pertença, a dignidade de um povo santo, consagrado e sacerdotal (1Pd 2,7-10).

Posteriormente a expressão irá designar o novo Povo de Deus distinguindo-se da expressão Povo de Deus, atribuída pelos autores dessa época ao Antigo Testamento. Na liturgia aparece (*populus*) ao lado de outras designações como *ecclesia*, *plebs* e *família*. Mais tarde, numa perspectiva de organização social, aparecerá como *christianitas* ou *populus christianus*, distinto da hierarquia, reduzido à passividade, privado da característica de consagrado (reservada apenas a alguns) e de sua missão messiânica.[3] Só mais recentemente recuperou-se o sentido de toda a Igreja como Povo de Deus, tal como aparece na eclesiologia do Concílio Vaticano II.[4]

---

[1]   CH. FREVEL, art. Volk Gottes, *Lexikon für Theologie und Kirche3 X*, Freiburg, Herder, 2006, p. 843-846.

[2]   W. KRAUS, art. Volk Gottes (NT), *LThK3 X*, p. 846s.

[3]   Para uma breve visão histórica, ver G. ALBERIGO, "O Povo de Deus na experiência de fé", *Concilium* 1984/6, p. 35-49.

[4]   S. WIEDENHOFER, art. "Volk Gottes (dogmengeschichtlich)", *LThK3 X*, p. 847s.

II. No Concílio Vaticano II

A designação da Igreja como "Povo de Deus" tematizada logo no início da Constituição Dogmática *Lumen Gentium* se deveu à intenção da maioria dos bispos conciliares de abordar o que diz respeito a *todos os membros da Igreja* antes de tratar da hierarquia,[5] ao contrário do que estava previsto no esquema da Comissão Preparatória, encerrando assim uma visão hierarcológica da Igreja, o que foi conseguido depois de intensos debates. O segundo capítulo dedicado ao "Povo de Deus" se situa logo depois do capítulo anterior, que considera o "mistério da Igreja" e que tem como sujeito da ação salvífica o próprio Deus, respectivamente as três pessoas trinitárias, caracterizando a Igreja como obra da Santíssima Trindade. Entretanto, com a imagem de Povo de Deus é a própria Igreja que aparece como sujeito atuante na história, complementando assim a doutrina do primeiro capítulo.[6]

Essa imagem[7] demonstra sua fecundidade ao apontar características fundamentais da Igreja até então esquecidas na eclesiologia anterior. Primeiramente o fato de que na economia cristã Deus quis se servir de um povo para realizar seu desígnio salvífico destinado a toda humanidade. "Aprouve, contudo, a Deus santificar e salvar os homens não singularmente, sem nenhuma conexão uns com os outros, mas constituí-los num povo, que O conhecesse na verdade e santamente O servisse" (LG 9). Primeiramente esta afirmação desqualifica qualquer interpretação individualista da salvação cristã, já que exige a pertença a uma concreta *comunidade humana*, mesmo que seja em graus diversos (LG 13). A atuação salvífica do Espírito Santo tem sempre uma tendência encarnatória inata, que leva o ser humano a Cristo e à comunidade dos que se reúnem

---

[5] "O próprio Povo e sua salvação pertencem no projeto de Deus à categoria de fim, enquanto a hierarquia está ordenada a este fim como meio" (Relatio, *AS* III/I, p. 208).

[6] P. HÜNERMANN, "Theologischer Kommentar zur dogmatischen Konstitution über die Kirche", em: P. HÜNERMANN/B. J. HILBERATH (Hrsg.), *Herders Theologische Kommentar zum Zweiten Vatikanischen Konzil (HThK)* II, Freiburg, 2009, p. 371.

[7] Sendo a Igreja um mistério, não conseguimos encerrá-la num conceito. Daí utilizarmos imagens para caracterizá-la. Talvez o símbolo fosse um termo mais correto, pois contém de certo modo o que expressa, embora aberto para outros símbolos que o completam e interpretam. Ver W. KASPER, *Katholische Kirche. Wesen, Wirklichkeit, Sendung*, Freiburg, Herder, 2011, p 180.

em nome de Cristo. Consequentemente, mesmo a escuta da Palavra de Deus deve acontecer no interior da comunidade de fé, num espaço eclesial, verdade essa esquecida na Reforma, com consequências desastrosas para a unidade cristã e para as próprias Igrejas nascidas da Reforma.

Essa noção designa também que o projeto salvífico de Deus se desenvolve no *interior da história* por meio de um Povo escolhido inserido numa sociedade e numa época histórica. Sendo assim, essa comunidade de homens e mulheres é incumbida de levar adiante o projeto de Deus para a humanidade, é responsável como luz do mundo, fermento na massa e sal da terra, em transformar a sociedade na família de Deus. Daí poder ser chamado de "povo messiânico", não só proclamando, mas sendo já o "germe firmíssimo de unidade, esperança e salvação" (LG 9), que irá constituir a comunidade dos bem-aventurados na vida futura em Deus.

Enquanto povo messiânico todo ele voltado para a realização do Reino de Deus, é a Igreja sinal, *sacramento* e instrumento desse mesmo Reino já acontecendo na história. "Sua meta é o Reino de Deus, iniciado pelo próprio Deus na terra, a ser estendido mais e mais até que no fim dos tempos seja consumado por Ele próprio" (LG 9). Com outras palavras, a Igreja deve deixar transparecer para o mundo em suas palavras e em sua vida a família de Deus, a humanidade querida por Deus, a exemplo de seu fundador Jesus Cristo. Ela constitui a mediação histórica da salvação de Deus, tornando-a sempre atual para seus contemporâneos na fé e na vida de seus membros. Desse modo toda ela está voltada para fora de si, seja como comunidade de fiéis, seja como instituição visível. Enquanto leva adiante a missão de Israel na história como Povo de Deus, a Igreja pela nova aliança em Jesus Cristo e pela ação do Espírito Santo constitui o Novo Povo de Deus formado por judeus e gentios e destinado a abarcar toda a humanidade.

O texto conciliar trata em seguida do *modo* como o Povo de Deus exerce sua missão messiânica na história. Jesus Cristo vem caracterizado como o Sumo sacerdote, sem que essa afirmação, nesse lugar, receba a necessária distinção do sacerdócio no Antigo Testamento, conforme nos apresenta a mesma Carta aos Hebreus (7,27; 9,11-28; 10,1-18). Então vem afirmado: "Pois os batizados, pela regeneração e unção do Espírito Santo, são consagrados como casa espiritual e sacerdócio santo" (LG 10), com base no texto da Carta de São Pedro (1Pd 2,9s). Observe-se, entretanto, que este texto se dirige aos cristãos gentios e constitui uma exortação batismal, a qual pressupõe a novidade da salvação realizada por Jesus Cristo, acolhida na fé e tornando-os assim membros do Povo de Deus.[8] O Concílio retorna assim à tradição das comunidades neotestamentárias e à Igreja primitiva que reservavam o termo "sacerdócio" a Jesus Cristo e ao Povo de Deus até o século III. Esse sacerdócio se concretiza na oração, no louvor, na oferta de si, no testemunho de vida, na verbalização das razões da esperança cristã. Essa teologia fundamenta a participação, a corresponsabilidade e o protagonismo de todos na Igreja e em sua atividade evangelizadora, que irá desabrochar numa adequada teologia do laicato.[9]

No parágrafo seguinte, que trata da relação do sacerdócio comum dos fiéis com o sacerdócio ministerial, podemos notar a dificuldade em se libertar de um uso linguístico secular, já que conservam a expressão sacerdócio também para o ministério ordenado. Daí a necessidade de estabelecer uma clara distinção entre ambos (são essencialmente diferentes, e não apenas gradualmente), estão ordenados um ao outro e participam, cada qual a seu modo, do único sacerdócio de Cristo. O serviço sacerdotal dos ministros ordenados consiste em formar, reger e celebrar a Eucaristia na pessoa de Cristo para todo o povo. "Os fiéis, no entanto, em virtude de seu sacerdócio régio, concorrem (coatuam) na oblação da Eucaristia e o exercem na recepção dos sacramentos, na oração e ação de graças, pelo testemunho de uma vida santa, pela abnegação e pela caridade ativa" (LG 10).

Esse texto apresenta certas *imprecisões*,[10] pois o termo "fiéis" designa todos os membros da Igreja e não só os não ordenados, que também coatuam quando não presidem a Eucaristia. Além disso, a atuação dos fiéis não se limita à oblação da Eucaristia e, portanto, à forma litúrgica

---

[8] W. KASPER, op. cit., p. 183.

[9] J. A. ESTRADA, art. "Pueblo de Dios", em: I. ELLACURÍA-J; SOBRINO (Ed.), *Mysterium Liberationis II*, Madrid, Ed. Trotta, 1994, p. 185.

[10] HÜNERMANN, op. cit., p. 377s.

do exercício do sacerdócio comum enquanto distinto do sacerdócio ordenado, pois o termo "fiéis" vale também para a hierarquia e designa uma dignidade comum a todos. Observe-se também que os fiéis leigos exercem seu sacerdócio não apenas na "recepção" dos sacramentos, pois tal não vale para o Batismo e o Matrimônio. Nesse sentido, o texto da Constituição sobre a Liturgia é mais claro: "Com razão, pois, a Liturgia é tida como o exercício do múnus sacerdotal de Jesus Cristo, no qual, mediante sinais sensíveis, é significada e, de modo peculiar a cada sinal, realizada a santificação do homem; e é exercido o culto público integral pelo Corpo Místico de Cristo, Cabeça e membros" (SC 7). Também a concretização do sacerdócio comum poderia ser mais incisiva com relação à missão fundamental de toda a Igreja em propagar e realizar o Reino de Deus.

A imagem da Igreja como Povo de Deus deve ser completada pela de *Corpo de Cristo*, pois depois da encarnação do Verbo, do mistério pascal e da vinda do Espírito, esse Povo tem na pessoa de Jesus Cristo o fundamento de sua identidade e de sua fé, constituindo assim uma *comunidade* que deve viver à semelhança do Filho na obediência ao Pai e animada, iluminada e fortalecida pelo Espírito Santo.[11] A participação num mesmo pão constitui o Corpo de Cristo, que é a Igreja (1Cor 10,17). A Eucaristia celebra e torna presente o mistério pascal. Os cristãos que buscam viver esse mistério em suas vidas e que dela participam constituem um Povo de Deus qualificado, que entra verdadeiramente em comunhão com Deus e constitui uma comunidade de fiéis.[12] As duas imagens se completam, embora sejam imagens de um mistério que nos ultrapassa.

Entretanto, uma primeira avaliação da caracterização da Igreja como Povo de Deus apresenta uma vantagem com relação à noção de Corpo de Cristo. Pois ela aceita *diversas modalidades* de se relacionar com a Igreja em virtude da acolhida da graça divina: desde a criação (Ecclesia ab Abel; LG 2), passando pelos outros cristãos (LG 15) e chegando até mesmo aos não cristãos (LG 16). Desse modo facilita seu relacionamento

---

[11] Y. CONGAR, "La Iglesia como Pueblo de Dios", *Concilium* 1 (1965) p. 26-33.

[12] J. RATZINGER, *O Novo Povo de Deus*, São Paulo, Paulinas, 1969, p. 82s; e também W. PANNENBERG, *Systematische Théologie III*, Vandenhoeck, Göttingen, 1993, p.120s.

com outras instituições. Outro ponto positivo dessa imagem diz respeito a seu *caráter histórico* que elimina uma visão triunfalista da Igreja, já que ela está constantemente necessitada de conversão e renovação, sujeita às dificuldades e perigos inerentes a qualquer instituição histórica, sendo uma realidade relativa porque ainda a caminho de sua plenitude na outra vida. Desse modo ela pode apresentar sempre (como realmente aconteceu) configurações institucionais diversas, conforme os contextos históricos e socioculturais nos quais ela se encontra inserida. Sem dúvida alguma a consequência eclesiológica de maior importância está na *igual dignidade* (LG 32) de todos os membros da Igreja, prévia aos diversos ministérios e carismas, que fundamenta a comunhão, a participação e a responsabilidade missionária de *todos* na evangelização.[13]

III. A recepção da Igreja como Povo de Deus na América Latina

A recepção da eclesiologia conciliar na América Latina provocará uma nova reflexão sobre a noção da Igreja como Povo de Deus. Vários fatores contribuíram para essa tomada de consciência: maior conhecimento dos dados bíblicos, da história do cristianismo, da diversidade das configurações históricas da Igreja, do peso na estrutura institucional por parte do poder, do prestígio e das riquezas e, sobretudo, da realidade da Igreja latino-americana constituída majoritariamente de pobres. Conhecemos as conclusões das Assembleias Episcopais do CELAM, especialmente as de Medellín e de Puebla, que resultaram na opção preferencial pelos pobres, na inserção de agentes pastorais entre as camadas mais carentes da população, no florescimento das Comunidades Eclesiais de Base, nas diversas teologias da libertação. A consciência da importância dos pobres, enquanto protagonistas das urgentes transformações sociais, levou alguns a pensar numa Igreja Popular, ou numa compreensão da expressão "Povo de Deus" como de uma Igreja constituída e estruturada a partir dos pobres.

---

[13] M. KEHL, art. Volk Gottes, *LThK3 X*, p. 848s.

Naturalmente se evitamos compreender uma Igreja exclusiva de certa classe social em posição com as demais, e, portanto, sem reduzir o termo bíblico à sua conotação sociológica, embora reconhecendo que essa mesma dimensão não pode ser negada nem na história de Israel nem das primeiras comunidades cristãs, então resta indagarmos por seu *sentido* para uma eclesiologia, sobretudo, em nossos dias, quando nos choca o descompasso entre a atual sociedade e a configuração medieval da Igreja Católica. Corretamente, a nosso ver, alguns criticaram a compreensão tradicional da expressão Povo de Deus como demasiado universal e formal.

De fato, a existência histórica de Jesus de Nazaré, suas palavras e suas ações em favor dos mais desfavorecidos, sua distância com relação aos poderosos de seu tempo, revelam a *intenção de Deus* de realizar a salvação da humanidade na humildade, na fraqueza, na pobreza e na privação de poder humano. Portanto, o fundamento último e decisivo da opção pelos pobres é estritamente teológico, porque baseado no modo de agir do próprio Deus.[14] Daí a afirmação taxativa do Concílio, embora não tenha conseguido realizar plenamente seu objetivo: "Mas assim como Cristo consumou a obra da redenção na pobreza e na perseguição, assim a Igreja é chamada a seguir o mesmo caminho a fim de comunicar aos homens os frutos da salvação" (LG 8).

Desse modo, uma Igreja inserida e configurada em conformidade com a realidade dos pobres, que já pode ser encontrada em muitas dioceses da América Latina com seus pastores próximos ao povo por sua simplicidade e humildade, corresponde mais ao desígnio salvífico de Deus, sem, entretanto, excluir outras configurações legítimas do Povo de Deus[15] devidas a outros contextos socioculturais e a outros desafios pastorais, como o mundo da cultura. Mas essas outras configurações deverão se deixar *orientar* em sua estrutura e ação pastoral pelas Igrejas dos pobres, pois estas se apoiam na força de Deus, como o Mestre de Nazaré e os primeiros cristãos, evitando assim se mundanizarem pela

---

[14] GUTIÉRREZ, art. "Pobres y opción fundamental", em: ELLACURIA; SOBRINO (Ed.), *Mysterium Liberationis I*, Madrid, Ed. Trotta, 1994, p. 308-310.

[15] A. DULLES, *A Igreja e seus modelos*, São Paulo, Paulinas, 1978. Para a noção de configuração, ver M. FRANÇA MIRANDA, *Igreja e sociedade*, São Paulo, Paulinas, 2009, p. 69-105.

aliança com o poder, as riquezas e as honrarias. A vivência encontrada atualmente em muitas Igrejas do Terceiro Mundo, em contraste com as europeias, confirma a legitimidade e a importância dessa configuração do Povo de Deus, que deveria ser levada mais a sério pelas autoridades eclesiásticas.[16]

Sem falar dos anteriores, o *Documento de Aparecida* é incisivo nesse ponto: "O serviço de caridade da Igreja entre os pobres é um campo de atividade que caracteriza de maneira decisiva a vida cristã, o estilo eclesial e a programação pastoral" (n. 394). E mais adiante: "Que seja preferencial (nossa opção pelos pobres) implica que deva atravessar todas as nossas estruturas e prioridades pastorais" (n. 396) e que possa ser um dia verdade sua afirmação de que "a Igreja de Deus na América Latina e no Caribe é morada de seus povos; é casa dos pobres de Deus" (n. 524). O que já é uma realidade em muitas dioceses deveria abarcar toda a Igreja do continente no uso de meios, nos gastos de recursos, na linguagem da proclamação, na confecção do culto, na proximidade com os mais pobres, no exercício da dimensão profética da fé, na valorização dos valores cristãos presentes e atuantes na vida dos mais simples. A Igreja dos pobres é e permanece sempre uma interpelação à Igreja universal.

IV. Povo de Deus nos anos posteriores ao Concílio Vaticano II

Os textos conciliares são claros. *Toda a Igreja* recebe seu sentido da missão que lhe é confiada, a saber, promover o Reino de Deus na história. Essa missão "não consiste só em levar aos homens a mensagem de Cristo e sua graça, senão também em penetrar do espírito evangélico as realidades temporais e aperfeiçoá-las" (AA 5). Ela deve, assim, influenciar os diversos âmbitos da sociedade em vista do ideal cristão de fraternidade, justiça, caridade (AA 7). Consequentemente todos na Igreja estão incumbidos de

---

[16] Cito aqui a experiência em curso na diocese de Poitiers na França, que adotou o modelo das comunidades eclesiais de base com ótimos resultados. Ver A. ROUET, *Um nouveau visage d'Église*, Paris, Bayard, 2005, e *Un goût d'espérance*, Paris, Bayard, 2008.

tal missão, laicato e clero, não havendo membros ativos e passivos, pois a tônica está na complementaridade (LG 32; AA 25). "Existe na Igreja diversidade de ministérios, mas unidade na missão" (AA 2).

Essa missão, enquanto diz respeito a todos os seus membros (AA 2), compete ao *laicato* não por delegação ou mandato da hierarquia, mas do "próprio Senhor", por força de seu Batismo e Confirmação (AA 3; LG 33). Daqui se deriva "o direito e o dever do apostolado" próprio do laicato (AA 3). Essa afirmação significa que a missão profética dos leigos/as não está reduzida a repetir a hierarquia, mas que desempenham um papel próprio a eles. Essa capacidade fundamenta o texto conciliar no testemunho de vida, no sentido da fé (*sensus fidei*) e na graça da palavra (LG 35). Os dons do Espírito devem ser postos a serviço de todos, daí "o direito e o dever de exercê-los" (AA 3). O indicativo precede e funda o imperativo. De fato, a Igreja jamais poderia ser sal da terra sem a ação missionária do laicato (LG 33), sobretudo numa sociedade tão complexa como a atual (AA 1).

O Novo Código de Direito Canônico contemplou uma maior participação de todos na Igreja com a criação de órgãos representativos como o Conselho Presbiteral, o Conselho Pastoral Diocesano, o Sínodo Diocesano, o Sínodo dos Bispos, o Conselho Paroquial, para citar alguns. Mas devemos reconhecer que as conquistas conciliares só foram parcialmente recebidas na legislação da Igreja ou, quando recebidas, nem sempre conservaram integralmente seu valor.[17] Assim, a temática da colegialidade episcopal recebeu uma expressão insuficiente nos Sínodos romanos. Também a afirmação conciliar sobre o direito e o dever que têm os leigos/as de exercer seus carismas (AA 3) foi omitida no Novo Código, lesando a identidade eclesial e jurídica deles/as.[18] Deve-se reconhecer que nele os leigos/as são valorizados, mas alguns setores deixam a desejar. Assim o *munus regendi* que lhes é reservado não recebe um cânon específico,

---

[17] G. ALBERIGO, "Synodalität in der Kirche nach dem Zweiten Vatikanum", em: W. GEERLINGS; M. SECKLER (Hrsg.), *Kirche Sein. Nachkonziliäre Theologie im Dienst der Kirchenreform*, Freiburg, Herder, 1994, p. 333-347.

[18] E. CORECCO, "La réception de Vatican II dans le Code de Droit Canonique", em: G. ALBERIGO-J; P. JOSSUA (Ed.), *La réception de Vatican II*, Paris, Cerf, 1985, p. 350.

ao contrário do *munus docendi* e do *munus santificandi* (cânon 759 e 835). Embora habilitados pelo Batismo "a serem assumidos pela hierarquia para algumas tarefas eclesiásticas" (LG 33), o Código lhes reserva apenas uma *colaboração* no exercício do poder da hierarquia (cânon 129 §2); assim, podem participar de sínodos diocesanos ou de conselhos pastorais apenas com voto consultivo, ou mesmo constituir associações apostólicas.

Tudo isso significou ganhos, mas não satisfaz o desejo dos bispos conciliares. Pois o Concílio Vaticano II caracterizou o laicato "especialmente por sua índole secular" (LG 31), que abre espaço para uma participação ativa dele no governo "pela sua experiência", a qual possibilita à hierarquia decisões mais claras e competentes nas coisas espirituais e temporais (LG 37). Além disso, a Constituição Dogmática reconhece ao múnus profético do laicato "uma nota específica e uma eficácia particular pelo fato de se realizar nas condições comuns do século" (LG 35). O Código desconhece tais afirmações e priva o laicato de seu papel na relação Igreja-mundo, de sua contribuição própria para fora e para dentro da Igreja, e também em decorrência de certos limites impostos ao ministério hierárquico.[19] Para alguns a noção da "índole secular" própria dos leigos/as continua sendo depreciada. Pois se observa que lhes são oferecidas possibilidades e ação no âmbito da pregação e da santificação, que pode levar a certa clericalização deles, e lhes são impostas limitações no âmbito das decisões.[20] E com isso a Igreja se priva de uma colaboração própria e responsável na missão que é una (AA 2) e de todos. E ainda hoje *nos faltam* as correspondentes estruturas institucionais que possam torná-la realidade.[21]

---

[19] Ibid., p. 357s.

[20] A. BORRAS, "La régulation canonique des ministères confiés à des laics", em: G. ROUTHIER; L. VILLEMIN (dir.), *Nouveaux apprentissages pour l'Église. Mélanges en honneur de Hervé Legrand*, Paris, Cerf, 2006, p. 377-399; S. DEMEL, "Alle können mitwirken, niemand ist ausgeschlossen – nur eine schöne Theorie?", em: M. HEIMBACH-STEINS; G. KRUIP; S. WENDEL (Hrsg.), *Kirche 2011: "Ein notwendiger Aufbruch"*. *Argumente zum Memorandum*, Freiburg, Herder, 2011, p. 156-166.

[21] G. TURBANTI, "Knotenpunkte der Rezeption von *Gaudium et Spes* und *Apostolicam Actuositatem*. Theologische Forschungsaufgaben", em: P. HÜNERMANN, *Das Zweite Vatikanische Konzil und die Zeichen der Zeit heute*, Freiburg, Herder, 2006, p. 326s.

V. Nova mentalidade e correspondente instituição eclesial

Os bispos participantes da Assembleia Episcopal de Aparecida tinham consciência clara da importância da Igreja como Povo de Deus. Assim afirmam que "na elaboração de nossos planos pastorais queremos favorecer a formação de um laicato capaz de atuar como verdadeiro sujeito eclesial e competente interlocutor entre a Igreja e a sociedade, e entre a sociedade e a Igreja" (DAp 497a). Entretanto, a atual mentalidade encontrada em grande parte do clero e do laicato, assim como a atual estrutura eclesial de cunho medieval, não favorecem a emergência desse laicato como *sujeito eclesial*. Daí a consequente preocupação dos bispos com uma mudança de mentalidade, especialmente da parte do clero (DAp 213) e com a supressão de estruturas ultrapassadas (DAp 365). Ambas devem ser transformadas, pois ambas interagem continuamente, se condicionam e se influenciam mutuamente. Não pode haver uma Igreja de comunhão e de participação se não existem estruturas de comunhão e de participação. Mas estas últimas, por sua vez, enquanto são produção humana, dependem de pessoas conscientes de sua necessidade.

Naturalmente uma *nova mentalidade eclesial* deve apresentar uma adequada fundamentação teológica. Primeiramente demonstrando que a concepção clerical recebida do passado é de cunho histórico, foi gerada ao longo dos séculos devido aos desafios enfrentados pela Igreja e, portanto, pode e deve ceder lugar a outra mentalidade eclesial devido não só aos fatores provindos das atuais mudanças socioculturais, mas também devido ao testemunho dos textos neotestamentários acolhidos e explicitados pelo Concílio Vaticano II, conforme vimos anteriormente. Aí aparece a Igreja como o sujeito coletivo cujo sentido último de seu existir é exatamente ser instrumento da promoção do Reino e seu sinal sacramental na história, enquanto proclama e testemunha pela vida de seus membros a realidade do Reino para cuja plenitude caminha.

Desse modo, todo cristão é sujeito eclesial ativo, não funcionalmente, mas *constitutivamente*,[22] pelo que ele é e não por alguma investidura ou

---

[22] S. DIANICH-S; NOCETI, *Trattato sulla Chiesa*, Brescia, Queriniana, 2002, p. 410s.

delegação posterior, na própria Igreja e na sociedade onde vive. Comumente se enfatiza a missão do laicato no mundo da cultura, da política, da economia, da ciência, das artes, com pouca alusão a suas atuações no interior da Igreja. Essa percepção é corrigida pela missão de implantar o Reino de Deus, tarefa comum de todos na comunidade eclesial, pela participação de todos na constituição do *sensus fidelium* (LG 12), no desenvolvimento do patrimônio da fé (DV 8), ou ainda no papel ativo de todos nas celebrações litúrgicas (SC 7) e até nas expressões mais adequadas para o anúncio salvífico (GS 44). O Documento de Aparecida segue essa mesma linha ao recomendar maior espaço de participação aos leigos/as também na elaboração e execução de projetos pastorais (DAp 213) e na tomada de decisões (DAp 371), confiando-lhes ainda ministérios e responsabilidades (DAp 211). Esse objetivo, contudo, não será atingido sem uma séria e profunda mudança de mentalidade de todos na Igreja, especialmente da hierarquia (DAp 213).

A fundamentação última da legitimidade da participação ativa de todos na Igreja nos oferece a presença e a atuação do Espírito Santo em todos os seus membros. De fato, tanto em Paulo como em João o Espírito é enviado à *comunidade* e seus destinatários são sempre nomeados no plural. Realmente somos cristãos pela ação do Espírito que nos faz confessar Jesus como Senhor (1Cor 12,3), nos possibilita rezar (Rm 8,26), invocar Deus como nosso Pai (Gl 4,6), participar devidamente das celebrações litúrgicas. Na verdade todas as ações salvíficas da Igreja são epicléticas, como afirma Y. Congar;[23] poderíamos mesmo afirmar que toda a vida da Igreja é epiclética sem mais. Daí a afirmação de Santo Irineu: "Onde está a Igreja (comunidade dos fiéis), aí está o Espírito de Deus".[24]

Daqui se seguem consequências importantes. O Espírito Santo é a fonte primeira dos carismas na Igreja. Ele atua nos cristãos dotados de talentos humanos diversos, estimulando-os a investir tais carismas na construção do Reino de Deus, bem como lhes concedendo seus dons em vista da edificação da Igreja. Desse modo a plenitude do Espírito na Igreja reside

---

[23] Y. CONGAR, *Je crois en l'Esprit Saint III*, Paris, Cerf, 1980, p. 343-351.
[24] *Adv. Haer.* III, 24, 1.

na *totalidade* dos diversos carismas ou ministérios concedidos a todos os seus membros. Daí que silenciá-los autoritariamente seria procurar "extinguir o Espírito" (1Ts 5,19). Naturalmente não se nega a necessidade do discernimento (1 Ts 5,21), como já observara Paulo: "Que seja para a edificação da assembleia" (1Cor 14,12). Podemos assim concluir que a representação tradicional de uma parte ativa e de outra passiva na Igreja contraria os dados da Escritura, empobrece a comunidade e deve ser eliminada.

Mais complexa é a tarefa de estabelecer em *termos jurídicos* as estruturas necessárias para que uma doutrina se possa tornar realidade na vida da Igreja.[25] Já vimos que o Código de Direito Canônico abriu novas possibilidades de presença de leigos/as em órgãos colegiados, como se dá no Conselho Pastoral (cânon 512), embora apenas com valor consultivo (cânon 513). Na Constituição Apostólica que promulgou o Novo Código, João Paulo II enumera o que constitui sua novidade: a doutrina da Igreja como Povo de Deus, a autoridade eclesiástica como serviço, a Igreja como comunhão, o tríplice múnus de Cristo participado por todos os membros do Povo de Deus, os direitos e deveres de todos os fiéis e expressamente dos leigos, bem como o ecumenismo. Desse modo o Papa reconhecia a importância dos decretos conciliares para a legislação da Igreja, que não deveria ser estabelecida numa perspectiva de poder no sentido de jurisdição, mas numa consideração do que cada cristão pode realizar por força dos sacramentos recebidos; no caso dos leigos/as, por força do Batismo.[26]

Sabemos que a legislação atual abriu novas possibilidades para certa participação do laicato, enquanto Povo de Deus, no que diz respeito ao *munus docendi* e ao *munus santificandi*. O mesmo não podemos afirmar com relação ao *munus regendi*. O cânon 129 reserva esse múnus apenas aos "que foram promovidos à ordem sacra" e possibilita aos fiéis leigos apenas "cooperar" no exercício desse poder. Para alguns, a ambiguidade dos textos conciliares permitiu que o modelo do Vaticano I para a

---

[25] M. WIJLENS, "The Doctrine of the People of God and hierarchical Authority as Service in Latin Church Legislation on the local Church", *The Jurist* 68 (2008) p. 328-349.

[26] O que foi em parte realizado. Ver os cânones 204, 208, 210, 211, 212, 216.

constituição jurídica da Igreja, bem como seu espírito, determinasse o novo Código e assistisse nos anos seguintes a um maior rigor quanto à obediência, também com relação ao magistério ordinário da Igreja.[27]

Não devemos nos resignar nem nos revoltar diante dessa situação, mas sim batalhar por uma mudança de mentalidade que possa gerar uma ordem jurídica que, sem rejeitar a legítima autoridade dos pastores, consiga concretizar possíveis formas de maior participação de todos também nos destinos da Igreja. Não basta mais repetir a justificação teológica para tal. Devem ser buscados novos caminhos de diálogo, de participação, de colaboração, de escuta. Os pastores deveriam ouvir suas ovelhas antes de tomar decisões importantes para a diocese, para poder captar o sopro do Espírito de Deus que atua também nos fiéis leigos/as. Iniciativas desse gênero já estão em curso por parte de alguns bispos. Mesmo atribuindo a palavra decisiva ao ministro ordenado (resolução final), seu amadurecimento é um processo gradativo que pode acolher contribuições de todos.[28] Pois é toda a comunidade que é chamada a promover o Reino de Deus; portanto, toda ela é responsável por essa missão, também no que concerne ao governo da Igreja, naturalmente no respeito à autoridade legítima. Essa faculdade lhe compete pelo sacramento do Batismo recebido.[29]

VI. Conclusão

Neste capítulo procuramos mostrar o profundo alcance da *opção feita* no Concílio Vaticano II, situando no início da Constituição Dogmática sobre a Igreja a imagem do *Povo de Deus*, que realça a igual dignidade de todos os seus membros fundamentada no Batismo. Vimos também, devido ao peso de séculos nos quais somente o clero era sujeito ativo, desfrutava do poder sagrado e constituía o protagonista privilegiado da

---

[27] W. BÖCKENFÖRDE, "Statement aus der Sicht eines Kirchenrechtlers", em: D. WIEDERKEHR (Hg.), *Der Glaubenssinn des Gottesvolk, Konkurrent oder Partner des Lehramtes?*, Freiburg, Herder, 1994, p. 208s.

[28] WIJLENS, art. cit. 345, nota 36, em que distingue "decision making" e "choice making".

[29] L. ORSY, *Receiving the Council. Theological and canonical Insights and Debates*, Collegeville, Liturgical Press, 2009, 35-45.

missão evangelizadora da Igreja, como resulta difícil transformar em realidade vivida as afirmações doutrinárias do Concílio. Não só por certa ambiguidade delas, mas especialmente pela dificuldade de traduzi-las em normas jurídicas. Vivemos hoje um processo em andamento, com suas idas e vindas, que se reflete bem no "conflito de interpretações" em torno desse grande Concílio.[30]

Por outro lado, a atual sociedade marcada pelo pluralismo e pela secularização não mais aceita, como no passado, na era da cristandade, uma tutela por parte da hierarquia eclesiástica, nem reconhece na instituição eclesial o prestígio e a autoridade que já teve. Além disso, vivemos num contexto sociocultural histórico e somos marcados fortemente por suas características: valor da subjetividade, respeito à liberdade, direito à participação, tolerância e acolhimento da diversidade, necessidade de fundamentar o próprio discurso não mais aceito por provir de uma autoridade etc. A primazia dada no Concílio à imagem de Povo de Deus aponta indiretamente para uma hipertrofia da hierarquia e da instituição eclesiástica vigente em séculos anteriores e hoje não mais aceita, evidenciada em sua irrelevância e sua ineficácia para nossos contemporâneos.

A expressão Povo de Deus liberta a Igreja de certo imobilismo institucional enquanto vista como sociedade perfeita, já que implica seu percurso através da história humana, às voltas com novos questionamentos e desafios, que exigem adaptações e mesmo transformações. A identidade da comunidade cristã enquanto realidade vivida tem aqui prioridade sobre o institucional herdado.[31] Vemos hoje a dificuldade que enfrenta a hierarquia, mesmo conhecendo os traços principais desta sociedade, em se fazer entender através de um discurso pertinente e significativo. Pior ainda por parte daqueles que ignoram a época em que vivem e despejam, de cima para baixo, condenações moralizantes e inócuas.

---

[30] Ver M. FAGGIOLI, *Vatican II. The Battle for Meaning*, New York, Paulist Press, 2012; M. FRANÇA MIRANDA, Uma Igreja em processo de renovação. Concílio Vaticano II: o legado e a tarefa, *Revista Eclesiástica Brasileira* 72 (2012) p. 366-375.

[31] Ch. DUQUOC, *"Je crois en l'Église". Precarité institutionelle et Règne de Dieu*, Paris, Cerf, 1999, p. 182.

A imagem de Povo de Deus recupera não só a cidadania de cada cristão na Igreja, mas ainda a dimensão missionária de seu Batismo, bem como de *toda* a comunidade eclesial, como vimos anteriormente.[32] Esta afirmação ganha especial importância em nossos dias, devido não só à enorme complexidade da sociedade atual, mas também às sucessivas transformações que experimenta. Daí a crise das grandes instituições que não conseguem corresponder a essa realidade complexa e cambiante. A atividade evangelizadora da Igreja deverá se realizar através dos fiéis, já que, imersos nesta sociedade, estão dotados da linguagem adequada para irradiar sua fé e conscientes dos condicionamentos e limites de seu contexto. Naturalmente deverão estar devidamente formados e vivendo autenticamente sua fé, pois o testemunho de vida é fundamental numa época caracterizada pela inflação de imagens e de discursos.

Cada vez mais a presença evangelizadora da Igreja na sociedade através do prestígio e do poder institucional demonstra sua ineficácia. Sua missão através de todos seus membros através de contatos pessoais demonstra a importância das relações humanas na propagação e realização do Reino de Deus.[33] De fato, a fé é uma opção livre e como tal ela deve poder se posicionar diante do que lhe vem transmitido. Poderíamos dizer que hoje o existencial é componente fundamental da evangelização.

---

[32] O próprio Código de Direito Canônico, embora ainda temeroso de um autêntico protagonismo laical na Igreja, reconhece expressamente no cânon 211: "Todos os fiéis têm o direito e o dever de trabalhar, a fim de que o anúncio divino da salvação chegue sempre mais a todos os homens de todos os tempos e de todo o mundo".

[33] S. DIANICH, *Chiesa e laicità dello Stato*. La questione teologica, Milano, San Paolo, 2011.

A Igreja local

Podemos tratar da realidade da Igreja local de dois modos. Primeiramente oferecendo uma exposição de pronunciamentos do magistério da Igreja que determinam de antemão os marcos teóricos da temática segundo, naturalmente, o peso dogmático deles. Chegamos assim a um texto claro e seguro, bem sistematizado, porém demasiado teórico e idealizado quando confrontado com a realidade eclesial concreta para a qual buscamos uma orientação. A outra modalidade de abordagem, que será a *nossa*, procura refletir a temática sem prescindir na própria reflexão do contexto real no qual ela acontece. Essa opção dificulta e complica o estudo, mas resulta mais prática e eficaz por ter em consideração os componentes reais da atual situação eclesial, mesmo que não sejam diretamente de cunho teológico. Nossa abordagem situa-se na mesma linha de outras elaborações teológicas que buscam responder ao desafio da modernidade, ao levar a sério a base antropológica das verdades da fé, como se dá na compreensão da revelação, da pessoa de Jesus Cristo, da manifestação da Santíssima Trindade, da existência dos sacramentos, da realidade complexa que é a salvação cristã, e, por fim, da própria Igreja como realidade humano-divina.

Numa parte introdutória examinaremos o nosso contexto atual a partir do qual estudaremos o tema proposto e veremos que pressupostos ele exige para que nossa reflexão seja mais objetiva e isenta. Em seguida exporemos o que constitui a Igreja a partir dos dados da revelação, a saber, os componentes teológicos imprescindíveis para haver Igreja sem mais. Numa terceira parte examinaremos a Igreja como comunidade de homens e mulheres que aceitam a revelação de Deus na pessoa de Jesus Cristo, e o que daí resulta para uma compreensão da Igreja local. Posto isso, poderemos abordar melhor tanto a relação da Igreja local com a Igreja universal numa quarta parte, quanto à relação da Igreja local com os movimentos numa quinta e última parte.

I. Pressupostos

1. A sociedade em que vivemos

A situação em que se encontra uma sociedade não deixa de refluir para dentro da Igreja, pois a Igreja faz parte dessa sociedade concreta com suas tensões, expectativas, desafios, realizações e fracassos. Não pretendemos descrever aqui como se apresenta hoje a complexa situação da nossa sociedade. Apenas mencionaremos algumas características que incidem diretamente no nosso tema. A *sociedade pluralista* de nossos dias, embora de fato dominada pelo fator econômico, permite ao indivíduo conviver com uma oferta múltipla de visões da realidade e padrões de comportamento, ao contrário do que se dava no passado, quando ele devia se submeter aos quadros socioculturais legados por seus antecessores. Essa situação nova lhe permite acolher alguns elementos e assim orientar sua vida de modo livre e pessoal. Daí sua dificuldade com tudo o que lhe vem imposto baseado apenas na autoridade ou na tradição, sem apresentar uma fundamentação convincente e sem ter em conta sua pessoa concreta. Daí também sua vontade de participar no processo de construção da sociedade, pois está convencido de que esta última não desceu pronta do céu, mas foi produção humana.

Também a sociedade pluralista se apresenta como uma *sociedade de diálogo* e de consenso, pois só assim torna possível a convivência pacífica de grupos humanos diferentes que devem conhecer e respeitar os demais. A participação efetiva no futuro da sociedade é um forte anseio de nossos contemporâneos.

Por outro lado, a enorme massa de conhecimentos hoje disponível, agravada por sempre novas descobertas e novas perspectivas de leitura da realidade, acaba por provocar rápidas e sucessivas mudanças socioculturais. Desse modo, os quadros explicativos e os padrões de conduta do passado se tornam questionados, não mais servem para orientar o indivíduo nesta sociedade tensa, acelerada, instável e, consequentemente, *em crise.* Todos os setores sociais sofrem esse desgaste e passam por certa crise de identidade, como a família, a universidade, a vida política, a atividade profissional. Também a Igreja não escapa dessa situação. Muitos de seus problemas se originam na própria sociedade em crise. Poderíamos ainda mencionar brevemente a enorme produção de bens da sociedade industrializada moderna que devem ser adquiridos para que as fábricas continuem funcionando e a sociedade continue vivendo. O *consumismo* se torna uma febre que assola a atual humanidade e a preocupação mais abrangente de tudo experimentar, de tudo desfrutar, de ser feliz a todo custo, acaba por fazer desaparecer da vida social os valores transcendentes, a visão de outra realidade além desta que veem nossos olhos. Vivemos uma época de profunda crise de fé, de ausência de referências substantivas e não apenas funcionais, de busca desenfreada por uma religiosidade de autoajuda.

Observemos ainda que o progresso dos meios de transporte e dos meios de comunicação aproximou as diversas partes do planeta e permitiu o surgir de uma cultura globalizada, fortemente incentivada pela economia. *Em reação*, os países experimentam hoje uma intensa afirmação de suas culturas regionais, de seus valores e de suas tradições históricas que constituem suas raízes. Esse fenômeno incidirá também sobre a comunidade eclesial, como veremos.

2. A liberdade interior

Outro elemento que deve ser considerado, antes mesmo de entrarmos em nosso tema, diz respeito à *objetividade* de nossa reflexão. Pois experimentamos, todos nós, tensões na Igreja, afirmações diferentes e até contrárias, juízos divergentes sobre os mesmos fatos, linhas de ação em luta, embates teológicos. No fundo é o refluxo do pluralismo presente na sociedade, com todos os fatores que o motivaram, que também emerge na Igreja, já que seus membros são cidadãos desta sociedade e respiram esta mesma cultura pluralista. Além disso, nossa temática que visa elucidar as relações entre Igreja local, Igreja universal e Movimentos incide inevitavelmente na *esfera do poder*, como comprova a própria história da Igreja. E o desejo de poder constitui, sem dúvida, uma das paixões mais fortes e camufladas dos esforços humanos.

Assim o nosso tema pressupõe que sejam examinadas as condições mentais de quem o estuda. Pois subjacente a uma argumentação teórica fechada, defensiva, radical, arrogante, pode existir uma ausência de liberdade interior por estar em jogo o poder, a honra, a jurisdição, a eminência. Se entendermos por ideologia num sentido estrito a justificação racional a serviço de relações de dominação, podemos então apontar no interesse ideológico um sério obstáculo para nosso estudo. Já Santo Inácio de Loyola, em seus *Exercícios Espirituais*, que constituem uma verdadeira pedagogia da liberdade interior, procura levar o exercitante a uma purificação dos afetos desordenados, sobretudo através da meditação das "duas bandeiras" (EE 136-148). Só então será ele um *sujeito idôneo* capaz de discernir retamente a vontade de Deus para sua vida.

O teólogo norte-americano Michael J. Buckley[1] vai buscar inspiração em São João da Cruz, o qual apresenta três conselhos para se entrar na noite dos sentidos.[2] Para Buckley, tais orientações valem também para teólogos e autoridades eclesiásticas. Primeiramente se trata de seguir em tudo o *modo de proceder* de Jesus Cristo, através do estudo e da meditação de sua vida. Desse modo o teólogo adquire o contexto cristão que guia sua reflexão. Em segundo lugar ele deve buscar sempre como meta *puramente* a glória de Deus ou, como diríamos hoje, o Reino de Deus. Qualquer inclinação em vista de obter ou manter poder e prestígio, honra e preeminência, jurisdição e dominação, seja em teoria, prática ou mesmo simbolicamente, deve ser afastada. Sua presença, mesmo latente, aponta para um desejo desordenado de poder por parte dos que detêm o poder, ou por ele aspiram ou, ainda, estão ressentidos por não ter conseguido alcançá-lo. Em terceiro lugar, sabendo que tal inclinação se camufla de muitos modos deve procurar voltar-se para o que significa *serviço autêntico* e escondido, serviço desprovido de poder e prestígio. Essa atitude possibilita se chegar à autêntica vontade de Cristo para sua Igreja[3]

---

[1] M. J. Buckley, sj, *Papal Primacy and the Episcopate. Towards a relational Understanding*, Crossroad Herder, New York, 1998, p. 27-31.

[2] São João da Cruz, *Subida do Monte Carmelo I*, cap. 13, BAC, Madrid, 1964, p. 391.

[3] João Paulo II, *Ut unum sint*, n. 96.

através de uma ascética hermenêutica da suspeita, como observa este autor.[4] Igualmente o teólogo J. Ratzinger já havia notado quão importante é a afirmação de Cristo aos apóstolos por ocasião da querela sobre quem seria o maior no Reino dos céus: o maior seja o menor e servo de todos.[5] Somente a liberdade interior nos livra da ambição, do medo, do desejo de granjear favor ou descarregar ressentimentos, para podermos tratar objetivamente de questões relacionadas com o poder na Igreja.

3. A finalidade salvífica

Assim como a encarnação do Verbo de Deus estava toda ela voltada para a salvação da humanidade, assim também a Igreja de Cristo só se justifica enquanto está a serviço dessa salvação ao longo da história humana. Toda a vida de Jesus com sua paixão, morte e ressurreição esteve a serviço do Reino de Deus. Do mesmo modo tudo o que constitui a Igreja alcança sua razão de ser e seu sentido na medida em que leva a mensagem evangélica e a práxis cristã para seus contemporâneos. A Igreja é, desse modo, uma realidade não voltada para si, mas para a sociedade na qual deve ser sal, luz e fermento.

Essa verdade explica por que a Igreja sofre mudanças em sua dimensão institucional e apresenta configurações diversas ao longo dos anos. Nesse caso, busca-se sempre adaptar sua estrutura a um melhor desempenho de sua missão salvífica. Igualmente temos aqui um *critério seguro* para abolirmos estruturas que se revelem obstáculos a essa missão, sobretudo as que não nasceram de exigências salvíficas, mas do egoísmo, da vontade de poder, do comodismo e da vaidade humana. Permanece ainda um *problema* em busca de solução o critério decisivo para distinguir, em alguns casos, o que na instituição se deve à revelação e o que não passa de mera produção humana, podendo assim ser suprimida ou modificada sem maiores problemas.

---

[4] Buckley, op. cit., p. 30.

[5] J. Ratzinger, "Primat, Episkopat und successio apostólica", em: K. Rahner; J. Ratzinger, *Episkopat und Primat*, Herder, Freiburg, 1961, p. 59.

Na mesma linha se deve ter claro que a Igreja como sacramento da salvação não o é apenas pelas verdades que proclama, pelos preceitos éticos que propugna, ou pelos sacramentos que administra. Ela o é, sobretudo, pelo *testemunho de vida* de seus membros, pelos valores cristãos presentes na comunidade, especialmente o amor fraterno, pelas relações humanas vividas diferentemente daquelas do mundo. Tudo o que possa favorecer a qualidade de vida cristã de seus membros deveria ser assumido pela Igreja. Do mesmo modo as tradições e estruturas criadas no passado e que hoje dificultam uma autêntica vivência cristã deveriam ser tranquilamente descartadas, embora gradativamente, pois sabemos quão difícil é para uma geração abandonar hábitos, concepções e práticas que marcaram sua vida.

Desse modo podemos afirmar que a Igreja muda (e deve mudar) em sua configuração histórica apenas para permanecer *fiel a sua identidade* de mediação salvífica. Perder de vista esse imperativo significa absolutizar o relativo, eternizar o histórico, fixar o provisório, impedir o surgimento de novas pastorais e estruturas eclesiais condizentes com a realidade histórica. Não nos deve admirar que uma nova configuração institucional se inspire na atual sociedade, tal como aconteceu no passado,[6] embora sempre na fidelidade à "vontade de Cristo para sua Igreja", ou como expressamos, à finalidade salvífica dessa mesma Igreja.

II. A Igreja local na perspectiva de Deus

Primeiramente uma palavra sobre a expressão "Igreja local". Encontramos nos textos do Concílio Vaticano II tanto a expressão "Igreja particular" (designando especialmente dioceses) como também o termo "Igreja local" (designando dioceses, patriarcados e também comunidades em torno da Eucaristia).[7] O Novo Código de Direito Canônico preferiu a expressão "Igreja particular" para designar a diocese, fato este lamentado

---

[6] De uma já extensa bibliografia, mencionemos Y. Congar, *L'Église de saint Augustin à l'époque moderne*, Cerf, Paris, 1997², e G. Lafont, *Imaginer l'Église catholique*, Cerf, Paris, 1995.

[7] H. Legrand, "La réalisation de l'Église en un lieu", em: *Initiation à la pratique de la théologie III*, Cerf, Paris, 1993, p.145s.

por bons eclesiólogos, que preferem falar de "Igreja local".[8] De fato, a raiz do termo "particular" é *parte*, o que pode gerar uma compreensão errada da Igreja local como se esta fosse parte da Igreja universal. Por essa razão preferimos a expressão "Igreja local" para comunidades eucarísticas, dioceses ou conjunto de dioceses (regionais, Conferências Episcopais, Conferências Episcopais continentais). A história da Igreja apresenta exemplos dessa Igreja local tendo uma Igreja Principal ou metropolita, que, em regime sinodal, regulamentava questões como sagração de bispos, divisões de dioceses, normas canônicas e litúrgicas, disciplina do clero e dos leigos. Naturalmente tinha grande peso o entorno cultural que moldava uma configuração própria para a Igreja local.[9]

Ao afirmarmos ser a Igreja o Povo de Deus, o Corpo de Cristo, o Templo do Espírito Santo, a Comunhão de todos seus membros com Deus e entre si, estamos caracterizando-a *a partir de Deus*. Estas afirmações têm sua fonte no testemunho do Novo Testamento, na própria revelação de Deus. Podemos também afirmar que elas deitam suas raízes numa realidade teologal vivida e experimentada pelos primeiros cristãos. Observemos ainda que a Igreja existe por pura iniciativa de Deus, primeira, gratuita, fundante. Jamais uma interpretação da Igreja que prescinda da fé conseguirá determinar corretamente sua identidade.

O Decreto do Concílio Vaticano II *Christus Dominus* (n. 11) assim define a Igreja local:

> Diocese é a porção do Povo de Deus confiada a um Bispo para que a pastoreie em cooperação com o presbitério. Assim essa porção, aderindo ao seu pastor e por ele congregada no Espírito Santo mediante o Evangelho e a Eucaristia, constitui uma Igreja Particular. Nela verdadeiramente reside e opera a Una, Santa, Católica e Apostólica Igreja de Cristo.

Aqui temos os componentes essenciais da Igreja local. Vejamos.

---

[8] Ver S. Dianich, *Trattato sulla Chiesa*, Queriniana, Brescia, 2002, p. 345s, que assume o termo "Igreja local" e ainda menciona E. Lanne, J. Ratzinger, A. Amato, F. Klostermann, J. A. Komonchak como sendo de igual parecer.

[9] G. Greshake, "Zwischeninstanzen zwischen Papst und Ortsbischöfen", em: H. Müller; H. J. Pottmeyer (Hrsg.), *Die Bischofskonferenz: Theologischer und juridischer Status*, Düsseldorf, 1989, p. 98ss.

Primeiramente ela é *congregada pelo Pai* (que tem a iniciativa de chamá-la à existência) *por meio de Jesus Cristo* (cuja vida, palavras e ações revelam o gesto salvífico de Deus, atraindo homens e mulheres a viverem como Ele) *no Espírito Santo* (a saber, inspirados, capacitados e fortalecidos pelo mesmo Espírito presente e atuante na pessoa de Jesus Cristo). Enquanto todos participam dos mesmos bens salvíficos, da própria existência divina, estão eles em *comunhão* com Deus e com os demais, como tão expressivamente descreve São João (1Jo 1,1-3). A Eucaristia é a expressão sacramental dessa comunhão (1Cor 10,16s).

Outro componente da Igreja local é a *proclamação do Evangelho.* Já dizia Paulo que "a fé vem da pregação, e a pregação é o anúncio da Palavra de Cristo" (Rm 10,17). A Igreja se constitui pela adesão dos que ouvem a Palavra e a acolhem na fé. Como dizia Santo Agostinho: "Pregaram a palavra da verdade e geraram as Igrejas" (PL 36,508). Essa proclamação do Evangelho por parte da Igreja é ampla, pois consiste em transmitir "doutrina, vida e culto", ou mais concisamente "tudo o que ela é, tudo o que crê" (*Dei Verbum* 8).

A Igreja local é presidida pelo bispo. Embora toda ela seja ministerial, apostólica e missionária, tem o bispo a presidência dela, coadjuvado pelo seu presbitério e em comunhão com as demais Igrejas. Sendo assim é ele o responsável primeiro pela santificação, governo e ensino na Igreja local. Seu carisma é o de supervisionar os demais carismas da comunidade. Desse modo o fato em si de ser a Igreja uma comunidade hierárquica ou com diversidade de membros não exclui a participação de todos em sua finalidade salvífica. O que sucedeu no passado com certo clericalismo dominante que reduzia os demais membros a um papel meramente passivo, embora se explique por razões históricas, não corresponde ao que deve ser a Igreja enquanto comunidade ordenada, conforme atesta o Vaticano II e, mais recentemente, o Documento de Aparecida.

A ação do Espírito na Igreja local. O acolhimento de Jesus Cristo através da pregação da Palavra, a formação da comunidade dos fiéis, a celebração eucarística, a práxis efetiva da caridade, tudo isso acontece por força do Espírito. "Todos nós fomos batizados em um só Espírito para formarmos um só corpo" (1Cor 12,13). O Espírito, portanto, gera comunhão (2Cor 12,13; Fl 2,1). O princípio último de nosso relacionamento com Deus e entre nós é o mesmo, a saber, o Espírito Santo. Nesse sentido podemos afirmar que todo cristão ou todo membro da Igreja é sem mais um carismático. "Ninguém pode dizer Jesus é o Senhor, a não ser pelo Espírito Santo" (1Cor 12,3). Esta afirmação vale também para aquele que anuncia a Palavra salvífica. A fé comporta necessariamente uma dimensão mística, que subjaz à constituição da própria Igreja; daí ser contada entre os carismas (1Cor 12,9). Portanto, enquanto comunidade dos que creem, a Igreja é fundamentalmente carismática.

Toda a ação do Espírito nos cristãos é levá-los a viver para Cristo (Rm 14,7), é possibilitar a adesão a Cristo na fé (1Cor 12,3), é comunicar-lhes a atitude filial de Cristo (Rm 8,14; Gl 4,6), é fazê-los viver o amor fraterno (Gl 5,22-26). Desse modo a obra salvífica de Deus se realiza pela dupla missão do Filho e do Espírito. Essa verdade vale também para a Igreja. Jesus Cristo é o fundador histórico-visível da Igreja, o Espírito Santo é a vida que a anima (LG 7). Assim ela está vinculada tanto à encarnação do Verbo como ao Pentecostes do Espírito, quando então ela se constitui como comunidade de fiéis e de testemunhas. Daí ser o Espírito constituinte da Igreja.[10] Mediante sua ação os apóstolos iniciam a atividade missionária, elegem Matias para o grupo dos doze e determinam aspectos institucionais exigidos pela situação presente. Podemos assim afirmar que o Espírito Santo não vem somente animar uma instituição já totalmente determinada em suas estruturas ou nos grupos nela presentes. Mas sua presença atuante pode despertar novas espiritualidades, novas pastorais, novas estruturas para que, renovada (LG 9), a Igreja possa melhor responder aos desafios postos à sua missão salvífica. Cada fiel tem o direito e o dever de exercer os dons que recebe do Espírito (AA 3).

Uma Igreja pneumatológica e missionária. Enquanto a Igreja é constituída por homens e mulheres animados pelo mesmo Espírito Santo, todos nela são *sujeitos*. São pessoas conscientes e responsáveis em sua fé

---

[10] Infelizmente essa verdade passa quase despercebida no atual Código de Direito Canônico. Ver J. A. Coriden, "The Holy Spirit and Church Governance", *The Jurist* 66 (2006) p. 339-373.

e em seu proceder, vivem histórias próprias, são dotadas de carismas e de dons pessoais que contribuem para a comunidade e para a construção e configuração concreta da Igreja. Portanto, não são membros passivos da comunidade, mas transmitem a outra geração uma realidade viva, a saber, a salvação de Jesus Cristo experimentada em suas próprias existências. Daí o Concílio Vaticano II considerar toda a Igreja *ministerial* e afirmar que "todo leigo, em virtude dos próprios dons que lhe foram conferidos, é ao mesmo tempo testemunha e instrumento vivo da própria missão da Igreja" (LG 33). Daí também reconhecer que tais ministérios são necessários à construção da comunidade eclesial e que "devem ser por todos diligentemente fomentados e cultivados" (AG 15).

Se o sentido último da Igreja consiste na missão de levar à humanidade a salvação de Jesus Cristo e se essa mesma Igreja é constituída por uma comunidade de seguidores de Cristo, então deve a comunidade eclesial ser *toda ela* missionária. É todo o Povo de Deus que é chamado a testemunhar e celebrar os valores evangélicos no culto e na caridade vivida, na proclamação da Palavra e no serviço aos demais. A afirmação conciliar do "sacerdócio comum dos fiéis" (LG 10) implica outra concepção do sacerdócio, diversa daquela do Antigo Testamento. Jesus Cristo foi o sacerdote da Nova Aliança não pela oferta de sacrifícios de animais, mas pela entrega de sua própria vida (Hb 5,10; 7,11). Nessa nova visão toda a comunidade cristã é sacerdotal (1Pd 2,9; Ap 1,6) e o verdadeiro culto consiste na oferta da própria vida a Deus (Rm 12,1s) ao fazer o bem aos demais (Hb 13,16). O fundamental na comunidade cristã é a fé vivida celebrada no Batismo e na Eucaristia. *Todos* são "irmãos em Cristo", *todos* constituem a comunidade, *todos* são responsáveis, *todos* são ativos na propagação do Reino, *todos* devem participar a seu modo das orientações e das decisões da Igreja. Naturalmente a recepção dessa eclesiologia que se queira efetiva exige não só mudanças na mentalidade de muitas autoridades, como também transformações institucionais como aparece claramente do recente Documento de Aparecida.[11]

---

[11] Ver M. de França Miranda, "O desafio de Aparecida. Uma configuração eclesial para a América Latina", *Revista Eclesiástica Brasileira* 59 (2009) p. 77-102.

III. A Igreja local como comunidade humana

Vamos partir de uma verdade teológica que terá grande consequência para o nosso estudo sobre a Igreja local. O gesto salvífico de Deus em favor da humanidade pressupõe para chegar a sua meta o *acolhimento na fé* por parte do ser humano. Sem a fé, embora possibilitada pelo próprio Deus (Espírito Santo), não haveria revelação nem afirmaríamos a divindade de Jesus. Logo a fé pertence ao próprio conteúdo do que expressamos como Palavra de Deus. Do mesmo modo, dada a importância da comunidade eclesial para a nossa fé, como vimos anteriormente, podemos igualmente afirmar que a revelação considera a Igreja a comunidade dos que creem.[12]

Mas essa comunidade eclesial vive sempre num *contexto sociocultural* determinado, com sua linguagem, suas expectativas, seus problemas, seus valores, e é necessariamente em seu interior que será captada e acolhida a oferta salvífica de Deus. Pois a Palavra de Deus não cai num vazio antropológico, num ser humano abstrato ou numa sociedade indeterminada. Ela, sendo sempre a mesma, só é alcançada na mediação histórica e mutável na qual se faz presente. A fé da comunidade, da qual participa a fé do indivíduo, tende naturalmente a se expressar e se transmitir para outros por meio de doutrinas, de ritos e práticas, de organizações sociais, de funções e papéis, os quais significam a institucionalização dessa experiência salvífica primeira. Toda religião busca se institucionalizar para poder perdurar. Esse processo está a serviço do encontro salvífico do ser humano com Deus, como mediação que o facilite e o promova.

Uma comunidade humana só é tal e distinta de outros grupos humanos quando apresenta *quatro componentes* estreitamente relacionados entre si e que devem ser *comuns* a todos os seus membros. Primeiramente uma *experiência* partilhada por todos, o que implica situações existenciais determinadas com seus respectivos desafios, atingindo a todos e plasmando assim uma história comum. Em seguida, seus membros devem chegar a *compreensões* da realidade também comuns, que possibilitem *avaliações* comuns. E, finalmente, se requerem *decisões* comuns em vista de valores

---

[12]   A. Dulles, *Models of Revelation*, Orbis, New York, 1996⁴, p. 220.

comuns para que essa comunidade se torne efetiva. Desse modo, uma comunidade nasce e morre à medida que uma comunidade de experiência, de compreensão, de avaliação e de decisão nasce e morre.[13]

Contudo, tais elementos não surgem de repente nem brotam do nada. Enquanto comunidade humana, ela é, constitutivamente, uma comunidade de sentido e de valor, pois se compreende e se constitui sempre no interior de uma *linguagem recebida*, de um horizonte cultural transmitido, de uma interpretação determinada dos eventos. Só assim é capaz de compreender a realidade e de estabelecer sua escala de valores. Habitamos um *mundo social criado por outros*, com sua linguagem, expectativas, símbolos, papéis, instituições, realizações políticas e econômicas. E só em seu interior podemos entender e avaliar o mundo a nossa volta.

O evento Jesus Cristo (suas ações, suas palavras, sua morte e sua ressurreição) representa o componente transcendente da comunidade eclesial, agregando e vivificando seus membros. Ele abre para a humanidade um novo quadro interpretativo da realidade que possibilitará experiências comuns, compreensões comuns, avaliações comuns e compromissos comuns, constituindo assim a Igreja. Trata-se de uma comunidade com *identidade própria*, a saber, a realização social da modalidade de vida inaugurada por Jesus Cristo, manifestando a salvação oferecida em Cristo e interpelando os demais grupos humanos a viverem o desígnio de Deus para a humanidade. Nela estão presentes não só a pessoa de Jesus Cristo, mas também as Escrituras, a Tradição, os dogmas, a liturgia, os santos etc.

Observemos ainda que todo esse patrimônio que garante a identidade da Igreja deve ser recebido e apropriado por cada geração dentro de seu contexto sociocultural respectivo e dotado de uma linguagem própria. Só assim a mensagem salvífica pode ser captada e vivida por uma geração de cristãos, só assim ela pode ganhar vida e penetrar a realidade social. Desse modo, a comunidade cristã sempre se constitui e se compreende com as representações mentais, com as categorias sociais, com as estruturas organizativas presentes e atuantes em seu respectivo contexto

---

[13] J. A. Komonchak, *Foundations in Ecclesiology*, Fred Lawrence, Boston, 1995, p. 83-88.

sociocultural. Não nos deve admirar, portanto, que a Igreja no curso de sua história tenha se apropriado de elementos institucionais à mão para se organizar como comunidade. E nem que essa sua dimensão institucional tenha se transformado ao longo dos séculos, devido às mudanças na própria sociedade. Voltamos a repetir: a Igreja muda para conservar sua identidade e sua finalidade salvífica. Nesse sentido podemos dizer que ela se autoinstitucionaliza no correr da história.[14]

Recebemos o patrimônio salvífico das gerações anteriores, patrimônio esse naturalmente moldado conforme as situações existenciais e contextos socioculturais daquelas gerações. Como a sociedade se transforma, pode toda essa riqueza de fé pouco dizer a nossos contemporâneos, por experimentarem outros desafios, outras linguagens, outras organizações sociais que impedem que essa riqueza seja real e concretamente *vivida* por eles. Do ponto de vista institucional, haverá uma *crise* na comunidade eclesial (como, aliás, em outros grupos sociais: família, escola, mundo político etc.) sempre que as experiências, as compreensões, as avaliações e os compromissos comuns dos membros da comunidade *não mais se encontrem* na instituição concreta que lhes foi legada. Pois suas expressões e práticas, formulações doutrinais e morais, dinamismos e estruturas não mais se adéquam à realidade vivida pelos membros da comunidade, que lhes apresenta novos desafios, novos contextos, novas mentalidades, que exigem nova configuração local.[15]

Portanto, a razão decisiva para uma configuração eclesial afinada com seu respectivo contexto sociocultural vem a ser a própria *finalidade salvífica* da Igreja. Vivemos hoje uma era de pós-cristandade quando a adesão à fé cristã resulta de uma opção livre e consciente. E a fé constitui

---

[14] W. Klausnitzer, *Der Primat des Bischofs von Rom*, Herder, Freiburg, 2004, p. 513s. O autor argumenta a favor do primado, mas menciona também a consciência da Igreja primitiva como uma comunidade própria, constituída de judeus e gentios, a formação do cânon neotestamentário, a formulação cristológica do Concílio de Calcedônia, a determinação dos sete sacramentos e ainda verdades mais recentes como os direitos humanos, a liberdade de consciência, a liberdade religiosa, contidas na própria mensagem cristã.

[15] O aparente embate entre fé e mundo pode ser, de fato, a oposição entre a fé plasmada e vivida no século XIII com a fé do século XX. Ver J. Ratzinger, *Dogma e anunciação*, Paulus, São Paulo, 1977, p. 143.

o fundamento da Igreja.[16] Dificultar a fé dos cristãos é atingir a própria sobrevivência da Igreja. Daí a enorme importância da Igreja local em nossos dias. Cabe a ela mediatizar a salvação de Jesus Cristo para seus contemporâneos. Essa adequada configuração é tarefa da Igreja local, bispo e fiéis, conforme recomendam tanto o Concílio Vaticano II quanto o magistério pontifício. Ela é também fruto da *ação do Espírito Santo* ao inspirar novos modos de viver o seguimento de Cristo, novas estruturas adequadas à vivência cristã da comunidade, novas dimensões da nossa fé. Fonte dos carismas, Ele é não só princípio de unidade, mas também de diversidade. Sentimos dificuldade em aceitar tal verdade devido ao peso do passado (centralismo romano, uniformidade como unidade, nostalgia da cristandade).

Podemos entender Igreja local como um conjunto de dioceses unidas pelo mesmo contexto sociocultural, a exemplo do que "por Providência Divina" aconteceu no passado, quando "numerosas comunidades organicamente unidas" desfrutavam "de disciplina própria, uso litúrgico próprio, patrimônio teológico e espiritual próprios", demonstrando "mais luminosamente a catolicidade da Igreja indivisível" (LG 23). Essas estruturas regionais tinham então uma dupla função: de um lado facilitavam às Igrejas de uma região uma comunicação e uma colaboração mais concretas e mais estreitas; de outro, através da Igreja patriarcal elas estavam unidas à Igreja universal. Naturalmente isso possibilitava sobremaneira o que hoje expressamos como inculturação da fé. Não seria esta uma tarefa mais própria dos regionais da CNBB?

Portanto, a Igreja local deve assumir as características próprias de cada povo ou região, oferecendo às demais Igrejas os seus dons em vista de uma maior plenitude (LG 13). Para isso deverá se inserir no contexto sociocultural onde se encontra (AG 10), aproveitando a sabedoria, as artes e as instituições dos povos para expressar a glória do Criador (AG 22). A *catolicidade* da Igreja universal não é apenas geográfica, mas qualitativa, ao respeitar as diversidades locais. Preocupar-se somente

---

[16] Tomás de Aquino, *Comentário aos Colossenses* c.I, 1.5: "Fides est sicut fundamentum, ex cujus firmitate tota firmatur ecclesiae structura".

com o patrimônio recebido das gerações anteriores sem ter em devida consideração as pessoas concretas (com suas matrizes culturais e seus desafios locais) é uma das causas da funesta separação entre fé e vida, tão espalhada em nossos dias. É preciso que a fé apareça como resposta às interpelações hodiernas, pois só então ela será significativa e atraente numa cultura que rejeita imposições.

IV. Igreja local e Igreja universal

O Concílio Vaticano II considera a Igreja universal como uma *comunhão de Igrejas*. Ao afirmar que "a Igreja de Jesus Cristo está verdadeiramente presente em todas as legítimas comunidades locais de fiéis", mesmo que sejam "pequenas e pobres, ou vivendo na dispersão" (LG 26). O fundamento dessa afirmação é oferecido pelo mesmo Concílio: todas elas são "formadas à imagem da Igreja universal, nas quais e pelas quais subsiste a Igreja Católica una e única" (LG 23). Desse modo assevera que na Igreja local "está verdadeiramente presente e ativa a Una, Santa, Católica e Apostólica Igreja de Cristo" (CD 11). As Igrejas locais não são distintas da Igreja universal, mas esta última somente existe *nelas e por elas*. Por conseguinte, a Igreja universal não consiste na soma ou na confederação de Igrejas locais, que pudessem ser consideradas meras repartições administrativas da única Igreja universal.[17] E, por sua vez, a Igreja local só é Igreja em comunhão com as demais Igrejas (AG 38) consideradas sincrônica e diacronicamente.

A Igreja universal resulta assim da mútua recepção e comunhão das Igrejas locais. Ela *é* a comunhão das Igrejas locais. A expressão conciliar (LG 23) "formadas à imagem da Igreja universal" não significa serem constituídas como reprodução de uma Igreja "ideal", platonicamente concebida, que pudesse existir sem as Igrejas locais.[18] Significa, isso

---

[17] W. Kasper, *Teologia e Chiesa*, Queriniana, Brescia, 1989, p. 290.

[18] J. A. Komonchak, "La Iglesia Local y la Iglesia Católica", em: H. Legrand; J. Manzanares; A. Garcia y Garcia (Org.), *Iglesias Locales y Catolicidad*, Universidad Pontifícia de Salamanca, 1992, p. 568 nota 23.

sim, que a Igreja que resulta da comunhão das Igrejas locais é *idêntica* à que se realiza nas Igrejas locais. Aqui está o fundamento da comunhão das Igrejas. Há, portanto, uma mútua inclusão: não se pode conceber a Igreja local sem a Igreja universal, nem esta última é uma realidade sem as Igrejas locais.[19] Este ponto deve ser frisado, pois inconscientemente, quando pensamos as relações entre as Igrejas locais e a Igreja universal, podemos identificar a Igreja universal com a Igreja de Roma, imaginando uma relação entre periferia e centro, entre bispos e autoridade romana, como se a Igreja de Roma não fosse também uma Igreja local. Tudo o que afirmamos da Igreja universal, por exemplo, ser ela o sacramento universal da salvação (LG 1), só existe realmente *nas e pelas* Igrejas locais.

Observe-se ainda que o bispo não é o pastor de uma Igreja local antes de ser membro do colégio dos bispos, nem vice-versa.[20] Assim ele mediatiza a Igreja local com a Igreja universal e esta com aquela. Nele estão presentes as duas dimensões da Igreja: particularidade e universalidade, localidade e catolicidade. Daí a responsabilidade de cada bispo pelas outras Igrejas (AG 38), concretizada na colaboração mútua e no afeto colegial (LG 23). Daí a importância da contribuição própria das Igrejas locais para a catolicidade da Igreja universal, que não é apenas formal (mesma constituição teológica), mas real ao apresentar configurações diversas das experiências cristãs e das comunidades de fé conforme o contexto onde estão e os desafios que enfrentam. A Igreja é católica (universal) por se voltar tanto para o desafio das religiões na Ásia quanto para a pobreza na África, ou para a crítica da modernidade na Europa, ou ainda para os marginalizados na América Latina.

O papel da sede romana como sinal da unidade da Igreja é de fortalecer a comunhão entre as Igrejas locais, não assumindo suas funções

---

[19] Não desconhecemos o debate em torno de uma prioridade (ontológica) da Igreja universal sobre as Igrejas locais, o texto de *Communionis notio* n. 9 e a tendência do Código de Direito Canônico de limitar em questões disciplinares a ação das Igrejas locais. Tratar essa complexa questão nos afastaria de nosso objetivo. Uma visão atualizada, embora crítica, do tema nos traz H. Legrand, "The bischop in the Church and the Church in the Bischop", *The Jurist* 66 (2006) p. 70-92.

[20] A segunda parte da afirmação é negada tanto pelo Código de Direito Canônico (cânon 376), que distingue bispo diocesano e bispo titular, como pela Carta Apostólica *Apostolos Suos* n. 12, nota 55.

e suas competências, como se tratasse de uma entidade que tudo centralizasse, mas de supervisionar (*episkopein*) as Igrejas locais para garantir sua comunhão e, assim, a unidade da Igreja de Jesus Cristo.[21] A história da Igreja nos demonstra que o exercício do primado pode variar no *modo* como é exercido. Consequentemente existe a possibilidade de se "encontrar uma forma de exercício" que "se abra a uma situação nova".[22] Pois as Igrejas locais são fundamentalmente *sujeito*.[23] Embora historicamente a relação entre primado e episcopado pudesse se apresentar numa certa tensão dialética, como se a ênfase num dos polos enfraquecesse o outro, cuidar da unidade e da comunhão das Igrejas locais não implica por si só tal tensão. Pois, sendo a missão do primado a de fortalecer e de confirmar as Igrejas locais na fé e na vivência da caridade, então a força e a unidade do episcopado indica a força e a eficácia do primado.[24] A excessiva centralização pode se tornar dominação e minar a força do episcopado, ou seja, contradizer a finalidade do próprio primado.[25]

Observemos que no primeiro milênio da Igreja era viva e atuante uma "eclesiologia de comunhão", sendo que a comunhão entre as Igrejas locais se dava através de uma Igreja regional principal com seu bispo respectivo, na qual as demais encontravam sua unidade, seu eixo e sua orientação. Essa estrutura patriarcal foi decisiva para manter a diversidade e a unidade da Igreja. A comunhão das Igrejas se dava através dessas Igrejas regionais como "Igrejas irmãs" (UR 14). O bispo primata dessa Igreja local (regional) num regime sinodal, isto é, com os demais bispos, resolvia as questões de cunho litúrgico ou de direito canônico. A estrutura eclesial repousava em três membros, a saber, Igreja local (diocese), Igreja regional principal e Igreja romana primacial. Com isso, tanto se evitava

---

[21] João Paulo II, *Ut unum sint* n. 94.

[22] Ibid., n. 95.

[23] De tal modo que devem participar da nomeação de seus pastores. Ver J. Ratzinger, "Demokratisierung der Kirche?", em: J. Ratzinger; H. Maier, *Demokratie in der Kirche*, Lahn-Verlag, Limburg, p. 39s.

[24] M. Buckley, op. cit., p. 72s. Ver W. Klausnitzer, op. cit., p. 448, nota 338, que menciona, nessa mesma linha, outros teólogos como Hünermann, Henn, Pottmeyer, Neuner.

[25] Ibid., p. 78s.

a exagerada centralização (Igreja latina) como a pluralidade de Igrejas autocéfalas sem unidade (Igrejas orientais).[26]

A uniformidade do direito eclesiástico, a uniformidade da liturgia, o controle das sedes episcopais por parte de Roma, são realidades que não necessariamente provêm do primado como tal, mas derivam da união do múnus primacial e patriarcal. Seria deveras interessante que, para o futuro, se distinguisse novamente e com acurada clareza a missão autêntica do sucessor de Pedro e a missão do patriarca, e que, onde se fizesse necessário, se criassem novos patriarcados, sem considerá-los incorporados à Igreja latina. A aceitação da unidade com o Papa não significaria mais partilhar de uma administração uniforme, mas significaria, sim, inserir-se na unidade da fé e da *communio*.[27]

A separação das funções petrinas e patriarcais pede uma revisão da Cúria Romana,[28] cujas funções deveriam ser participadas pelo episcopado mundial, já que "o colégio dos bispos como tal, junto com o Papa, poderia se considerar como superior à Cúria e cooperar para moldá-la".[29] Observemos que a comunhão eclesial apresentada no Concílio Vaticano II pressupõe não só a colegialidade e a catolicidade, mas também a subsidiariedade.

V. Igreja local e movimentos

Os movimentos deitam suas raízes na época anterior ao Concílio com o "Movimento por um mundo melhor" e com a Ação Católica. Textos conciliares contribuem para promover o apostolado leigo,[30] embora ainda numa perspectiva dualista entre hierarquia e laicato diversa da que temos

---

[26] G. Greshake, *Der dreieine Gott. Eine trinitarische Theologie*, Herder, Freiburg, 2007, p. 423s.

[27] J. Ratzinger, *O Novo Povo de Deus*, Paulinas, São Paulo, 1974, p. 138s.

[28] A competência da Cúria Romana e dos bispos estava no centro das discussões que antecederam o Concílio Vaticano II. Ver Gilles Routhier, "Vatican II: the first Stage of an unfinished Process of reversing the centralized Government of the Catholic Church", *The Jurist* 64 (2004) p. 259.

[29] J. Ratzinger, "Konkrete Formen bischöflicher Kollegialität", em: J. Chr. Hampe (Hrsg.), *Ende der Gegenreformation? Das Konzil. Dokumente und Deutung*, Kreuz, Stuttgart, 1964, p. 158. Citado por Pottmeyer, *Towards a Papacy in Communion*, Herder, New York, 1998, p. 135.

[30] LG 30-38; GS 43; PO 8; e, sobretudo, o Decreto *Apostolicam Actuositatem* (AA).

hoje. De fato apenas se menciona o direito dos fiéis de se associarem e em comunhão com a hierarquia. *Evangelii Nuntiandi* (1975) considera "os ministérios diversificados dos leigos", vistos numa ótica apostólica como "preciosos para a implantação, a vida e o crescimento da Igreja". Desse modo, tais ministérios estavam não só a serviço da animação da ordem temporal, mas ainda da comunhão eclesial (EN 73). Grande incentivo receberão os movimentos no pontificado de João Paulo II. Sua primeira encíclica, *Redemptor Hominis*, já assinala que "um idêntico espírito de colaboração e de corresponsabilidade... se difundiu também entre os leigos, não apenas confirmando as organizações de apostolado laical já existentes, mas criando outras novas, que não raro se apresentam com um aspecto diferente e uma dinâmica especial" (RH 5). Os anos posteriores apenas intensificam essa aprovação inicial nos diversos encontros sobre os movimentos.

Na Exortação Apostólica *Christifideles Laici* (1989) os movimentos são reconhecidos como "uma nova era agregativa dos fiéis leigos", agregações essas "bastante diferentes umas das outras", mas com "profunda convergência na finalidade que as anima: a de participar responsavelmente da missão da Igreja" (ChL 29). De um lado, ressalta o direito que os leigos têm de se associar na Igreja, que provém do Batismo, e, de outro, apresenta cinco *critérios de eclesialidade*: o primado da vocação do cristão à santidade, a responsabilidade em professar a fé católica, o testemunho de uma comunhão sólida e convicta, a conformidade e a participação na finalidade apostólica da Igreja e o empenho de uma presença na sociedade humana (ChL 30). O apoio de João Paulo II aos movimentos se mantém nos anos sucessivos de seu pontificado, embora advertindo seminaristas e sacerdotes diocesanos, inseridos nos movimentos, sobre o respeito aos educadores e aos bispos (*Pastores Dabo Vobis* 68), como também lembrando aos religiosos e religiosas que necessitam do consentimento dos Superiores (*Vita Consecrata* 56).

Não é fácil caracterizar com precisão os novos movimentos, dadas as diferenças entre eles. Tentemos uma compreensão primeira desse fenômeno. Os novos movimentos eclesiais têm primeiramente sua origem no *carisma* de um fundador, que suscita em seus membros uma conversão existencial ao Evangelho e uma renovação radical do Batismo recebido. Desse modo surge uma espiritualidade específica. Outra característica que os distingue é o fato de acolherem *todas as categorias de pessoas*: leigos casados ou não, religiosos e sacerdotes. Assim se distinguem dos movimentos leigos do passado, bem como das congregações religiosas, e mesmo das entidades de fiéis leigos afiliados às mesmas congregações. Como buscam viver o Evangelho em todos os âmbitos da vida humana, configuram uma comunhão eclesial, expressa numa estrutura institucional igual para todos, embora permitam certa flexibilidade de pertença para seus membros.

Uma terceira característica diz respeito à *atividade apostólica* dos novos movimentos, que os distingue dos "movimentos espirituais". São realmente movimentos eclesiais na medida em que procuram evangelizar publicamente mediante a própria comunhão eclesial que os constituiu, a qual abarca os diversos estados de vida. Finalmente mencionemos ainda a *universalidade* como traço também peculiar dos novos movimentos eclesiais, os quais, abarcando todas as categorias de católicos, chega com sua ação apostólica aos vários setores da sociedade, incluindo o diálogo com membros de outras Igrejas cristãs e de outras religiões. Temos aqui algo realmente novo na história da Igreja e não nos deve admirar a dificuldade de se enquadrar canonicamente tais novos movimentos.

Se fôssemos tentar explicar o surgimento desse fenômeno na Igreja, deveríamos apontar primeiramente para a ação inspiradora do *Espírito Santo* que age como quer e quando quer para a salvação da humanidade. A tenacidade dos fundadores diante das dificuldades e incompreensões presentes nos primeiros anos confirma o que afirmamos. Mas o Espírito Santo não age num vazio eclesial. Sua ação irrompe para suprir deficiências, solucionar crises, corrigir unilateralidades, romper rotinas, reavivar vivências; numa palavra, para deixar melhor transparecer e ser acolhida a salvação de Jesus Cristo. Aceito isso, devemos entender os novos movimentos como uma interpelação à própria Igreja, no que ela é como instituição a serviço do Reino de Deus.

Já vimos como as profundas e rápidas mudanças socioculturais acabaram por afetar a própria Igreja em sua configuração institucional. A sociedade pluralista, a emergência da subjetividade na cultura, a hegemonia nefasta do fator econômico lançam novas exigências à Igreja, que experimenta os limites e as insuficiências da pastoral tradicional. Nossos contemporâneos demonstram sede de Deus e buscam um referencial firme para suas vidas, mas esse dinamismo se traduz, por vezes, numa religiosidade subjetiva, não eclesial, desenraizada de uma tradição. Os novos movimentos indicam a distância entre a Igreja e a sociedade e buscam, ao mesmo tempo, oferecer uma solução. Eles possibilitam espaços vitais, comunitários, ricos de relações pessoais entre os fiéis, que tanto fortalecem sua identidade cristã quanto os estimulam a viver a fé sob novas formas sociais.

Contudo, devemos reconhecer que a questão do *estatuto jurídico* dos novos movimentos na Igreja ainda não recebeu uma resposta satisfatória e plena. Sendo um fenômeno novo, o fator tempo desempenha aqui um papel importante. A legislação eclesiástica não pode ser aplicada simplesmente aos novos movimentos porque neles se encontram também religiosos/as e presbíteros. Mas compete ao bispo diocesano examinar e ajudar essas novas formas de vida consagrada, que deverão ser aprovadas pela Sé Apostólica (cânon 605). A maior semelhança delas é com a vida religiosa, já que apresentam alguns componentes dela, embora careçam de outros. O membro de um movimento responde também a um chamado de Deus no interior da Igreja e em vista de sua missão, mas não pode ser caracterizado plenamente como "consagrado pelos conselhos evangélicos" por lhe faltar a intervenção ministerial da Igreja que se faz mediadora da iniciativa divina e da resposta humana, confiando-lhe também uma missão. Daí permanecerem os membros dos novos movimentos, mesmo assumindo conselhos evangélicos, no estado de leigos ou no estado clerical diocesano, embora com uma função profética em seu meio. Portanto, também se distinguem dos membros de institutos seculares que, leigos ou clérigos, pertencem ao estado de consagrados pela profissão dos conselhos evangélicos, com outros direitos e deveres específicos (cânones 573 e 574; 710-730).

Mais complexa é a questão da *formação e da incardinação dos sacerdotes diocesanos*. Quando formados no interior dos movimentos, podem experimentar dificuldade em se entrosar com o restante do clero diocesano, bem como com a pastoral da diocese. Quanto à incardinação, o Código de Direito Canônico não a permite num movimento, sendo assim realizada na diocese em acordo com o bispo, o que também pode apresentar dificuldades quando outro bispo assume a diocese.

A novidade maior dos novos movimentos está na *diversidade* de seus membros, que reproduz assim a diversidade da comunidade eclesial. Nessa novidade está sua riqueza e simultaneamente sua dificuldade maior, pois poderiam se considerar uma "Igreja-Elite", contraposta a uma "Igreja-Massa", ou mesmo limitar a seu interior toda sua espiritualidade e missão. Estariam então caindo numa entidade de tipo *seita*, enquanto a Igreja se compreende como povo, Povo de Deus, que abraça a todos, santos e pecadores. Outra tentação poderia ser identificar o próprio movimento com a existência cristã sem mais, absolutizando-o e esquecendo ser ele, de fato, uma das várias formas de se viver o Evangelho. Também já foi observado que, em alguns casos, os movimentos se limitam demasiado à classe média, com menor empenho pelos pobres e excluídos da sociedade.

As *novas comunidades* que surgem em várias partes do Brasil representam uma questão mais complexa, pois se apresentam ainda como associações recentes, instáveis, carecendo de estatutos apropriados, de fundamentação teológica ou de vinculação eclesiológica, agrupadas em torno de uma forte liderança carismática e dotadas de grande entusiasmo. Certamente enquanto são associações laicais privadas, gozam de pleno direito de se constituírem, mas, caso elas se tornem um empecilho para as atividades paroquiais ou diocesanas, caberá ao bispo procurar trazê-las para a comunidade eclesial.

Por sua vez, o *bispo diocesano* deve estar aberto ao novo, mesmo que extrapole organizações e programações pastorais, pois não se deve extinguir o Espírito (1Ts 5,19), mas examinar e discernir se a novidade contribui para o bem da comunidade eclesial e para sua finalidade salvífica. Esse procedimento pode requerer tempo para que seus frutos amadureçam. Talvez esse tempo seja marcado por tensões e conflitos, que deverão ser suportados na fé até que ambas as partes cresçam no mútuo conhecimento e respeito, bem como na vivência dos valores evangélicos. Sem dúvida, compete ao bispo a *última palavra* em sua diocese por exercer o carisma supremo da unidade. Cabe-lhe ajudar os próprios movimentos a concretizarem fielmente os impulsos do Espírito, caso se faça necessário. Deve fazê-lo mesmo se com correções, mas com compreensão e respeito por um dom do Espírito.

VI. Conclusão

Na Igreja local compete ao bispo o governo dela. Tarefa da teologia é oferecer subsídios para uma tomada de posição conforme a situação concreta a permita. Sentimos viver ainda uma época marcada por certa centralização romana e pela promoção de movimentos supradiocesanos. Não negamos as tensões que daí decorrem. É importante nessa hora mantermos a liberdade interior para evitar opções precipitadas. É importante igualmente que não percamos de vista a finalidade última da Igreja. Sua ação salvífica acontece *primordialmente* na Igreja local. Portanto, é fundamental que seu contexto existencial e sociocultural seja respeitado em vista de uma pastoral profícua e eficaz. Portanto, na perspectiva da teologia se impõe hoje uma pastoral inculturada a ser realizada por todos: bispos, párocos, movimentos, religiosos/as e leigos/as.

Igreja e Estado
na atual sociedade

Vivemos uma época histórica desafiante pela sucessão contínua de novas descobertas na área da tecnologia, pelos desafios inéditos postos pela globalização avassaladora, pelos questionamentos presentes nos vários setores da vida social, pela instabilidade e fragilidade dos critérios e dos valores, pelo enfraquecimento das instâncias políticas submissas às coordenadas econômicas, pela fuga anestesiante num consumismo insaciável, pela busca desesperada de refúgio num individualismo do bem-estar. Esse quadro já bastante complexo está continuamente agravado por novos problemas, tais como a crescente expansão islâmica ou a assustadora degradação do planeta.

Naturalmente, como bem podemos imaginar, essas transformações socioculturais afetam necessariamente não só a sociedade, mas também a Igreja. Primeiramente porque os membros da Igreja são também membros desta sociedade. É em seu interior que procuram viver sua fé, que captam a Palavra de Deus, que são afetados pela cultura dominante, que experimentam as insídias do mal e do egoísmo, que fazem uso da linguagem vigente, que adotam comportamentos comuns à maioria de seus contemporâneos. Esta afirmação recebe uma indubitável confirmação da própria história que comprova a mútua interação entre a Igreja e a sociedade, naturalmente não só fonte de enriquecimentos de lado a lado, mas também origem de tensões e embates.

A história também nos ensina que transformações profundas na sociedade exigem consequentemente um *reposicionamento* da própria Igreja no espaço público. Pois as relações tradicionais, outrora tranquilas e aceitas, se veem questionadas no interior de um panorama social novo, que as privam de sentido e de força social. Mesmo que a história do cristianismo ocidental pareça, aos olhos de um observador superficial, se limitar ao advento, ao apogeu e ao ocaso da assim chamada "cristandade", as metamorfoses experimentadas pela Igreja ao longo destes anos nas várias partes do continente europeu desmentem uma leitura simplista da relação Igreja e sociedade neste período.[1]

Também aprendemos da história que o esforço por manter mentalidades e padrões do passado, dando as costas para as mudanças ocorridas na sociedade, se revela inútil, com prejuízo tanto para a Igreja como para a sociedade. Para a Igreja, que, fechando-se em si mesma e privando-se das conquistas da sociedade civil, não mais consegue ser entendida e significativa para uma sociedade em mudança, deixando de ser assim *sacramento* da salvação de Jesus Cristo para o mundo. Para a sociedade também, pois ela carece da ajuda que poderia receber da Igreja, fonte de sentido e de valores que, no passado, fundamentaram a convivência entre pessoas e povos. O período que precedeu o Concílio Vaticano II comprova sobejamente o que afirmamos.[2]

Conhecemos bem nos anos posteriores ao Concílio as vicissitudes experimentadas por seus textos do Vaticano II, de grande riqueza e profundidade graças à qualidade humana, teológica e espiritual de muitos de seus participantes, que souberam devidamente valorizar os tesouros da Sagrada Escritura e dos Santos Padres, embora sem realizar uma correspondente tradução de cunho jurídico e institucional. De qualquer modo, muitas das conquistas desse Concílio animam em nossos dias a vida das comunidades cristãs. Mas temos que reconhecer que a sociedade experimentou transformações substantivas desde esse Concílio. E não só a sociedade, mas também a Igreja, que viveu e ainda vive anos tumultuados e tensos. E hoje temos clara consciência de que as transformações socioculturais pedem ulteriores reflexões e novas opções pastorais para que a Igreja realize na atual sociedade sua missão salvífica.

O *objetivo* deste estudo é, portanto, bastante simples. Procurar refletir a participação da Igreja nesta nossa sociedade, a qual tende a subsistir sem

---

[1] Ver, por exemplo, R. RÉMOND, *Religion et Société en Europe*, Seuil, Paris, 1998.

[2] J. A. KOMONCHAK, "Modernity and the Construction of Roman Catholicism", *Cristianesimo nella Storia* 18 (1997) p. 353-385.

referência alguma a uma realidade transcendente. Numa primeira parte situaremos esta temática no interior da relação entre Igreja e Estado, que é mais vasta e diferenciada do que habitualmente se julga em nosso país. Em seguida estudaremos alguns desafios enfrentados hoje pelo Estado numa cultura cada vez mais secularizada e a contribuição que podem oferecer as religiões. Numa terceira parte examinaremos como deve se posicionar a Igreja diante desta sociedade que tende a marginalizar e desconhecer a dimensão religiosa do ser humano. Numa quarta parte veremos algumas condições para a ação política do cristão. Finalmente, numa última parte, confrontaremos alguns desses dados anteriores com a situação real da Igreja em nosso país.

I. A relação Igreja e Estado como quadro de referência

Constatamos em nosso país uma compreensão dominante de neutralidade do Estado que não deixa espaço para *outras modalidades* dessa mesma neutralidade. Daí a razão de ser desta parte. Não pretendemos tratar da relação Igreja-Estado como uma questão de direito constitucional que estabelece como duas entidades sociais e autônomas se comportam em seu inevitável relacionamento. Interessa-nos muito mais examinar os fatores que geraram a atual sociedade secularizada, ou o Estado laico,[3] bem como indicar outras formas possíveis da relação Igreja-Estado. Pois o peso da tradição, o imaginário de uma cristandade idealizada, as duras lutas do presente, podem gerar uma nostalgia de um passado que se foi para não mais voltar e impedir um comportamento correto e objetivo nas atuais circunstâncias por parte dos responsáveis na Igreja. Veremos que o exame dos fatores constitutivos da atual situação se revela de grande importância para uma tomada de posição realista em vista do futuro.

---

[3] E.-W. BÖCKENFÖRDE, "Der säkularisierte Staat. Sein Charakter, seine Rechtfertigung und seine Probleme im 21. Jahrhundert", em: F.-J. BORMANN/B; IRLENBORN (Hrsg.), *Religiöse Überzeugungen und öffentliche Vernunft. Zur Rolle des Christentums in einer pluralistische Gesellschaft*, Herder, Freiburg, 2008, p. 325-345.

Fator sempre aludido vem a ser o cisma religioso na Europa do século XVI, que tornou a Igreja, antes árbitra da paz e da convivência entre os povos, uma das partes do conflito, fazendo emergir o poder civil como instância de poder equidistante dos respectivos litigantes. Esse fato significou uma secularização do poder e da ordem política, mas se tornou ultrapassado pelo fim da intolerância religiosa e pela busca comum de uma convivência social na diversidade religiosa. Contudo, conserva sua pertinência como barreira a movimentos religiosos fundamentalistas ou como componente importante no trato com países que não aceitam a separação de Estado e Religião.

Outro fator foi a declaração dos direitos do homem no século XVIII, fundamento de qualquer comunidade humana. Tarefa central do poder estatal consiste, portanto, em defender tais direitos, entre os quais se encontra o direito à liberdade religiosa. Consequentemente o Estado não pode estar ligado a uma religião, aparecendo como Estado neutro ou secularizado. Mas como a liberdade religiosa diz respeito à liberdade de crer, de professar a fé e de vivê-la socialmente, não se pode limitar a liberdade religiosa apenas ao âmbito da vida privada. Desse modo a neutralidade mais abrangente do Estado implica garantir o exercício da religião também na esfera pública. Um laicismo impermeável a qualquer realidade de cunho religioso não faz jus à liberdade religiosa enquanto direito fundamental da pessoa humana.

Mas surgiu ultimamente outro fator, provindo surpreendentemente da própria Igreja Católica, que no passado tanto combateu o Estado laico como um mal a ser tolerado. A declaração sobre a liberdade religiosa do Concílio Vaticano II fundamenta a mesma na própria dignidade da pessoa humana, tal como se depreende da revelação e da própria razão (*Dignitatis Humanae* 2). Logo, o Estado não pode se apoiar numa religião ou num ateísmo, mas deve garantir que cada um viva suas próprias convicções. Sem dúvida temos aqui uma correção à compreensão tradicional católica efetuada pela razão moderna. Podemos, portanto, concluir, despedindo--nos de vez de qualquer devaneio saudosista, que o Estado laico ou secularizado constitui parte integrante da sociedade moderna na qual o cristianismo se encontra inevitavelmente inserido.

Portanto, a questão que surge neste momento é como irá se concretizar o *relacionamento* do Estado laico com o cristianismo. Pois, à primeira vista, os campos de interesse e de atividades são bem distintos. O Estado está voltado para finalidades de ordem temporal que possibilitem a convivência humana na sociedade, enquanto a religião busca finalidades espirituais que levem seus membros à salvação. Entretanto, o cristianismo torna a questão mais complexa, pois o *Reino de Deus* proclamado e vivido por Jesus Cristo diz respeito à salvação do homem todo, como ser espiritual, corpóreo e também social, atingindo assim também o âmbito do secular, a saber, a própria sociedade como tal. Realmente, uma questão que pede ulteriores esclarecimentos.

De qualquer modo a neutralidade do Estado apresenta *modalidades diversas* em sua relação com a religião e, mais especialmente, com o cristianismo. A primeira delas é uma *neutralidade distanciada,* quando o Estado rejeita qualquer interferência de uma confissão religiosa em seu agir e em suas decisões.[4] Essa neutralidade vigora sempre que esteja implicada a fundamental soberania do Estado, como no âmbito do judiciário, do legislativo ou do executivo, ou mesmo na repartição de cargos oficiais. Aqui o Estado deve se ater às prescrições da lei e do direito vigente, sem interferência alguma de confissões religiosas. A justiça decide em nome do povo, e não em nome de Deus ou de uma religião qualquer. Assim, por exemplo, um agnóstico ou mesmo um não cristão pode exercer o cargo de prefeito para uma população majoritariamente cristã, desde que desfrute de legitimidade e de competência.

Temos também uma *neutralidade aberta e abrangente* quando o Estado não se distancia, mas se mantém aberto às confissões religiosas, ou mesmo a entidades não religiosas, sem tomar partido, sem privilegiar ou desfavorecer uma ou outra, mantendo assim sua neutralidade. Nesse caso o Estado de tal modo regula a vida da sociedade, que abre espaço para que cada cidadão desenvolva livremente suas possibilidades, naturalmente no respeito aos âmbitos das outras liberdades. Assim, ele sustenta e promove

---

[4]   Para esta parte, ver: E.-W. BÖCKENFÖRDE, *Kirche und christlicher Glaube in den Herausforderungen der Zeit*, LIT Verlag, Berlin, 20072, p. 446-448.

os esforços e as atividades presentes na sociedade desde que lhe pareçam úteis e importantes. Entidades, religiosas ou não, que atuam em setores da vida social ou de prestação de serviços, que não são genuinamente estatais, como a educação, o ensino, a formação, o cuidado dos enfermos, podem receber o apoio responsável do Estado. Essa neutralidade aberta respeita a liberdade da confissão religiosa e regula o exercício das entidades em questão, religiosas ou não.

Uma terceira modalidade do Estado neutro encontra-se atualmente na França (*laicité*). Ela limita o exercício da liberdade religiosa à esfera da vida privada e pessoal, estabelecendo uma separação estrita entre Estado e Religião que veta à religião o acesso ao âmbito público. Assim a escola pública deve ser totalmente laica e as comunidades religiosas gozam de um *status* legal apenas privado, não público. Aqui não se trata somente de uma maior extensão da neutralidade distanciada, mas de uma *decisão política*, que opta pelo caráter laico da República sedimentado na estrutura estatal e na própria Constituição. Sabemos que historicamente essa neutralidade proveio da revolução francesa com a radical rejeição conjunta da nobreza e da Igreja a ela ligada. Na Alemanha, que também teve em seu passado a experiência da união de Estado e Religião, o Estado neutro não assumiu uma atitude de hostilidade com relação às confissões religiosas. O mesmo pode ser afirmado do que se passou nos Estados Unidos, como já observara A. de Tocqueville.[5]

Nesse particular, o laicismo francês representa apenas um *caso particular* de neutralidade do Estado, que não respeita a liberdade de as convicções religiosas poderem ser professadas e vividas também no âmbito público. Hoje o modelo republicano francês se encontra questionado em sua soberania absoluta por instâncias reguladoras externas (União Europeia), pela sociedade a cujo serviço deve estar o Estado (e não o contrário) e pela diversidade dos grupos sociais em seu seio que reivindicam espaço público. Passagem do Estado republicano ao Estado democrático? Sem dúvida esse dogmatismo laicista, ao vetar a entrada das tradições

---

[5]   A. DE TOCQUEVILLE, *De la démocratie en Amérique*.

religiosas na escola e na universidade, leva as novas gerações a ignorarem sua própria cultura e sua própria história.[6]

Sabemos também que o surgimento de novas questões provindas especialmente da bioética (aborto, início da vida humana, manipulação genética, eutanásia), e não limitadas ao âmbito meramente individual, levaram o Estado francês a recorrer às instituições religiosas em busca de critérios e de valores.[7] Infelizmente, devido à influência que teve no passado a cultura francesa em nosso país, essa modalidade se impôs como *a única possível*, sempre que se ouve falar de neutralidade ou laicidade do Estado. Por outro lado observamos por aqui, lado a lado com essa intransigência e intolerância religiosa, a influência de sistemas de pensamento (não religiosos) na esfera pública, como nos comprova o peso que teve o positivismo na era republicana, ou mesmo em nossos dias a força de uma ideologia estatizante especialmente no setor educativo. Fato que confirma a impossibilidade de uma "neutralidade pura", pois o Estado deve inevitavelmente tomar decisões.

II. Desafios atuais para o Estado

Naturalmente não iremos examinar todas as questões postas hoje aos governantes pela atual sociedade, mas nos limitaremos às que tocam o nosso tema, reconhecendo de antemão a perspectiva teológica (e, portanto, parcial) de nossa abordagem. Com o advento da sociedade secularizada, apoiada unicamente na razão e regida pelo consenso de seus membros, surgiu a questão da sua *legitimidade*, a saber, como justifica o modo concreto como está constituída, ou que fundamentação racional oferece para seus princípios e normas. No passado essa legitimidade se apoiava num solo simultaneamente religioso e cultural, que unia os cidadãos porque estes comungavam as mesmas verdades e os mesmos valores, e consequentemente partilhavam motivações comuns. Hoje sabemos que

---

[6] P. VALADIER, *Détresse du politique, force du religieux*, Seuil, Paris, 2007, p. 120-136.

[7] J.-P. WILLAIME, État, Éthique et Religion, *Cahiers Internationaux de Sociologie* 88 (1990) p. 189-213.

o Estado deve preservar sua neutralidade diante das religiões, perdendo assim os pressupostos pré-jurídicos e o *éthos* comum que o sustentava, pois nenhum Estado se fundamenta apenas no poder e na coação, já que deve sua existência à aceitação livre de seus membros. E o que motiva estes últimos a uma participação solidária na sociedade? Bastariam razões de cunho econômico? Ou mesmo características culturais nativas? Ou raízes étnicas comuns?

O filósofo Jürgen Habermas julga que a fundamentação do Estado de direito democrático não necessita de justificação de cunho religioso ou metafísico. Pois a participação de todos no processo democrático garante uma elaboração jurídica que respeita tanto os direitos fundamentais liberais como políticos. Desse modo o poder estatal é todo penetrado pelo direito, que não deixa lacunas a serem preenchidas por elementos pré-jurídicos. Assim, para esse autor, o procedimento democrático é um método para elaborar a legitimação e não necessita de algum "fator" de fora.[8] Neste ponto ele concorda com a posição básica de J. Rawls de que tudo deve se basear na razão humana, com argumentos acessíveis a todos e com premissas que os demais podem racionalmente aceitar ("valores da razão pública"). Naturalmente os participantes devem aprender a assumir também as perspectivas das outras partes e saber ceder em vista de um entendimento. Rawls pressupõe aqui uma atitude prévia de civilidade. Tudo acontece, portanto, na participação de todos e numa discussão racional, desde que captada e acolhida por todos, mesmo que não se possa prever o seu resultado.[9] Paul Valadier questiona esse pressuposto tácito de que todas as posições presentes na sociedade possam convergir para um consenso,[10] que a razão possa se desfazer dos elementos culturais e religiosos de sua genealogia[11] e que os próprios "valores da razão públi-

---

[8]   J. HABERMAS, "Vorpolitische Grundlagen des demokratischen Rechtsstaates?", em: J. HABERMAS; J. RATZINGER, *Dialektik der Säkularisierung. Über Vernunft und Religion*, Herder, Freiburg, 20057, p. 18-21.

[9]   J. HABERMAS, *Zwischen Naturalismus und Religion. Philosophische Aufsätze*, Suhrkamp Taschenbuch, Frankfurt a.M., 2009, p. 125-128.

[10]   P. VALADIER, *Détresse*, p. 82-86.

[11]   Ibid., p. 139.

ca" de Rawls não estejam fundados numa tradição filosófica e teológica bem determinada.[12]

Examinemos mais de perto essas objeções. A primeira delas diz respeito às próprias concepções de fundo, pressupostas e subjacentes à atual sociedade secularizada, mas cujas *raízes* se encontram numa cosmovisão religiosa. Para o Ocidente é inegável o papel desempenhado pelo cristianismo para o surgimento de noções como "autonomia", "individualidade", "emancipação", "solidariedade", que constituem pressupostos pré-jurídicos necessários a um acordo básico dos cidadãos. Assim reconhece o próprio Habermas que a sociedade deve buscar tudo o que no passado contribuiu para a genealogia da razão,[13] quando então tradições religiosas e culturais estiveram atuantes. Embora pleiteando uma tradução secularizada das verdades religiosas, esse filósofo reconhece o potencial semântico delas, dotado de uma força inspiradora para *toda* a sociedade. Assim esta última deve zelar pela sua existência, já que ativamente a impregnam de várias formas. É nesse sentido que se fala hoje de uma sociedade pós-secular.[14]

Podemos ainda mencionar a *motivação* subjacente à participação necessária dos cidadãos na construção da sociedade enquanto autores da ordem constitucional.[15] Certas tomadas de posição de cunho político só surgem se os próprios cidadãos estão dispostos a renunciar a seus interesses egoístas em vista do bem comum ou da ajuda efetiva aos mais pobres.[16] A política se situa no âmbito da razão não tecnológica, mas da razão moral, já que o objetivo último do Estado e, portanto, de todas as políticas é de natureza moral, a saber, a paz e a justiça.[17] Pode haver uma

---

[12] Ibid., p. 140-154. Para uma crítica mais desenvolvida à ordem procedural de Habermas, ver R. COURT, "Raison et religion. À propos de la discussion Jürgen Habermas-Joseph Ratzinger", *Esprit* (maio 2005) p. 43-48.

[13] HABERMAS, *Zwischen*, p.149.

[14] M. REDER, "Wie weit können Glaube und Vernunft unterschieden werden?", em: M. REDER; J. SCHMIDT (Hrsg.), *Ein Bewusstsein von dem, was fehlt*, Suhrkamp, Frankfurt a.M., 2008, p. 52.

[15] Essa é a lacuna do último livro de E. MORIN, *La Voie. Pour l'avenir de l'humanité*, Fayard, Paris, 2011.

[16] VALADIER, *Détresse*, p.101-103.

[17] J. RATZINGER, *Values in a Time of Upheaval*, Ignatius Press, San Francisco, 2006, p. 24.

dissolução do elo democrático de solidariedade com cidadãos, buscando apenas satisfazer seus interesses pessoais.[18] Argumentos racionais ou arrazoados de cunho tecnológico não bastam para mobilizar os membros da sociedade, sobretudo em nossos dias, quando imperam o individualismo e o consumismo. Ela é anterior à atividade política, provindo de tradições culturais ou religiosas, que a geraram e que a mantêm viva, embora também o próprio processo democrático, se devidamente respeitado, seja um fator de educação cívica.

Daí constituir a presença simultânea de *várias culturas* em seu interior um autêntico desafio para o Estado secularizado. Pois, no passado, o fator cultural, enquanto fator partilhado por *todos*, oferecia um importante pressuposto pré-jurídico para o elo social. No momento em que outras perspectivas de leituras da realidade com seus correspondentes padrões de comportamento eliminam um solo comum e questionam premissas até então universais, torna-se mais difícil estabelecer leis que não conseguem ser por todos compreendidas ou mesmo acolhidas. Este caso já é uma realidade na Europa, até então assentada em solo cultural ocidental bastante influenciado pelo cristianismo e que se vê confrontada com culturas não ocidentais. Existe ainda um fator complicador, já que as culturas adventícias estão intimamente ligadas a confissões religiosas não cristãs, como veremos adiante. Naturalmente o Estado pode estabelecer como condição para acolher tais emigrantes que eles se atenham à legislação local, como acontece na Alemanha. Permanece, contudo, a questão, já que o Estado não pode dispensar suas raízes culturais e limitar-se somente à razão, nivelando assim todas as expressões culturais.[19] Pensemos na questão do casamento e da família na tradição cristã e na tradição mulçumana. Mas como as culturas são realidades porosas, não estáticas, mas sempre num processo contínuo de transformação, acontecerão inevitavelmente mudanças culturais recíprocas que podem diminuir o impacto do problema.

---

[18]   R. COURT, art. cit., p. 39.
[19]   J. RATZINGER, *Werte in Zeiten des Umbruchs*, Herder, Freiburg, 2005, p 136s. Citado por Böckenförde, Der säkularisierte Staat, p. 339.

A posição agnóstica diante das tradições religiosas é menos nociva que a posição *cientificista*, que, não tendo consciência de ser apenas uma racionalidade *particular*, desvaloriza outros saberes que não provenham da experiência, como afirmações de cunho moral, jurídico ou religioso. Não podemos reduzir nossa vida a explicações meramente científicas, pois a ciência pressupõe uma compreensão pré-científica da realidade por parte de sujeitos dotados de linguagem e de capacidade de ação. A ciência pode descrever a ação de uma pessoa, mas não justificá-la.[20] O mundo do ser humano é mais rico e complexo e não se coaduna com uma concepção meramente naturalista da pessoa humana responsável e livre. O passado nos adverte que a ciência entregue a si própria é capaz de causar grandes males à humanidade e que a tecnologia deve estar subordinada a uma política responsável.[21]

Outro perigo para o bem-estar social está na força hegemônica e desenfreada da economia, cuja *racionalidade funcional* atinge todos os setores da sociedade, debilitando o poder político, o mundo cultural, a esfera religiosa, promovendo o individualismo, enfraquecendo o elo social e "despolitizando" os cidadãos.[22] A força das multinacionais, o peso do fator econômico na política exterior dos países, a difícil repartição dos limitados recursos públicos para as áreas de saúde e de educação, a "mercantilização" dos bens sociais e culturais são alguns sintomas do que afirmamos. Aqui também o Estado secularizado demonstra necessitar de uma ajuda externa para enfrentar tal perigo.

Contudo, o desafio maior posto ao Estado secularizado provém não da assim chamada multiculturalidade, mas da *pluralidade religiosa*. Pois, de um lado, o Estado como entidade neutra não pode depender de tradição religiosa alguma. Ele deve buscar suas finalidades seculares pela criação de uma ordem de direito que possibilite o bem-estar dos cidadãos, sem se

---

[20]   J. HABERMAS, *Glauben und Wissen*, Suhrkamp, Frankfurt a.M., 2001, p. 16-20.

[21]   P. VALADIER, *Du spirituel en politique*, Bayard, Paris, 2008, p. 38-48.

[22]   J.-P. WILLAIME, "La relégation superstructurelle des références culturelles. Essai sur le champ religieux dans les sociétés capitalistes post-industrielles", *Social Compass* n. 4 (1977) p. 323-338; G. LIPOVETSKY; J. SERROY, *A cultura-mundo*: resposta a uma sociedade desorientada, Companhia das Letras, São Paulo, 2010.

deixar determinar por posições ateias ou confessionais. O Estado moderno "não pode fazer do ateísmo ou da religião um conceito político", como afirmou João Paulo II em sua viagem a Cuba (25/01/1998).[23] A saber, a religião não pode ser parte da ordem jurídica do Estado cuja finalidade é sempre de ordem temporal, o que não impede que ela possa influir na vida pública e política através de seus membros. "Identificar lei religiosa e lei civil pode efetivamente asfixiar a liberdade religiosa e chegar a limitar ou negar outros direitos inalienáveis do homem".[24] Mas, de outro lado, o problema continua, pois os componentes culturais e religiosos, pressupostos necessários à elaboração do Estado constitucional, estiveram sempre no interior de uma tradição cultural-religiosa unitária.

O caso mais patente é o da Europa, cujas raízes ocidentais cristãs estão subjacentes à elaboração racional-jurídica do Estado de direito, tal como se deu em vários de seus países. Por um lado, o Estado deve manter sua neutralidade com relação às religiões nele presentes, mas, por outro, renunciar a suas próprias raízes cristãs, mesmo expressas numa linguagem secularizada, admitindo outras tradições religiosas, com iguais direitos em seu seio, enfraqueceria o corpo social unitário requerido para seu bom funcionamento e para a manutenção de sua própria identidade. Bento XVI e já anteriormente João Paulo II sempre chamaram a atenção dos dirigentes europeus para este ponto.[25] Não deveria o Estado privilegiar, sem exclusão das demais, a tradição religiosa da grande maioria de sua população? Ou basta ao Estado apoiar-se numa herança político-cultural, ou ainda apenas na razão, ou simplesmente num consenso atual? Bastaria o conceito de "nação" que em sua formalidade pouco conteúdo oferece sobre convicções básicas, responsabilidade moral e *éthos* para a convivência social?

Outra questão diz respeito a não ingerência do Estado no âmbito da religião. Ele nada tem a dizer com relação a suas doutrinas, seus ritos, seus ministros. Mas como a fé religiosa não se limita a uma adesão interior,

---

[23] BÖCKENFÖRDE, *Kirche und Christlicher Glaube*, p. 428.

[24] JOÃO PAULO II, Mensagem na celebração da Jornada Mundial da Paz (1991), *Documentation Catholique* 88 (1991) p. 55.

[25] J. RATZINGER, "Europa. I suoi fondamenti spirituali ieri, oggi e domani", em: M. PERA; J. RATZINGER, *Senza radici*, Mondatori, Milano, 2005[7], p. 47-72.

mas tende também a uma confissão externa explícita e a levar os fiéis a estruturar suas vidas correspondentemente, podemos entender que não existe o religioso puro na vida dos cidadãos, que visasse somente à salvação eterna, pois tal modo de existência reflui para a vida social, deixa nela a sua influência e tem, portanto, inevitavelmente uma dimensão política. Desse modo surgem realidades "mistas" como o descanso semanal e o preceito dominical, como o direito matrimonial civil e religioso, como o serviço militar obrigatório etc. Também as novas questões éticas que atingem o corpo social não podem deixar indiferentes os cidadãos cristãos. Importante aqui é que ao Estado compete regulamentar tais realidades em nome da paz pública. É possível fazê-lo sem ferir a liberdade religiosa, ou sem implicar dependência de uma religião?

Observemos ainda que, numa sociedade pluralista, uma tradição cultural ou religiosa pode desempenhar um papel importante para a vida pública. Pois elas mediatizam para a sociedade o *consenso comum* acerca dos valores, pois as tendências plurais dos distintos grupos tendem a destruir um consenso básico e integrante do corpo social. Assim a religião, mesmo sem ter o monopólio de concepções e valores fundamentais, pode ajudar a manter viva a solidariedade na sociedade, naturalmente sem se deixar "funcionalizar" pelo Estado, zelando por sua identidade. De qualquer modo, o que não se deve admitir é aquela neutralidade do Estado, a neutralidade laicista, que em nome da razão impede qualquer colaboração de cunho religioso, negando-lhe *a priori* qualquer potencial de verdade e privando seus membros de manifestarem suas convicções religiosas, relegando-os a cidadãos inferiores, o que contraria a própria noção de liberdade religiosa garantida pelo Estado neutro. Pelo contrário, hoje o Estado secular deve estar aberto a todas as fontes de sentido, sem exclusão, desde que possam ser compreendidas por todos ao serem traduzidas numa linguagem secularizada, na opinião de Habermas.[26]

Atualmente o desafio maior para um Estado secularizado vem do *fundamentalismo* presente nas diversas religiões, embora sua versão islâmica desperte maiores preocupações em nossos dias. Pois essa tradição religiosa

---

[26] HABERMAS, *Glauben und Wissen*, p. 20-22; *Dialektik der Säkularisierung*, p. 36.

não aceita a separação básica de Estado e religião, e consequentemente nem o Estado neutro, por força de sua própria fé religiosa. Também não aceita, por exemplo, a igualdade dos sexos ou a concepção "ocidental" dos direitos humanos. Naturalmente o Estado não pode ficar indiferente diante de uma tradição religiosa que questione seus princípios básicos. Mas pode se dar por satisfeito se ela não atenta contra sua ordem jurídica fundamental, mesmo mantendo uma "reserva interior" com relação à ordem vigente. Pois tal foi a posição da própria Igreja Católica nas décadas que precederam o Concílio Vaticano II, quando considerava o Estado neutro uma apostasia nacional, mas recomendava aos católicos que externamente o aceitassem. Aqui importa não o que cada um pensa ou confessa, mas como concretamente se comporta, como aconteceu no caso com as "testemunhas de Jeová" na Alemanha. Também não podemos deixar de contar com a possibilidade de o islamismo seguir a mesma trajetória histórica percorrida pelo cristianismo, que só bem recentemente e com muita dificuldade acolheu o princípio da liberdade religiosa e consequentemente da neutralidade estatal.[27]

III. A Igreja diante da nova situação

O reconhecimento da neutralidade do Estado por parte da Igreja e a correspondente autonomia que goza na maioria dos países, sempre que se trate de questões internas à doutrina cristã, ao culto, às diversas pastorais, não resolve completamente o problema. Pois a própria identidade da Igreja, sua razão de ser, lhe advém de sua missão de proclamar o *Reino de Deus*, em palavras e ações, ao longo da história. E esse Reino de Deus não se limita a uma dimensão espiritual ou religiosa do ser humano, mas à sua totalidade. Esse fato abrange suas condições de vida, seu contexto cultural, social, econômico, político. Assim, para a fé cristã o Reino de Deus diz respeito também à sociedade, ao pretender o advento de uma *sociedade alternativa* marcada pela justiça, pela fraternidade, pela partilha

---

[27]   BÖCKENFÖRDE, *Kirche und christlicher Glaube,* p. 432; Der säkularisierte Staat, p. 343-345.

dos bens.[28] Portanto, a distinção teórica (dai a César o que é de César e a Deus o que é de Deus) não consegue se realizar na prática e evitar choques com o poder civil, como nos comprova a história do cristianismo, que não admite ser reduzido a uma religião da interioridade e do culto. Nesse sentido, os dois pilares da mensagem política de Jesus estão na proclamação do Reino de Deus presente na história, mas distinto do reino dos homens, e na constituição de uma comunidade específica, distinta das comunidades políticas.[29]

Portanto, a liberdade religiosa, reconhecida pelo Estado, não pode confinar a religião à esfera da vida privada, já que seus membros não só a professam e expressam, mas também procuram vivê-la socialmente através de atitudes e comportamentos específicos. Não se pode exigir do adepto de uma religião, e que fundamenta a própria existência em suas convicções religiosas, renunciar a elas sempre que estiver lidando com a esfera pública, como se ele devesse haurir suas convicções de outra fonte não religiosa.[30] Desse modo, buscar *influir na sociedade* é uma característica essencial da Igreja, à qual ela não pode renunciar. Desse modo, limitar ao Estado o bem-estar social e à Igreja a esfera religiosa dos cidadãos, como se essa divisão correspondesse sem mais à separação legal entre Igreja e Estado, resulta ser uma afirmação inconsistente. Naturalmente a última palavra no que se refere à ordem constitucional pública compete ao estatuto jurídico do Estado, que não pode ser atropelado ou infringido pela religião.[31]

É importante recordar neste ponto a concepção de Jacques Maritain sobre a relação entre o cristianismo e a democracia. Para ele o impulso pela democracia nasceu na humanidade por inspiração cristã, que atuou como fermento da vida social e política dos povos, mesmo por meio dos racionalistas na revolução francesa proclamando os direitos humanos, por meio dos puritanos que deram na América do Norte o golpe mortal na

---

[28] G. LOHFINK, *Deus precisa da Igreja?* Teologia do Povo de Deus, Loyola, São Paulo, 2008.

[29] VALADIER, *Détresse*, p. 190s.

[30] HABERMAS, *Zwischen Naturalismus und Religion*, p. 133-135.

[31] BÖCKENFÖRDE, *Kirche und christlicher Glaube*, p. 444s.

escravidão, por meio dos comunistas ateus querendo abolir o absolutismo do ganho privado. Daí concluir que o estado de espírito democrático não só brota da inspiração evangélica, mas que não pode sem ela subsistir.[32] Palavras proféticas que se anteciparam ao atual debate sobre a democracia em nossos dias.

Outro ponto que diz respeito ao relacionamento da Igreja com o Estado é a questão dos pressupostos necessários à ordem política e social. De fato, não se faz política a partir de um vazio de ideias, representações, expectativas e valores. E num Estado democrático onde todos têm direito a participar da construção da sociedade, urge um acordo prévio com relação aos *valores fundamentais* que permitam igualmente um consenso universal básico. Só assim poderão ser neutralizadas as forças centrífugas presentes e atuantes nos vários e diferenciados grupos que constituem a atual sociedade pluralista com cosmovisões e éticas próprias.[33] No mundo ocidental não se pode negar o papel da tradição cristã na constituição da base cultural comum que possibilitou e ainda sustenta os modernos Estados democráticos. Esse fato não significa que estes últimos deverão recorrer a razões de cunho religioso para elaborarem leis e desenvolverem atividades. Mas sim que uma secularização extrema da sociedade deixaria o Estado democrático desprovido dos fundamentos comuns e por todos aceitos e que, no fundo, permitem o seu funcionamento, como vimos anteriormente.

Poderíamos nos perguntar: o que resulta dessa conclusão para a Igreja em seu relacionamento com a sociedade? Ela não é mais a instância privilegiada que determinava o imaginário social e o *éthos* dominante nas sociedades do passado. Mas na atual sociedade pluralista e democrática ela não deve se omitir, mas *entrar de cheio nos debates* em curso que buscam a formação de um consenso básico, indispensável ao funcionamento da democracia. Para isso deve cuidar mais da *formação de seus quadros*, e constituir uma hierarquia que não só testemunhe a fé e demonstre zelo

---

[32] Ver P. VALADIER, *Maritain à contre-temps. Pour une democratie vivante*, Desclée, Paris, 2007, p. 118-123.

[33] Ibid., p. 434.

pastoral, mas que também apresente um conhecimento maior da própria sociedade atual, de sua complexidade, de seus condicionamentos, das tensões nela presentes, para não se comportar de modo simplista, ingênuo, moralizante diante dos problemas que atingem nossos contemporâneos. Mas para tal é necessário que os seminários não sejam instituições fechadas, alheias aos dramas da sociedade atual, preocupados exclusivamente com a ortodoxia doutrinal, que pode levar boa parte do novo clero a se refugiar nos aspectos mais externos do culto, já que se sente inferiorizado diante de uma sociedade que ignora e que teme.

Essa ajuda prestada pela religião na fundamentação do Estado moderno, dado que não é possível desvencilhar na genealogia da razão a contribuição da tradição religiosa, pode também levar a uma *compreensão funcional* da religião e prejudicar assim sua própria identidade. Assim temos o caso da "religião civil", quando alguns elementos religiosos são integrados de fato ou institucionalmente no sistema político. Eles aparecem em instituições sociopolíticas ou em eventos oficiais (tomada de posse, comemorações civis etc.), sacralizando simbolicamente atos políticos e conferindo-lhes indiretamente certa legitimidade.[34] Naturalmente essa religião civil só é atuante se, de fato, é aceita e vivida pelos membros dessa sociedade.[35] Ratzinger se mostrou impressionado com a análise feita por Tocqueville sobre a democracia na América. Esta se sustenta animada por convicções fundamentais de cunho moral provenientes do cristianismo protestante, pois as instituições não conseguem durar e atuar a não ser a partir de pressupostos morais comuns.[36] Nesse sentido, nosso Papa emérito distingue dois sentidos na expressão "religião civil": um em que ela apenas reflete convicções de uma maioria social sem outra importância, e outro em que ela aparece como uma fonte de força espiritual. Neste caso se deveria lutar pela sua sobrevivência através de minorias convictas e criativas.[37]

---

[34] Jacques Maritain usava a expressão "sociedades decorativamente cristãs". Ver VALADIER, *Détresse*, p. 281.

[35] BÖCKENFÖRDE, *Der säkularisierte Staat*, p. 336s.

[36] J. RATZINGER, *Valeurs pour un temps de crise*, Parole et Silence, Paris, 2005, p. 21s.

[37] M. PERA; J. RATZINGER, *Senza radici*, p. 108-110.

Habermas, criticando Rawls, defende a *presença atuante das tradições religiosas* no debate público,[38] pois os cidadãos que professam uma fé não devem ser inferiorizados na sociedade secularizada. Essas religiões ofereceriam seu rico conteúdo religioso como potencial para fundamentar questões normativas e motivação para os cidadãos participarem dos processos político-sociais de solidariedade. Há aqui, entretanto, o perigo de se "funcionalizar" num único ponto o papel das religiões na sociedade, pois elas plasmam igualmente a cultura, contribuem para o trato com a contingência ou ainda tematizam a relação com o Transcendente, sendo a dimensão moral apenas uma entre outras.[39] De qualquer modo, o filósofo alemão reconhece o direito de as tradições religiosas se expressarem em sua linguagem para a sociedade. Mas acrescenta que, para serem devidamente ouvidas e entendidas, elas deveriam ser traduzidas numa linguagem acessível a todos na sociedade, mesmo àqueles que não as professam. Só assim poderiam participar plenamente do processo político.[40] Ele apresenta como exemplo a doutrina cristã da criação do ser humano à imagem e semelhança de Deus que salvaguarda a liberdade humana e assim proíbe uma manipulação genética que não a respeitasse.[41] Ele afirma isso, embora confesse não ter fé em Deus. Observamos, entretanto, que a liberdade não pode ser entendida a não ser enquanto potência que não se detém em nada finito e capaz de ser objetivado, tudo ultrapassando devido a um dinamismo que tende para uma realidade transcendente.[42]

Notemos, de passagem, que não foge a qualquer observador atento não ser muitas vezes a *linguagem da Igreja* realmente entendida pela sociedade, nem mesmo por membros dessa mesma Igreja. Expressões nascidas em épocas bem distantes da nossa, seja no interior do mundo

---

[38] HABERMAS, *Zwischen Naturalismus*, 129s.

[39] M. REDER, "Wie weit können Glaube und Vernunft unterschieden werden?", em: M. REDER; J. SCHMIDT (Hrsg.), *Ein Bewusstsein von dem, was fehlt*, Suhrkamp, 2008, p. 54s.

[40] HABERMAS, *Zwischen Naturalismus*, p. 136-141.

[41] HABERMAS, *Glauben und Wissen*, p. 30s.

[42] J. SCHMIDT, SJ, "Ein Dialog, in dem es nur Gewinner geben kann", em: *Ein Bewusstsein*, p. 82-87.

bíblico, seja ao longo da história do cristianismo, brotaram de um solo linguístico-cultural que não é mais o nosso, tornando-se assim opacas e incompreensíveis para nossos contemporâneos. É o caso do conceito de "pessoa" para designar o Pai, o Filho e o Espírito Santo na Santíssima Trindade, e que não mais corresponde à noção atual de pessoa. Outras expressões como "redenção", "sacrifício expiatório" e outras têm a vantagem da precisão teológica, mas se revelam inócuas para a existência do cristão médio que não as entende. Há aqui uma grande e importante tarefa para a Igreja de hoje: traduzir tais expressões para nossos dias, contudo sem eliminá-las, pois são elas que nos conectam com a grande tradição cristã.

Mas a proposta de Habermas é mais radical. Trata-se de traduzir em termos seculares, acessíveis a todos da sociedade, as verdades da fé e o *éthos* cristão delas decorrente. Assim a igualdade de todos os cidadãos ou o amor fraterno para com todos, hauridos da revelação, e já incluídos na cultura ocidental, devem permanecer como padrões morais sem que se necessite mencionar ou crer em Deus (*etsi Deus non daretur*). Para ele, essa é a única maneira de a Igreja influir na atual sociedade, embora, como já foi acenado, ele não impeça os membros de uma religião de se expressarem "para fora" com sua própria linguagem religiosa. Contudo, permanece a *questão de fundo*: é possível expressar a fé cristã em noções seculares? É possível reduzir as verdades da fé ao nível da razão que as pudesse penetrar e controlar? Ou ainda: quem garante que no futuro esses padrões éticos, parte da cultura atual, já não sejam tão óbvios e aceitos pela sociedade futura que se voltará então a perguntar por sua fundamentação, já que somente a razão não os sustenta?[43] E a religião, desprovida de sua referência ao Transcendente (Deus) e reduzida a uma ética secularizada, poderia ainda ser fonte de fundamentação e de motivação para a sociedade?

Contudo, no diálogo com Bento XVI, Habermas já reconhece que a fé cristã é sensível ao *destino dos últimos* da sociedade, dos fracassados,

---

[43]   M. STRIET, "Grenzen der Übersetzbarkeit", em: R. Langthaler; H. Nagl-Docekal (Hrsg.), *Glauben und Wissen. Ein Symposium mit Jürgen Habermas*, Oldenbourg Verlag, Wien, 2007, p. 271s.

dos sofridos, oferecendo-lhes uma salvação definitiva e erguendo sua esperança. Além disso, reafirma a força inspiradora e mobilizadora da religião, não só funcionalmente, mas substantivamente, por seus próprios conteúdos religiosos.[44] Por sua vez Ratzinger, ao reconhecer que o respeito à liberdade alheia exige que a fé cristã deva convencer através de uma argumentação racional, pleiteia o desenvolvimento de uma ética filosófica, dotada de próprio espaço e rigor lógico, mas em harmonia com a ética da fé, eliminando assim o fosso entre ética laica e ética religiosa.[45] Pois todos os cidadãos, cristãos ou não, devem promover e defender a base da vida social, a justiça, a liberdade, o respeito à vida e os direitos da pessoa.[46] Observemos, entretanto, que aqui se trata de moral, e não de doutrina.

A referência à *transcendência* enquanto um "estar relacionado com algo que vai além do corpo social", e que impede esse corpo de se fechar em si mesmo,[47] ao levá-lo a se questionar e a nunca pretender ter chegado à última palavra, é um antídoto necessário contra qualquer tipo de totalitarismo, que não admite alteridades ou diferenças, religiosas ou não. Toda sociedade democrática só conserva sua vitalidade se está aberta para algo não representável, não manipulável, não identificável. Essa transcendência desestabiliza, faz avançar, sacode a passividade, leva a sociedade a buscar mais justiça e paz. O cristianismo errou no passado ao proclamar essa transcendência através do poder, do Deus todo-poderoso, assumindo as práticas das religiões pagãs, e entrando assim em choque com o poder civil. Se o faz, entretanto, a partir do *serviço*, do não poder, da humildade e da fraqueza como fez seu fundador, então proclamará a lei da caridade para com todos, tornará as pessoas mais livres, mais sensíveis aos pobres e marginalizados, sem reivindicar privilégios ou vantagens. Outro modo de presença e atuação na sociedade moderna,

---

[44] HABERMAS, *Dialektik der Säkularisierung*, p. 31.

[45] M. PERA; J. RATZINGER, *Senza radici*, p. 118.

[46] CONGREGAÇÃO PARA A DOUTRINA DA FÉ, "Questões sobre o compromisso e o comportamento dos católicos na vida política", *Documentation Catholique* n. 2285 (02/02/2003) p. 134.

[47] Essa temática atravessa toda a obra de CH. TAYLOR, *Uma era secular*, Ed. Unisinos, São Leopoldo, 2010.

longe da época da cristandade, mas certamente mais fecunda e autêntica porque mais evangélica.[48]

IV. O compromisso político do cristão

"Deus é amor, e quem permanece no amor permanece em Deus e Deus nele" (1Jo 4,16). Estas palavras de São João exprimem "o núcleo da fé cristã",[49] levam o cristão a assumir a existência de Jesus Cristo[50] e determinam que "toda a atividade da Igreja é manifestação de um amor que procura o bem integral do ser humano".[51] Desse modo, o imperativo moral cristão não se limita apenas ao âmbito interpessoal, mas atinge também o mundo social, econômico, cultural e político no qual vive e se desenvolve a pessoa humana. Daí a afirmação do Vaticano II: "A mensagem cristã não desvia os homens da construção do mundo, nem os leva a negligenciar o bem de seus semelhantes, mas antes os obriga mais estritamente por dever realizar tais coisas" (GS 34). O ensinamento tantas vezes repetido do magistério eclesiástico encontra hoje certa rejeição por parte dos que identificam a vocação cristã somente com cunho espiritual. Paul Valadier observa isso nas novas gerações do clero, muito voltadas para o culto, por desconhecerem e temerem a atual sociedade secularizada. Mas nota também que falham os que traduzem o compromisso evangélico apenas no trabalho com os marginalizados da sociedade. Sem negar sua pertinência e seu sentido profundamente cristão, deixam, entretanto, de atuar no mundo da política, mais complexo, mais difícil, mais lento na obtenção de resultados, mais sujeito a ataques mesmo no interior da própria Igreja.[52] Essa observação tem mais em vista os indivíduos (hierarcas e leigos/as) e não desconhece as oportunas tomadas de posição dos episcopados em vários países do mundo.

---

[48] VALADIER, *Détresse*, p. 279-291.
[49] BENTO XVI, *Deus caritas est*, n. 1.
[50] Ibid., n. 16-18.
[51] Ibid., n. 19.
[52] VALADIER, *Détresse*, p. 275.

Mas o agir político não decorre *linearmente* da moral, dada a complexidade das relações humanas e dos problemas sociais do mundo atual. Esse fato pode até desanimar o cristão que se experimenta então como mero espectador impotente, incapaz de dominar todos os componentes da complexa situação social, levando-o a abdicar do que lhe pede sua consciência cristã diante dos desmazelos da sociedade. Aliás, é o que vem acontecendo, infelizmente, com boa parte dos cristãos, mesmo praticantes. Aqui se impõe uma "conversão" para empregar o termo de Paul Valadier,[53] a saber, um tomar consciência de que aqui não basta o dinamismo do amor fraterno ou a boa vontade do militante social. É importante conhecer a realidade a ser transformada, que não pode ser reduzida apenas à esfera da moralidade. De fato o cristão encontra uma sociedade já organizada, com toda uma história anterior, com seus processos constitucionais, suas estruturas sociais, seus partidos políticos, sua linguagem. Para ser eficaz na transformação social, o imperativo moral deve necessariamente conhecer essa realidade institucional para nela poder influir.

Naturalmente essa ação por meio de *mediações longas e institucionais* não consegue seus efeitos com a mesma rapidez que pode se dar nas relações pessoais. Ela costuma ser lenta, árdua, difícil de ser controlada ou visibilizada, sujeita a debates e conflitos. Pois nelas estão presentes mentalidades diversas, interesses diversos, objetivos diversos. Como afirma Bento XVI:

> Todo cristão é chamado a essa caridade, conforme a sua vocação e segundo as possibilidades que tem de incidência na *polis*. Esse é o caminho institucional – podemos mesmo dizer político – da caridade, não menos qualificado e incisivo do que o é a caridade que vai diretamente ao encontro do próximo, fora das mediações institucionais da *polis*.[54]

Esse caminho exclui a tentação do "maniqueísmo político", que vê de modo simplório e simplificado a complexa realidade política, ao avaliar e

---

[53] PAUL VALADIER, *Agir en politique. Décision morale et pluralisme politique*, Cerf, Paris, 1980, p. 56-59.

[54] BENTO XVI, *Caritas in veritate*, n. 7.

julgar os bons e os maus da sociedade a partir de uma visão moral teórica. A própria atividade política é interpretada diversamente; sua realização sempre se demonstra complexa e multiforme. Vejamos.

A ação política deve ser concreta, apresentar um programa bem determinado, alianças táticas, bem como meios à disposição. Entretanto, vivemos hoje numa sociedade pluralista, na qual a diversidade dos campos do saber, dos valores culturais, das experiências de vida, dos objetivos imediatos, da formação recebida, das crenças religiosas, das faixas etárias, das classes sociais, provoca uma inevitável *pluralidade de percepções* da ação política a ser realizada. Não esqueçamos que essa diversidade também é encontrada entre os *cristãos*, sendo que a mensagem evangélica, atuando como inspiração, motivação e orientação para a ação política, não pretende fornecer opções concretas que ignorem o contexto social. Pois essas opções devem respeitar sempre a particularidade das situações históricas. Com isso se evita um sobrenaturalismo que pretende deduzir mecânica e dedutivamente do Evangelho imperativos concretos para a atuação política, fugindo ao embate trabalhoso com a realidade social e caindo no "evangelismo político" que esquece não poder a fé cristã se identificar com nenhuma opção política determinada. Daqui também podemos concluir que haverá necessariamente no interior da Igreja uma *pluralidade de avaliações e de atuações políticas*.

Pois o fato de que todos pretendam a mesma finalidade, como a justiça social, a assistência sanitária ou o acesso à educação para todos na sociedade, não elimina a pluralidade de opções políticas, porque a finalidade permanece teórica, abstrata e inócua, enquanto não determina objetivos mais concretos para sua realização, que são vários, mais ou menos viáveis, mais ou menos urgentes, gerando opiniões diferentes ou mesmo contrastantes. Outro fator importante que se apresenta sempre limitado e aquém das expectativas são os meios disponíveis, tanto de recursos humanos, materiais ou financeiros. Também aqui urge uma avaliação objetiva que se apoiará inevitavelmente na hierarquia de valores daqueles que a realizam, constituindo assim outra fonte para ações políticas diversas animadas pelo mesmo ideal cristão.

Neste ponto fica clara a necessidade de um *espaço de debate* primeiramente na própria sociedade, no qual os diversos grupos sociais possam confrontar-se reciprocamente em vista de um objetivo. Com isso os participantes aprendem mutuamente a se conhecer melhor, a equilibrar seus pontos de vista particulares e assim caminhar para um consenso que mais eficazmente possa ajudar a sociedade. Teoricamente, todos deveriam ajudar na formação da opinião pública, cada um a seu modo, com maior ou menor visibilidade, com palavras ou ações, embora o poder da mídia em nossos dias desqualifique e até aniquile vozes que deveriam ser ouvidas. Basta considerar o enorme papel desempenhado pelos marqueteiros em épocas eleitorais, deixando mesmo em segundo plano as opções políticas e os programas partidários. É uma observação que deveria ser levada mais a sério por Habermas, que nos parece muito otimista com relação à formação de um consenso social.

Não vemos por que o mesmo espaço de expressão e de debate não possa ser *normal na Igreja*, naturalmente respeitando sua particularidade de comunidade cristã já determinada em suas doutrinas e padrões éticos. Pois também em seu interior nos deparamos com a pluralidade de experiências, de formações, de teologias, de preocupações, de leituras da realidade que, mesmo no respeito à Palavra de Deus e à doutrina do magistério, podem avaliar diversamente e, por conseguinte, querer agir diferentemente diante de uma situação concreta determinada. Como afirma o Concílio Vaticano II com relação à ação dos cristãos na sociedade:

> Se depois as soluções apresentadas, mesmo sem intenção das partes, são facilmente ligadas por muitos à mensagem evangélica, é preciso se lembrar que não é lícito a ninguém, nos casos citados, reivindicar exclusivamente para sua sentença a autoridade da Igreja. Mas procurem, em diálogo sincero, esclarecer-se reciprocamente, conservando a caridade mútua e preocupados em primeiro lugar com o bem comum (GS 43).

Essa afirmação vale não somente para os fiéis leigos e leigas, mas também para a própria hierarquia. Pois o imperativo moral, como vimos anteriormente, não pode ser aplicado diretamente, ignorando a situação real do contexto, pois desse modo não considerará outras dimensões da realidade e se revelará ineficaz, perdendo assim credibilidade e sendo rejeitado pelos demais setores da sociedade.

Na verdade é importante que a Igreja numa região se mostre coesa e unida com relação às *verdades da fé e às normas morais decorrentes da revelação*. Essa unanimidade é mais facilmente atingida quando esses valores evangélicos são negados ou atacados pelo poder civil ou mesmo por membros da sociedade. Mas desde que se trate de questões mais concretas, nas quais a compreensão que cada parte tem da realidade, compreensão essa sempre parcial, limitada, dependente de experiências e conhecimentos anteriores, então nos parece até normal a diversidade das opções políticas no seio do episcopado, que deveria ser aceita tranquilamente pela comunidade eclesial e também pela sociedade. Não adianta sonhar com uma unanimidade que, aliás, jamais existiu como é imaginada, em outros tempos na Igreja. A sociedade era outra e a realidade muito menos complexa que a de hoje.

A verdade subjacente a toda essa reflexão é que o ser humano não consegue realizar plenamente na história o ideal ansiado. Pois sua realização deve passar pela espessura complexa da realidade com sua relação de forças, seu jogo de influência, seus grupos de pressão, sua indoutrinação latente, suas perspectivas de leitura. Toda opção humana é, portanto, um *compromisso* que deve reconhecer com lucidez ser limitado, incompleto, imperfeito, histórico, como qualquer ação humana na história. A intransigência em nome de algum princípio ideal revela ignorância da sociedade real pluralista e acaba por aumentar o mal que pretende evitar.[55] O ideal é importante para nos permitir caminhar, fazendo-nos ver o que ainda nos falta e abrindo-nos para uma nova decisão. Já o idealista ético espanta-se com a dureza da realidade, tende a desanimar e não mais acreditar nos valores morais. "É moral a lealdade que aceita as medidas do homem e nelas realiza a obra do homem. Não é a ausência de todo compromisso, mas o próprio compromisso que constitui a verdadeira moral da atividade-

---

[55] PAUL VALADIER, *La part des choses. Compromis et intransigeance*, Lethielleux, Paris, 2010, p. 45-80.

de política".[56] Nesse ponto a própria Igreja deveria fazer um exame de consciência, porque pode apresentar em sua pregação moral exigências que passam do nível moral ao utópico.[57]

Pode até acontecer que uma decisão moral que não considere a realidade tenha efeitos perversos, embora não previstos ou queridos, por lhe faltar todos os dados do contexto concreto onde se dá. Não basta uma ética de convicção, mas igualmente se faz necessária uma ética de responsabilidade, embora as duas se impliquem mutuamente, mais do que havia pensado Max Weber.[58] Pois quem age responsavelmente o faz por estar convencido de que deve ser responsável, e quem age por convicção deve ter em conta as consequências de seu ato, já que não vive isolado numa ilha oceânica. Essa verdade diz respeito de modo especial aos que militam na política, já que devem ser avaliados não por suas convicções morais, nem por seus discursos programáticos, nem por suas boas intenções, mas por sua colaboração concreta ao bem comum. Ele deve equilibrar o que deve ser feito (moral) com o que é possível de ser realizado (eficácia). O fracasso aqui pode apontar para falta de responsabilidade em concretizar uma ação eficazmente.

Gostaríamos de terminar esta reflexão com um texto que expressa sinteticamente o que vimos.

> O indivíduo entra na política movido pela vontade moral de transformar algo do mundo; ele deve aceitar converter essa convicção em exigências de ação próprias às estruturas e ao *éthos* da política; mas não deve jamais abandonar suas convicções morais, suas razões de viver e de esperar. Na medida em que indivíduos e grupos expressam suas convicções sobre os problemas que afrontam, se realiza um discernimento em vista do bem comum e surge a chance de se abrir um futuro com sentido. Se essas convicções se desmoronam, se elas retêm o indivíduo numa recusa descontente, então a esfera política (indivíduo e partidos) torna-se o campo dos espertos, dos mais violentos que, pela ausência de lei moral, farão que sejam respeitadas sua lei e sua arbitrariedade.[59]

---

[56] J. RATZINGER, *Chiesa, Ecumenismo e Politica*, Paoline, Milano, 1987, p. 144.

[57] Ibid., p. 194.

[58] PAUL VALADIER, *Agir en politique*, p. 149.

[59] Ibid., p. 152.

V. Algumas consequências para a Igreja no Brasil

O Brasil é um continente, complexo, diversificado, e que experimentou fortes e rápidas transformações nos últimos anos. Portanto, apenas podemos apontar algumas consequências dessa reflexão para o nosso país, que admitimos de antemão serem incompletas e sujeitas a maior aprofundamento. Comecemos com um dado que julgamos já ter sido captado e percebido por todos que são sensíveis à problemática sociopolítica em nosso país. Trata-se de certo resfriamento, ou de queda de interesse, ou mesmo de certo ceticismo no que diz respeito à conscientização ou militância dos católicos na esfera política, fato que, diga-se de passagem, não se limita somente ao Brasil. As metas se encontram claramente expostas nos textos das últimas *Diretrizes Gerais da Ação Evangelizadora da Igreja no Brasil*, mas não se nota a esperada *repercussão* em nosso laicato. Por que acontece isso?

Sem dúvida *fatos históricos* respondem ao menos parcialmente por essa lacuna. Sabemos que no passado a união da Igreja com a Coroa Portuguesa provocou forte apatia política entre os brasileiros: não se podia pretender uma participação pessoal nem nos destinos da nação nem nos afazeres da Igreja. Tudo era decidido de cima para baixo e a desobediência era devidamente punida. Esse dado histórico marca até hoje o catolicismo brasileiro. Além disso, com o fim do período de ditadura militar, no qual a Igreja teve papel saliente na defesa dos direitos humanos e das reformas sociais, outras instâncias assumiram as mesmas causas, deixando-a numa posição de menor realce e importância. Também nestes anos passados os embates do Vaticano com as teologias da libertação presentes na América Latina, quaisquer que sejam hoje nossos julgamentos, acabaram por lançar suspeitas, muitas vezes infundadas, com relação a todos os que lutavam pela causa dos mais pobres e marginalizados da sociedade. Esse fato não deixou de influenciar os bispos, o clero e mesmo o laicato.

Da parte da sociedade civil temos que reconhecer termos uma *democracia frágil*, em fase de amadurecimento, pois a maioria da população não apresenta ainda um nível de educação que lhe permita ser agente consciente e significativo na construção de uma melhor sociedade democrática. Junte-se a isso a complexidade de um país-continente com todos seus problemas, o que dificulta muito o conhecimento básico das questões debatidas e, consequentemente, de uma participação ativa no debate público. Podemos ainda mencionar o nosso atual sistema eleitoral com distritos eleitorais, municipais ou estaduais, que tornam inviável um razoável conhecimento dos inúmeros candidatos por parte da população, favorecendo com isso a demagogia, as promessas eleitoreiras e a força da mídia para resolver eleições, embora hoje diminuída pela entrada da internet. Desse modo conseguem se eleger políticos despreparados para realmente representar e defender as causas do povo e mais preocupados em se enriquecer pelo tráfico de influência e pelo desvio de recursos públicos. Sem dúvida o mau exemplo da classe política em nosso país, sempre confirmado pelos sucessivos escândalos presentes na mídia, provoca desânimo e ceticismo em muitos de nossos contemporâneos. Também a existência de partidos sem um perfil político claro e mais centrados em líderes carismáticos agrava ainda mais esse quadro. Como fazer o brasileiro passar de consumidor a ator na atual sociedade?

Pois é nesse cenário que a Igreja deve atuar, difundir sua doutrina social, mobilizar seus quadros, dar sua importante contribuição ao fornecer referências morais e valores humanos, necessários, como vimos, para a consolidação e a permanência de uma sociedade democrática e respeitosa da liberdade de todos. Se há uma queixa generalizada no país com relação à classe política acusada de se interessar mais em fazer crescer seu poder e riqueza pessoal do que defender os direitos de seus eleitores, esse fato se deve certamente à falta de *consciência moral* por parte de muitos representantes do povo. A raiz da crise política aparece então como de natureza ética. E aqui tem a Igreja um papel importante a desempenhar, fundamentado em razões de cunho moral que, naturalmente, podem provir também da própria fé cristã, como já acenamos anteriormente.

Certamente os valores cristãos ainda podem ser encontrados nas camadas mais simples da população, mas conhecemos a perniciosa influência dos meios de comunicação nesses ambientes, neles difundindo o individualismo, o consumismo, a busca egoísta de prazer, diminuindo assim o interesse e o apreço pelo bem comum, sem o qual a democracia se torna feudo de uma minoria. No nível superior hierárquico como a CNBB, com suas declarações e opções sociais, bem como com a Campanha da Fraternidade, seja em âmbito nacional ou regional, a Igreja já vem realizando essa tarefa. Mas gostaríamos de apontar mais alguns pontos decorrentes do que vimos até aqui. Reflexão, aliás, mais própria dos que planejam as linhas pastorais da Igreja, dos que refletem sobre a sua atuação sociopolítica ou dos que diretamente se envolvem na militância política. Por isso mesmo reconhecemos de antemão, como dizíamos anteriormente, a imperfeição destas simples observações.

A primeira delas diz respeito ao *laicato*. Costumamos repetir que vivemos hoje a hora dos leigos e das leigas, reconhecemos neles os protagonistas da Nova Evangelização, afirmamos mesmo serem eles verdadeiros sujeitos eclesiais e nos preocupamos com sua formação, como aparece no Documento de Aparecida. Evidentemente podemos apontar progressos nesse setor e mesmo conquistas reais. Mas jamais teremos leigos/as realmente comprometidos/as a viver sua fé também no âmbito político, se não alcançarmos primeiramente a adequada *mentalidade eclesial* para que se portem como autênticos sujeitos eclesiais, ajudados e não impedidos pelas *estruturas eclesiais*.[60] Não vamos repetir textos conhecidos do Concílio Vaticano II. Citemos apenas um que afirma que devido aos carismas recebidos por leigos e leigas:

> [...] mesmo os mais simples (carismas), nascem em favor de cada um dos fiéis o direito e o dever de exercê-los para o bem dos homens e a edificação da Igreja, dentro da Igreja e do mundo, na liberdade do Espírito Santo, que "sopra onde quer" (Jo 3,8), e ao mesmo tempo na comunhão com os irmãos em Cristo, sobretudo com seus pastores" (AA 3).

O leigo é, portanto, sujeito eclesial ativo, não funcionalmente, mas constitutivamente.[61]

---

[60] Para a fundamentação desta parte, ver M. DE FRANÇA MIRANDA, "É possível um sujeito eclesial?", *Perspectiva Teológica* 43 (2011) p. 55-82.

[61] S. DIANICH; S. NOCETI, *Trattato sulla Chiesa*, Queriniana, Brescia, 2002, p. 410s.

O Documento de Aparecida confirma essa eclesiologia em vários textos (DAp 210-215). O Espírito Santo é enviado a *todos* na Igreja, de tal modo que todas as ações salvíficas da Igreja são epicléticas, na opinião de Congar.[62] Naturalmente, já que a configuração eclesial condiciona fortemente o fiel, também se faz necessário reformar as estruturas para que o católico possa desempenhar o papel que lhe cabe na comunidade eclesial e na sociedade. Ainda poderíamos mencionar os pressupostos de ordem pessoal, como a liberdade interior, a abertura para o diálogo, a aceitação do diferente, a superação dos condicionamentos de cunho psicológico, social ou cultural que todos temos.[63]

No caso da atuação política entendida em termos gerais, por se tratar de uma realidade complexa, é necessário que haja um *espaço livre* para diálogos entre os membros da Igreja, sejam eles bispos, padres ou leigos/as. Não se explica, ao menos em parte, a apatia entre os leigos dessa ausência de um espaço para livremente se expressarem? Observo que a pastoral no âmbito da política quase sempre é deslanchada, organizada e controlada de cima pela hierarquia, arregimentando pessoas mais dóceis e tradicionais e afastando assim os mais críticos e criativos, que certamente trariam mais vida, abririam novos horizontes e apontariam práticas adequadas para a ação política dos cristãos e das cristãs em nossa sociedade. De fato, as novas problemáticas deveriam ser *debatidas livremente* entre os leigos, competentes em vários campos do saber, dotados de experiências próprias, que poderiam clarificar e amadurecer uma problemática determinada; debate esse anterior à intervenção da autoridade eclesiástica.

Depois do que vimos antes, também deveria ser considerado normal que os fiéis tenham opiniões políticas diversas no interior da mesma Igreja. A unanimidade é exigida nos princípios morais que devem reger as opções concretas nesse campo, mas não essas mesmas opções. Julgamos, salvo melhor juízo, que esta afirmação vale mesmo para o *episcopado*. A

---

[62] Y. CONGAR, *Je crois en l'Esprit Saint III*, Cerf, Paris, 1980, p. 343-351.
[63] Ver FRANÇA MIRANDA, art. cit., p. 77-82.

CNBB não deve aspirar nesse campo a uma unanimidade que sabemos ser impossível, mas sim testemunhar para a sociedade o respeito pela opinião alheia. Por outro lado, nenhuma autoridade eclesiástica deve julgar ser a sua opção política pessoal a opção da Igreja sem mais. Nem a autoridade nem qualquer membro da Igreja. Aqui vale a distinção "entre as atividades que os fiéis, isoladamente ou em grupos, guiados pela consciência cristã, executam em seu nome como cidadãos, e as que realizam em nome da Igreja, juntamente com os pastores" (GS 76), embora na prática a sociedade nem sempre capte essa distinção.

Mas todas essas mudanças só ocorrerão se forem devidamente acolhidas e promovidas pelo clero. Para isso é fundamental que os seminaristas recebam uma *formação adequada* a um futuro pastor chamado a trabalhar pelo Reino nesta sociedade pluralista e secularizada. O medo não é aqui um bom conselheiro. Não só uma sólida formação humana e teológica, mas ainda um suficiente conhecimento da *realidade social* onde vivem. O carreirismo eclesiástico, a sedução da cultura consumista, a diminuição do zelo apostólico por parte de alguns pode indicar a urgência de medidas corretivas na formação do clero futuro. É sadio o contato não só com o mundo dos pobres, mas também com o ambiente universitário mais desafiador!

Urge também lutar por uma concepção mais abrangente e menos discriminatória da neutralidade do Estado. É enorme a *colaboração efetiva* de instituições religiosas nas áreas do social, da saúde e da educação, embora muitas vezes olhadas com desconfiança pelas autoridades constituídas. Pois, ao pretender limitá-las ou mesmo suprimi-las, acabam aumentando o desamparo e o sofrimento dos mais pobres. É toda uma mentalidade que deve ser transformada.

Julgo também que a Igreja deveria incentivar e apoiar a criação de *grupos de políticos* que busquem realmente a melhoria das condições de vida da sociedade, sem intenção de formarem lóbis. Tais grupos não deveriam ser constituídos apenas por católicos, mas também por cristãos de outras comunidades eclesiais, e mesmo por todos aqueles que, mesmo sem professarem uma fé religiosa, lutam e procuram sinceramente a paz e a justiça em nosso país. Pois, afinal, estão lutando a nosso lado pela causa do ser humano, que é a causa do Reino de Deus.

Nosso objetivo, expresso no início desta reflexão, foi chamar a atenção para um processo de secularização crescente que pede criatividade e ousadia por parte da Igreja, que implica a participação de todos os seus membros, que não deve temer opções de risco, que saiba escutar o que lhe diz o Espírito Santo. E, sobretudo, que seja uma Igreja despojada de poder e confiante na força de Deus.[64]

---

[64] Ver A. ROUET, *La chance d'un christianisme fragile*, Bayard, Paris, 2001.

Concílio Vaticano II:
O Legado e a Tarefa

Toda tentativa de abordar algum texto do Concílio Vaticano II nos coloca diante de uma massa enorme de temas, de textos, de abordagens, de perspectivas de leitura, e mesmo de avaliações opostas, que desfazem de antemão qualquer ilusão de uma clara, objetiva e contundente compreensão a respeito de qualquer temática a ser estudada. Já a quantidade dos textos, bem como a amplitude deles, o distingue claramente dos anteriores Concílios. E, ao longo dos últimos 50 anos, assistimos ao desfile ininterrupto de reflexões teológicas sobre suas Constituições e Decretos elaboradas por especialistas, sejam elas de cunho mais histórico, mais sistemático ou mais pastoral, que constituem hoje uma vasta bibliografia impossível de ser dominada apenas por uma pessoa.

Esse fato nos obriga a uma *dupla delimitação* do nosso tema. Primeiramente deveremos optar por uma determinada perspectiva de leitura, que implica inevitavelmente renunciarmos a outras abordagens possíveis, sem mesmo nos aventurarmos a submetê-las a um julgamento. Naturalmente deveremos justificar nossa opção, que terá consequências importantes para a reflexão eclesiológica posterior. Além dessa delimitação de cunho mais formal, também deveremos circunscrever nosso estudo a determinados temas no interior da eclesiologia conciliar. Pois já a Constituição Dogmática *Lumen Gentium* contém tal variedade de temas eclesiológicos que impossibilitam estudá-la seriamente apenas numa única reflexão. Podemos desde já adiantar que tanto a perspectiva adotada como os temas escolhidos se justificam, em grande parte, pelo contexto latino-americano no qual se elabora este estudo.

Dividiremos nossa reflexão em três partes. A primeira abordará a difícil, mas inevitável, problemática em torno da *interpretação* do Concílio Vaticano II. Numa segunda parte o tema central vai girar em torno da importância teológica e pastoral da *Igreja local*. Finalizaremos tratando do *status* do *laicato* na vida e na ação missionária da Igreja. Na medida do possível procuraremos ter presente, embora não exaustivamente, não só o que nos deixou o Concílio, mas também os tensos mas enriquecedores debates acontecidos nos anos posteriores. Confessamos já de início que o que nos levou a estudar este tema não foi apenas a apresentação de uma exposição teórica, mas principalmente motivar seus ouvintes e leitores a se engajarem no decisivo *processo* iniciado no Concílio Vaticano II.

I. O conflito de interpretações do Concílio Vaticano II

1. A inevitável interpretação inerente ao conhecimento humano

Esta reflexão, prévia ao nosso estudo,[1] explica não só a necessidade de uma interpretação do Concílio, mas ainda a diversidade de juízos sobre ele com que hoje nos deparamos. De fato, todo conhecimento humano acontece não como uma "constatação" imediata, como quer o empirismo ou o positivismo, mas sempre se dá no interior de um quadro interpretativo prévio. Ou, com outras palavras, o "fenômeno" só desvela o seu "sentido" por meio da interpretação.[2] Esta, por um lado, nele se fundamenta, mas, por outro, o vê e o entende em seu horizonte próprio. Portanto, nada é conhecido desprovido de uma pré-compreensão, horizonte ou linguagem, como queiramos chamá-la. Entretanto, jamais conseguiremos desentranhar todos os elementos que constituem o horizonte no qual vivemos para rastrear e considerar criticamente cada um de seus componentes. Pois nosso "mundo vital" abrange numa unidade heterogênea intenções teóricas, interesses práticos, valorizações afetivas, modos de agir, legados do passado, que constituem todos eles nosso horizonte

---

[1] Boa introdução a este tema oferece o já clássico livro de E. CORETH, *Questões fundamentais de hermenêutica*, São Paulo, Herder, 1973.

[2] R. SCHAEFFLER, art. "Verstehen", *Handbuch philosophischer Grundbegriffe VI*, München, Kosel, 1974, p. 1632.

não conceitualizado. Portanto, esse horizonte não pode ser conhecido explicitamente em si mesmo, mas nos é *dado* no momento histórico que vivemos e na linguagem que dispomos. Chegamos a ele *mediatamente* ao conhecermos o singular. Assim, conteúdo conhecido e horizonte de conhecimento se condicionam mutuamente. Quanto mais elementos desse horizonte histórico são trazidos à luz, tanto melhor a compreensão do singular que, por sua vez, melhor mediatizará o quadro interpretativo que possibilitou sua compreensão. Quanto mais conhecemos a pessoa de Jesus Cristo, tanto mais penetramos no "mundo" em que ele viveu, e vice-versa.

Desse modo é sempre no interior de "nosso mundo" que fazemos nossas experiências e as compreendemos. Daí a inevitável *característica histórica* da nossa existência e do nosso conhecimento. Pois o horizonte está continuamente desafiado pela realidade sempre em transformação, que lhe lança assim novos dados, cujos sentidos não se deixam captar em seu interior, extrapolam suas fronteiras, exigem que ele se amplie, que se complete, que se corrija, que se aprofunde. Daí a conhecida mudança de paradigmas. Com outras palavras, o sujeito do conhecimento não é mais o sujeito teórico do racionalismo e do idealismo, mas o ser humano concreto, inserido num contexto histórico e por ele condicionado. Não negamos que ele possa atingir a verdade, mas afirmamos que esta pode desvelar outros aspectos de sua realidade, desde que considerada em outros horizontes de compreensão que, sem contradizê-la, conseguem integrá-la numa unidade mais completa. Assim, um evento histórico, um texto literário, um dado científico sempre podem desvelar, ou mesmo ocultar, características ou compreensões anteriores porque vistas em outras perspectivas.

Não nos deve surpreender que um evento ou um texto apresente numa perspectiva *diacrônica* uma diversidade de compreensões conforme a época em que são entendidos. Assim é certo que os contemporâneos da revolução francesa e nós hoje não entendemos do mesmo modo aquele evento. Mas também numa ótica *sincrônica* podemos verificar uma diversidade de interpretações contemporâneas devidas aos diferentes horizontes atuantes na compreensão do mesmo evento. De qualquer modo esse fato nos ensina que inevitavelmente vamos considerar um dado histórico (evento ou texto) a partir do nosso horizonte atual e numa perspectiva de leitura particular. Esta afirmação não significa uma desvalorização ou uma ruptura com as outras interpretações passadas, pois os horizontes de ontem nos foram legados e necessariamente fazem parte do nosso atual quadro interpretativo. Nunca começamos do ponto zero. Refletimos sempre com base na linguagem disponível herdada dos que nos precederam. O mesmo vale para as outras leituras de hoje que, enquanto diferentes da nossa, nos interpelam, corrigem e completam.

2. A atual diversidade de interpretações do Concílio Vaticano II

As diversas compreensões desse Concílio resultam da diversidade das perspectivas, fundamentadas por sua vez em determinados critérios hermenêuticos. Portanto, só podemos entender adequadamente o atual "conflito das interpretações" se abordamos tais critérios subjacentes a essas diversas compreensões. Sem pretendermos exaurir um debate ainda em curso, vejamos alguns deles que nos ajudarão a fundamentar nossa perspectiva de leitura. O primeiro deles em ordem de importância é o critério que faz jus à *intenção* do Papa João XXIII ao conclamar esse Concílio. Esse Papa utiliza expressões que não deixam dúvidas sobre como via o futuro Concílio, a saber, como o início de algo novo: "um novo Pentecostes", um "passo adiante".[3] Mesmo que João XXIII tenha, ao longo do próprio desenrolar do evento, ampliado sua concepção do Concílio até abarcar a humanidade em sua totalidade, ele permaneceu firme em vê-lo como uma passagem a algo novo. Nesse sentido, alguns irão considerá-lo como a etapa final de um catolicismo da Contrarreforma (Congar), ou mesmo como a conclusão de um cristianismo constantiniano (Chenu), ou ainda como a passagem de uma Igreja ocidental a uma Igreja universal (K. Rahner).[4]

Outro critério evocado pelos estudiosos é o caráter *pastoral* desse Concílio. Diversamente dos precedentes Concílios Ecumênicos, sua finalidade

---

[3] G. ALBERIGO, "Fedeltà e criatività nella ricezione del concilio Vaticano II. Criteri ermeneutici", *Cristianesimo nella Storia* 21 (2000) p. 385s.

[4] Ver as fontes em G. ROUTHIER, "A 40 anni dal Concilio Vaticano II. Un lungo tirocinio verso un nuovo tipo di cattolicesimo", *Scuola Cattolica* 133 (2005) p. 21-24.

não era a de refutar erros doutrinais (anátemas) ou de decretar verdades de fé (cânones), como ficou claro na rejeição dos esquemas preparatórios, mas de levar a sério a sociedade como a receptora de sua mensagem,[5] respeitando assim o seu contexto histórico e cultural. Essa característica do Vaticano II se confirma pelo estilo de seus textos, mais próximos a uma linguagem bíblica e patrística.[6] Desse modo, pastoral aqui não se opõe a dogmático, mas afirma a sempre nova atualidade da verdade do dogma e a apresenta viva para uma geração.[7] Este termo se conecta intimamente com um outro mais conhecido como *aggiornamento* (atualização), o qual pressupõe um descompasso da Igreja com a sociedade envolvente, bem como igualmente uma confiança na história como local onde Deus se manifesta (sinais dos tempos).

A pastoralidade e a atualização características desse Concílio exigem que a Igreja conheça bem seu público através do *diálogo* como instrumento desse conhecimento, ao levá-la a escutar, aprender, repensar-se, atualizar-se. O diálogo rompe com a ideia de uma Igreja voltada para si mesma, permitindo assim emergir o sentido último da instituição eclesial, a saber, ser o sacramento da salvação para o mundo, fazendo-a participar de seus riscos, desafios e anseios.[8] Numa sociedade caracterizada pela multiculturalidade, a pastoralidade e o diálogo irão possibilitar uma pluralidade ou diversidade de recepções desse Concílio conforme os contextos socioculturais onde aconteça. Este é um ponto importante da hermenêutica do Vaticano II apontado expressamente

---

[5] C. THEOBALD, "As opções teológicas do Concílio Vaticano II: em busca de um princípio interno de interpretação", *Concilium* 2005/4, p. 124. Na mesma linha F. CATÃO, "O perfil distintivo do Vaticano II: recepção e interpretação", em LOPES GONÇALVES; VERA BOMBONATTO (Org.), *Concílio Vaticano II*. Análise e prospectivas, São Paulo, Paulinas, 2004, p. 101. Esse ponto foi enfatizado por João XXIII em sua alocução *Gaudet Mater Ecclesia*, de 11/10/1962, que distingue entre *depositum fidei* e sua formulação (n. 15), embora essa distinção tenha-se mostrado mais complexa nos anos seguintes.

[6] J. O'MALLEY, "What happened and did not happen at Vatican II", *Theology Digest* 53 (2006) p. 331-344.

[7] K. LEHMANN, "Hermeneutik für einen künftigen Umgang mit dem Konzil", em: G. WASSILOWSKY (Hg.), *Zweites Vatikanum vergessene Anstösse, gegenwärtige Fortschreibungen*, Freiburg, Herder, 2004, p. 79.

[8] M. FRANÇA MIRANDA, "O Concílio Vaticano II ou a Igreja em contínuo *aggiornamento*", *Perspectiva Teológica* 38 (2006) p. 234s.

por C. Theobald.[9] G. Alberigo assinala ainda o peso hermenêutico da busca de compromisso e de unanimidade por influência pessoal de Paulo VI, que explica proposições diversas apenas justapostas ou relegadas ao segundo plano, mas não resolvidas, que encontramos em alguns textos desse Concílio.[10]

Mais recentemente se distingue uma *tríplice fonte interpretativa* para o Vaticano II: a hermenêutica dos autores, do texto e dos receptores.[11] A intencionalidade dos autores vai emergir das discussões prévias à constituição do próprio texto, tais como aparecem nas atas do Concílio. Se de um lado elas capacitam-nos a entender o que pretendem dizer tais textos, por outro, a recepção deles por membros da Igreja vivendo contextos diferenciados e, portanto, considerando tais textos sob perspectivas diversas, irá abrir novas interpretações possíveis deles, que não se limitam a adaptações externas de linguagem. Sem esquecer que os textos podem também refletir os compromissos resultantes de embates ainda não resolvidos; além disso, eles refletem o horizonte da etapa história em que nasceram e, por conseguinte, devem ser confrontados com outros textos similares do mesmo Concílio. O estudo de um texto deve ter em consideração a multitextualidade, confrontando-o com outros textos conciliares, ampliando assim sua compreensão, mas também reconhecendo as divergências entre eles e não se surpreendendo com as consequentes tensões provocadas pelas respectivas leituras dele.

Pertence ainda à história da interpretação desse Concílio nestes 50 anos as sucessivas e, por vezes, diversas reações de seus receptores. O teólogo alemão H.-J. Pottmeyer indicou três etapas na recepção (e interpretação) desse Concílio nos anos seguintes: primeiramente uma época de euforia (até 1968), em seguida anos de decepção, seguidos de uma fase de síntese.[12]

---

[9]   C. THEOBALD, art. cit., p. 130-133.

[10] G. ALBERIGO, art. cit., p. 387.

[11] O. RUSH, *Still Interpreting Vatican II. Some Hermeneutical Principles*, New York, 2004. Citado por P. HÜNERMANN, "O 'texto' esquecido para a hermenêutica do Concílio Vaticano II", *Concilium* 2005/4, p. 153-155.

[12] H.-J. POTTMEYER, "Vers une nouvelle phase de réception de Vatican II. Vingt ans d'herméneutique du Concile", em G. ALBERIGO; J.-P. JOSSUA (ed.), *La réception de Vatican II*, Paris, Cerf, 1985, p. 51s.

G. Routhier observa, entretanto, que as tendências progressistas ou conservadoras não aconteceram só diacronicamente, pois sempre estiveram presentes em cada etapa.[13] Também uma leitura dialética destes 50 anos de recepção do Concílio, tal como a distinção entre "espírito" e "letra" do Concílio, ou ainda entre "ruptura" e "continuação", se revela insuficiente, seja porque o espírito do Concílio se manifesta em seus textos, seja pela importância da Tradição neles fortemente presente. Tais observações, contudo, não impediram o clima turbulento que se seguiu ao Concílio. Aliás, apenas repetindo uma constante histórica, pois o mesmo fenômeno pode ser observado nos grandes Concílios do passado como em Niceia, em Calcedônia, no Vaticano I.[14]

O conflito das interpretações se estendeu também às dificuldades encontradas para a concretização das propostas conciliares. Falou-se de um "inverno na Igreja", de volta de uma Igreja pré-conciliar, de esperanças frustradas, embora ninguém possa negar as mudanças conciliares que vingaram e atingiram vários setores da Igreja, como a vida litúrgica, a importância suprema da Palavra de Deus, a abertura ecumênica, o diálogo inter-religioso, certo resgate do laicato na vida da Igreja, para citar alguns exemplos. Entretanto, esse fato não impede o reconhecimento generalizado de que houve sérias limitações por parte das autoridades eclesiásticas para a efetivação de algumas metas desse Concílio. Sem deixar de mencionar as fortes e rápidas mudanças socioculturais ocorridas no mundo que geraram um clima de insegurança generalizada, sentida fortemente no interior da própria Igreja e que repercutiu no culto e na liturgia, na organização comunitária e na ação pastoral, no exercício do governo eclesiástico, nas normas morais, nas identidades sacerdotais e religiosas, já que a desconstrução dos paradigmas anteriores não foi imediatamente seguida pela oferta de novos padrões.[15]

Devemos igualmente reconhecer a atuação daquele grupo minoritário presente e atuante durante o Concílio que, nos anos seguintes, tratou de

---

[13] G. ROUTHIER, art. cit., p. 20.

[14] J. RATZINGER, *Les Principes de la théologie catholique*, Paris, Téqui, 1982, p. 410-414.

[15] G. ROUTHIER, art. cit., p. 28.

minimizar o alcance e a aplicação dos textos conciliares. Certamente obtiveram sucesso porque, embora a base teológica da eclesiologia se apresentasse solidamente fundamentada, ela contrastava com sua expressão jurídica, carente de uma adequada reflexão prévia,[16] e assim pouco contemplada durante o evento e entregue, posteriormente, como tarefa para a Cúria Romana, quando então a Igreja experimentava já um clima de crise e de instabilidade. Alguns se queixam de que o tempo para amadurecerem os frutos do Vaticano II foi demasiado curto.[17] De fato sabemos que a recepção efetiva das diretrizes de um Concílio acontece lentamente e pode exigir mais de um século, como já observara Jean Delumeau com relação ao Concílio de Trento.

Procuremos sintetizar o que vimos até aqui elencando algumas conclusões já acolhidas pelos estudiosos desse Concílio. Primeiramente se reconhece o Concílio como um *evento*, a saber, não apenas uma ocorrência, mas um acontecimento digno de nota,[18] independentemente de uma posterior leitura na ótica da continuidade ou da ruptura. Um evento sempre se encontra no interior da história, inserido num determinado ponto de uma sequência que continua seu curso. Assim, a experiência feita pelos participantes do Concílio e seu correspondente juízo sobre ele não será a mesma para as gerações posteriores, que, distante temporalmente do evento, disporá de novas perspectivas de leitura e poderá mesmo detectar realidades que passaram despercebidas aos próprios participantes ou que não foram devidamente avaliadas em sua importância. Nestes 50 anos que se seguiram ao Concílio observamos transformações socioculturais no mundo que possibilitaram interpretações diversas desse acontecimento, pelo fato de nos oferecerem novos horizontes de leitura. Naturalmente, e pela mesma razão, os diversos contextos socioculturais do planeta poderão aportar novas conclusões a partir dos textos conciliares, seja como contribuições inéditas, seja como novas problemáticas.

---

[16] H. LEGRAND, "Quelques réflexions ecclésiologiques sur *l'Histoire du Concile Vatican* II de G. Alberigo", *Rev. Sc. Ph. Th.* 90 (2006) p. 517s.

[17] G. ROUTHIER, art. cit., p. 34.

[18] J. KOMONCHAK, "Vatican II as an 'event'", *Theology Digest* 46 (1999) p. 339.

Portanto, a *recepção* do Concílio não significa apenas uma obediência passiva à autoridade superior numa perspectiva jurídica, mas implica também, numa perspectiva teológica, mais atenta ao conteúdo transmitido, a participação ativa dos destinatários do Concílio, um consentimento às verdades da fé que lhe são proclamadas.[19] Naturalmente a "recepção" como realidade teológica pressupõe uma eclesiologia de comunhão, que dê espaço para uma pneumatologia, reconheça a importância da Igreja local e respeite o *sensus fidei* de seus membros. Do que vimos anteriormente, essa recepção será inevitavelmente criativa, ao fazer emergir novas implicações do evento e de seus textos, naturalmente respeitando sempre a intenção de seus participantes e autores e o sentido visado pelo próprio texto final considerado na sequência de sua gênese.

As tensões e as turbulências que se seguiram ao Vaticano II, as significativas transformações da sociedade,[20] as intervenções do magistério eclesial constituem, sem dúvida, componentes importantes do nosso atual horizonte de compreensão. Como tais devem ser seriamente consideradas. Mas não podem impedir que o *processo continue* e que no futuro nos vejam como uma etapa da história pós-conciliar ainda em andamento.[21] Por conseguinte nossa ulterior reflexão deve reconhecer de antemão sua limitação e estar aberta para posteriores complementações e até correções. Ela pretende justificar algumas repercussões do Vaticano II em nosso continente latino-americano e, assim, motivar-nos a promovê-las.

3. Nossa perspectiva de leitura

Partimos do fato de que todo ato de fé, toda recepção da revelação de Deus, deve ser captada *como tal* pelo cristão, não em geral, mas concreto, inserido nesse espaço, nesse tempo, nessa cultura, nesse contexto vital,

---

[19] Y. CONGAR, "A 'recepção' como realidade eclesiológica", em Idem, *Igreja e papado*, São Paulo, Loyola, p. 253-296.

[20] K. LEHMANN observa que vários sintomas da crise da Igreja, embora atribuídos ao Concílio, não se originaram dele, mas da própria sociedade sacudida por mudanças profundas. Ver art. cit., p. 75.

[21] H.-J. POTTMEYER, art. cit., p. 45.

nessa linguagem disponível; caso contrário, não haveria fé nem revelação.[22] Essa afirmação pressupõe não só a ação do Espírito Santo, mas também o contexto sociocultural, linguístico, existencial daquele que crê. Desse modo, a revelação de Deus estará sempre concretamente sedimentada no interior da história e de um quadro cultural. E pode experimentar uma sequência, não com novas verdades, mas com maior inteligência do patrimônio revelado. Como afirma a Constituição Dogmática *Dei Verbum*:

> A Igreja em sua doutrina, vida e culto perpetua e transmite a todas as gerações tudo o que ela é, tudo o que crê. Essa Tradição, oriunda dos Apóstolos, progride na Igreja sob a assistência do Espírito Santo: cresce, com efeito, a compreensão tanto das coisas como das palavras transmitidas, seja pela contemplação e estudo dos que creem, os quais as meditam em seu coração, seja pela íntima compreensão que experimentam das coisas espirituais, seja pela pregação daqueles que com a sucessão do episcopado receberam o carisma seguro da verdade (DV 8).

Como a verdade da revelação permanece a mesma, o enfoque pastoral do Vaticano II intencionava possibilitar que ela fosse devidamente acolhida por seus contemporâneos. Como exprime C. Theobald: "A atenção 'hermenêutica' ao *contexto histórico e cultural* dos destinatários e, por conseguinte, à figura cultural da 'verdade revelada' faz parte do princípio de pastoralidade".[23] Portanto, não nos deve admirar que o Concílio tenha tido repercussões eclesiológicas múltiplas devido à diversidade dos contextos históricos e socioculturais onde era "recebido". Tais repercussões não se dão numa sequência linear, lógica, sem falhas ou lacunas. São também realidades históricas em contínuo desenvolvimento, aperfeiçoamento e sujeito a correções. Mas devem acontecer para que os frutos do Concílio possam desabrochar em outros tempos e contextos, levando a homens e mulheres concretos a salvação de Deus.

Como os limites desta exposição impedem um tratamento completo das diferentes realidades que constituem a vida eclesial e que foram atingidas

---

[22] M. FRANÇA MIRANDA, *Inculturação da fé*: uma abordagem teológica, São Paulo, Loyola, 2001, p. 66.
[23] C. THEOBALD, art. cit., p. 128.

e transformadas pelo evento conciliar, iremos optar por dois deles, que nos parecem fundamentais para o futuro da Igreja na América Latina: o respeito devido à Igreja local e a recuperação da identidade e do papel do laicato na Igreja.

II. O processo em busca de um modelo de colegialidade

1. A contribuição do Concílio Vaticano II

Durante as sessões do Concílio Vaticano II emergiu, de modo especial por parte dos bispos de Igrejas mais jovens, um anseio por uma descentralização no governo da Igreja, de tal modo que eles pudessem proclamar a fé e organizar a vida eclesial no respeito às características socioculturais próprias de sua região. Igualmente por parte de todos havia a preocupação em equilibrar a noção do primado, tal como fora definida no Concílio Vaticano I, que ficou incompleta pela interrupção forçada desse Concílio. O número de intervenções dos bispos sobre esse tema confirma essa preocupação.[24] A temática é também muito importante para as Igrejas locais da América Latina pelas características e pelos desafios próprios dessa região que pedem respostas pastorais adequadas ao contexto. Daí a razão da escolha dessa temática para nossa reflexão.

A Constituição Dogmática *Lumen Gentium*, em sua doutrina sobre o caráter sacramental do episcopado (LG 21), sobre o colégio episcopal com sua cabeça (LG 22) e sobre as relações dos bispos no interior do colégio (LG 23), oferece uma importante revalorização do corpo episcopal.[25] O episcopado como sacramento estabelece que os bispos recebem o cargo de ensinar, santificar e governar do próprio Senhor Jesus Cristo, e não indiretamente do Papa, como se afirmava anteriormente, não podendo

---

[24] H. LEGRAND, "Les Évêques, les Églises Locales et l'Église entire", *Rev.Sc.Ph.Th.* 85 (2001) p. 462s.

[25] Ver F. TABORDA, *A Igreja e seus ministros*: uma teologia do ministério ordenado, São Paulo, Paulus, 2011, p. 128-133.

mais ser considerados "vigários do Sumo Pontífice" (LG 27), embora só possa ser exercido tal múnus em comunhão hierárquica com a Cabeça e com os demais membros do colégio episcopal. Esse colégio com o Papa constitui a instância da autoridade suprema na Igreja, embora o Papa conserve seu poder primacial que lhe permite "sempre livremente exercer este seu poder" (LG 22). Enquanto membro do colégio episcopal, o bispo deve ter "solicitude pela Igreja universal" (LG 23). Consequentemente as Igrejas locais podem ser por si mesmas sujeitos de pleno direito, bem como responsáveis pelas demais, sobretudo de sua região, o que na linha das antigas Igrejas patriarcais irá constituir as Conferências Episcopais (LG 23).

H. Legrand, num ponto de vista mais crítico, aponta quatro limites nessa noção de colegialidade.[26] Primeiramente ela não consegue superar uma divisão entre "colégio dos bispos" e "comunhão das Igrejas", como se existisse um colegiado de bispos, sem menção de suas Igrejas, no qual entraria o novo bispo, favorecendo assim o que outrora se chamava a "ordenação absoluta", não obstante aprovada no texto de *Apostolos suos* (n. 11), e induzindo também uma compreensão da sucessão apostólica limitada a pessoas, sem articulá-la com a doutrina e o ministério. O segundo limite provém da concepção de um colégio episcopal dependente de sua Cabeça, sem que esta tenha obrigação canônica de agir em colaboração com tal colégio, fato este que não consegue desfazer a imagem de centralização do Vaticano I. Em terceiro lugar, uma ação colegial que exige a participação de todo o corpo episcopal resultaria rara na Igreja e, portanto, inoperante. E, finalmente, a noção de colegialidade relacionando o Papa com os bispos ou com cada bispo não respeita as características concretas das Igrejas locais, não permitindo que elas possam se configurar como tais em vista do contexto sociocultural onde se encontram, conforme *Lumen Gentium* n. 23.

A revalorização do corpo episcopal de modo algum deve diminuir a importância do primado na Igreja, o qual garante a liberdade das Igrejas locais contra maquinações políticas, étnicas ou nacionalistas, e que

---

[26] Ibid., p. 466-469.

também permite ao Papa dirigir-se às Igrejas locais em suas dificuldades ou levá-las a se ajudarem mutuamente com pessoas e recursos. Há mesmo entre os demais cristãos o desejo de um centro visível de unidade, embora não aceitem a forma atual do primado,[27] dificuldade essa reconhecida por João Paulo II (*Ut unum sint* n. 88). Sem dúvida a noção de colegiado da *Lumen Gentium* e da *Nota Praevia I* quer salvar a liberdade de ação do Papa, mas recorre à teoria do duplo sujeito, inadequadamente distinto no poder supremo na Igreja, entretanto, considerando o primado papal na perspectiva da categoria secular de monarquia absoluta. Essa noção não corresponde à tradição que jamais concebeu o colegiado episcopal como um parlamento em confronto com o primado do Papa, nem que este último tivesse um poder administrativo sobre a Igreja universal, já que os demais patriarcados desfrutavam de autonomia própria.

2. O período pós-conciliar

Apesar das dificuldades de cunho teológico nos anos que se seguiram ao Concílio, houve na prática uma clara revalorização do episcopado no seio da Igreja. Poderíamos enumerar alguns fatos como o Sínodo dos bispos junto ao Papa, as Conferências Episcopais tornadas obrigatórias, a recomendação de encontros supranacionais de Conferências Episcopais à semelhança do CELAM, certa internacionalização da Cúria Romana, tendo como documento-síntese desse processo o diretório *Ecclesiae Imago* (1973). Entretanto, nos anos mais recentes pode ser observada uma tendência para enquadrar o episcopado e as Igrejas locais. Foram anos agitados da vida eclesial devido ao peso que tinham então na opinião pública pronunciamentos de religiosos, de teólogos e mesmo de bispos vistos como concorrentes à autoridade da Igreja, seja primacial, seja episcopal.

Aqui entra o *Novo Código de Direito Canônico* (1983), que prescreve uma estreita dependência dos bispos com relação ao Papa, dando início a uma nova era de centralização. Já é lugar-comum afirmar que o Vaticano II não deu a devida atenção à dimensão canônica das reformas

---

[27] W. KASPER, "Petrine Ministry and Synodality", *The Jurist* 66 (2006) p. 298.

desejadas, inclusive da própria Cúria Romana.[28] Esta assumiu tal tarefa e o fez de modo unilateral. Assim, o novo Código trata primeiramente dos bispos antes de abordar a Igreja local, dando a impressão de um colégio episcopal anterior e acima das Igrejas locais.[29] A essência da ordenação episcopal não mais inclui o governo de uma Igreja (cânon 376). Emprega também a expressão "Igreja particular" que pode gerar confusão, como se esta fosse apenas parte de uma Igreja universal, sendo que o Concílio usa o termo "porção" mais preciso para salvaguardar a realidade plena da Igreja Católica na Igreja local (LG 23). Reserva o título de "vigário de Cristo" ao Papa (ignorando *Lumen Gentium* 27), cuja sentença ou decreto não admite apelo ou recurso por parte dos bispos (cânon 337 § 3), que devem ainda prestar um juramento de fidelidade (*Ad Tuendam Fidem*, 1987). Desse modo, a responsabilidade colegial dos bispos não corresponde ao que desejava o Concílio.

O motu proprio *Apostolos suos* (1998) retira das Conferências Episcopais seu magistério doutrinal tal como lhes era permitido anteriormente pelo Código de Direito Canônico (cânon 753), a não ser que haja consenso por unanimidade ou que se recorra à *recognitio* romana, devendo os bispos seguir o magistério da Igreja universal. Desse modo, mesmo em contextos socioculturais dos mais diversos, só a Santa Sé pode ser a intérprete da fé cristã. O desejo do Concílio de que as Conferências Episcopais pudessem desempenhar um papel análogo aos patriarcados da Igreja Antiga por uma legítima e pluriforme comunhão se vê frustrado. A Conferência Episcopal não vai além de um modesto órgão de cooperação entre bispos de um mesmo país. Podemos entender essa restrição devido ao fato de vivermos numa sociedade globalizada que não permite contradições entre Conferências Episcopais, algumas delas mais frágeis diante de governos autoritários ou movimentos nacionalistas, ou mesmo carentes de capacitação teológica para enfrentar os desafios à fé. Também o acréscimo ao texto conciliar, que declara subsistir nas e pelas Igrejas particulares a Igreja Católica una e única (LG 23), ao afirmar que a Igreja

---

[28] H. LEGRAND, "The Bishop in the Church and the Church in the Bishop", *The Jurist* 66 (2006) p. 73.

[29] Ibid., p. 77.

universal é uma realidade ontológica e cronologicamente prévia a cada Igreja particular singular,[30] assevera também, sem dúvida por analogia, que o colégio episcopal é uma realidade anterior ao cargo de presidir uma Igreja particular. Há aqui uma desarticulação da correlação entre bispos e Igrejas que abre a porta para prelazias pessoais ou para seminários próprios de associações públicas de fiéis.[31] Também em matérias disciplinares, as Igrejas locais não podem fazer sugestões ou expressá-las como um voto, o que vale também para os Sínodos Continentais.[32]

Esse desenvolvimento tem sua raiz doutrinal no próprio texto da *Lumen Gentium* quando isolado de outros, como do decreto *Christus Dominus* (11), que constrói uma teologia da Igreja diocesana antes de falar de seu pastor. No plano institucional, o pluralismo um tanto caótico da atual sociedade, a emergência de um individualismo cultural dominante, a repercussão mediática imediata de qualquer evento, a preocupação em defender certas Igrejas locais contra pressões ameaçadoras a sua identidade, podem explicar essa tendência à centralização. Para H. Legrand, tais medidas são de cunho disciplinar, não dogmático, já que não foram aceitas pelo Código de Direito Canônico das Igrejas Orientais, que desfruta de igual autoridade em relação ao nosso Código. De fato, o Código em questão rejeita a expressão Igreja particular, trata das Igrejas antes de tratar da suprema autoridade na Igreja, apresenta o bispo em íntima relação com sua Igreja como uma realidade primeira e recusa a lógica de bispos titulares (sem uma sede).[33]

A afirmação de que a ordenação episcopal agrega ao colégio dos bispos antes de pôr o ordenando à frente de uma Igreja local, podemos dizer, é sem consistência teológica e contra a tradição.[34] Já para o Concílio de Calcedônia era nula uma ordenação absoluta. Também conceber uma Igreja universal ontologicamente prévia às Igrejas particulares, baseada na vontade eterna de Deus, indica uma preexistência que tanto favorece

---

[30]   *Communionis notion*, n. 9.
[31]   H. LEGRAND, Les Évêques..., p. 478-482.
[32]   "Instructio de Synodis diocesanis agendis", *Doc. Cath.* 94 (1997) p. 826-834.
[33]   H. LEGRAND, The Bishop..., p. 81s.
[34]   Ver F. TABORDA, op. cit., p. 108-112.

essa tese como a outra contrária, que defende a simultaneidade da Igreja universal e das Igrejas particulares. Além disso, não pode existir uma Igreja anterior a seus membros. Se todos constituem a Igreja, o bispo se situa nela e em face dela, conforme já exprimira Santo Agostinho: "Para vós sou bispo, convosco sou cristão". Como o Espírito Santo atua sobre todos, todos são de algum modo ativos e esse "nós" da Igreja local a configura de tal modo que não pode ser reduzida a um departamento administrado pela Igreja universal. Para isso se deveria favorecer órgãos diocesanos de cunho sinodal, respeitada sempre a autoridade do bispo.[35]

3. A importância da Igreja local

A centralização observada nestes últimos anos desemboca numa noção de catolicidade ou de universalidade que não é própria da Igreja de Jesus Cristo. Pois esta, enquanto comunidade de fiéis, deve respeitar as características socioculturais onde vivem eles, pois cada um só pode captar a Boa-Nova, seguir a Jesus Cristo e expressar sua vida cristã a partir de sua própria cultura e de seus desafios existenciais. Assim o compreendeu o Concílio Vaticano II, ao afirmar que "essa comunidade de cristãos, adornada pelas riquezas culturais próprias, deite profundas raízes no povo" (AG 15). Ou ainda: "Tomem emprestado dos costumes e tradições, do saber e da doutrina, das artes e dos sistemas de seus povos tudo o que pode contribuir para glorificar o Criador, para ilustrar a graça do Salvador e para ordenar convenientemente a vida cristã" (AG 22). Assim o universal cristão não é o universal abstrato do pensamento grego, nem considera a diversidade como imperfeição.[36] Apenas exige que a comunidade cristã inculturada não fique submissa a padrões culturais e critérios locais fechando-se em si mesma, mas que esteja sempre aberta e em diálogo com as demais comunidades.

Portanto, não podemos confundir unidade com uniformidade quando falamos de Igreja, sendo que certo centralismo não corresponde à missão

---

[35] H. LEGRAND, Les Évêques..., p. 484-494.

[36] M. EYT, "Universel rationnel et universel catholique", em: *Théologie et choc des cultures*, Paris, Cerf, 1984, p. 174.

petrina propriamente dita.[37] Já o Vaticano II afirmava a respeito das Conferências Episcopais:

A Conferência dos Bispos é por assim dizer a assembleia na qual os Prelados de uma nação, ou território, exercem em conjunto o seu múnus pastoral com o fim de promover o maior bem que a Igreja proporciona aos homens, principalmente mediante formas e métodos de apostolado aptamente acomodados às circunstâncias decorrentes do tempo (CD 38).

Esse magistério diz respeito à aplicação das verdades doutrinais e morais a uma situação humana concreta, vivida pelas Igrejas da mesma região.[38] Tal aplicação não é uma tarefa puramente mecânica ou simplesmente dedutiva. Tendo em conta a situação das Igrejas e as necessidades locais, faz-se mister acentuações diversas, iniciativas originais, pastorais criativas.[39]

Na fidelidade ao Concílio, já João Paulo II recomendava que a Palavra de Deus fosse entendida à luz da própria existência, que a liturgia tomasse da própria cultura seus sinais, gestos e palavras, que a reflexão teológica recorresse às categorias mentais de cada cultura, que a própria comunhão eclesial dependia dos condicionamentos histórico-temporais para seu desabrochar concreto.[40] Ao desempenhar seu múnus pastoral na catequese, no culto, nas práticas e na própria organização da comunidade, deixa a Igreja local melhor transparecer a salvação de Jesus Cristo, da qual é

---

[37] J. RATZINGER, *O novo Povo de Deus*, São Paulo, Paulinas, 1974, p. 138: "A uniformidade do direito eclesiástico, a uniformidade da liturgia, o controle das sedes episcopais por parte de Roma, são realidades que não provêm necessariamente do primado como tal, mas derivam dessa união do múnus primacial e patriarcal. Seria deveras interessante que para o futuro se distinguisse, novamente e com acurada clareza, a missão autêntica do sucessor de Pedro e a missão do patriarca, e que, onde se fizesse necessário, se criassem novos patriarcados, sem considerá-los incorporados à Igreja latina". E mais adiante (p. 139) afirma que "também as Igrejas da Ásia, da África e do Oriente deveriam ter uma forma própria de governo, como 'patriarcados' ou como 'grandes Igrejas' autônomas".

[38] JOÃO PAULO II, *Apostolos suos* n. 21-24.

[39] R. BLÁSQUEZ, "Témoignage concordant des Évêques des Conférences Episcopales", em: LEGRAND-MANZANARES; GARCIA Y GARCIA (Ed.), *Les Conférences Episcopales*, Paris, Cerf, 1988, p. 348.

[40] JOÃO PAULO II, Alocução à Cúria Romana (21/12/1984), *Acta Apostolicae Sedis* 77 (1985) p. 505.

realizadora e anunciadora. É, portanto, fundamental que a Igreja local seja realmente *sujeito teológico e cultural* da evangelização. Observemos ainda que numa sociedade pluralista, em contínuas mudanças, o passado já não mais se impõe e o indivíduo deve *livremente* acolher a mensagem evangélica. Ninguém melhor que a Igreja local, que vive, testemunha e proclama a fé nas condições existenciais e culturais de seus destinatários, para levar a cabo essa tarefa evangelizadora.[41]

Para se chegar a essa meta de possibilitar às Igrejas locais assumir responsavelmente sua missão evangelizadora no contexto que lhes é próprio, faz-se necessário encontrar formas de colegialidade que respeitem tanto o primado como a identidade episcopal de sucessores dos apóstolos, questão não resolvida no Vaticano II.[42] A atual discussão nos mostra que não dispomos ainda de soluções satisfatórias. E que devemos *manter o processo em vida*, sendo pacientes quanto ao resultado que pode exigir muitos anos. Por outro lado, esse mesmo debate já pode assinalar alguns resultados positivos. Assim, o reconhecimento de que a formulação do primado feita no Vaticano I empregando a ideia de uma soberania absoluta se deveu a causas históricas, que enquanto tal estaria limitada para situações extremas e excepcionais.[43] Também deveria ser desfeita a fusão do que compete ao Papa como sucessor de Pedro e como bispo de Roma e patriarca da Igreja ocidental, distinção essa que permitiria outros patriarcados condizentes com os contextos respectivos.[44]

A realidade da Igreja como uma comunhão de Igrejas locais em união com a Igreja de Roma implica a colegialidade ou a *sinodalidade* como característica essencial da Igreja de Jesus Cristo,[45] que, por sua vez, só será uma realidade se encontrar estruturas adequadas de comunhão. Assim uma maior participação das Igrejas locais na nomeação de novos

---

[41]   W. BEINERT, "I soggetti della recezione ecclesiale", em: *Recezione e comunione tra le Chiese*, Bologna, EDB, 1998, p. 365.

[42]   W. KASPER, art. cit., p. 303; POTTMEYER, op. cit., p. 129.

[43]   POTTMEYER, op. cit., p. 51-75; LEGRAND, Évêques, p. 497s, que advoga finalidades diversas ao primado e ao colégio episcopal.

[44]   RATZINGER, op. cit., p. 139.

[45]   W. KASPER, *Katholische Kirche. Wesen. Wirklichkeit. Sendung*, Freiburg, Herder, 2011, p. 385.

bispos seria mais conforme à tradição e de maior fecundidade pastoral.[46] Além disso, os Sínodos Romanos só serão realmente órgãos de cooperação no governo da Igreja se permitirem que vozes críticas sejam ouvidas e não previamente filtradas as opiniões favoráveis à Cúria Romana,[47] procedimento que desacredita o próprio Sínodo. Não se trata de erigir o Sínodo como poder alternativo ao poder primacial, mas simplesmente de permitir que os bispos colaborem com ele, já que as resoluções acabarão incidindo na vida cotidiana de suas Igrejas.[48] Do mesmo modo a Cúria Romana, certamente necessária para o exercício do primado, não poderá estar acima do episcopado unido ao Papa, podendo ser consequentemente por ele reformada.[49]

Ninguém pode negar a importância das Assembleias Episcopais do CELAM para a Igreja da América Latina, enquanto "recepção" das conquistas do Vaticano II em nossa realidade. Na linha traçada pela Constituição Pastoral *Gaudium et Spes*, voltou-se a Igreja para as escandalosas desigualdades sociais e as desumanas condições de vida da maioria de sua população, urgindo conscientização dos cristãos e reformas sociais como demonstram os textos de Medellín, Puebla e Aparecida. A opção preferencial pelos pobres, de cunho evangélico, acabou sendo um alerta para a Igreja universal. Mesmo com as melhorias dos últimos anos, ela permanece válida, dada a enorme faixa de sua população ainda carente na área de saúde, trabalho e educação.

Estamos hoje em pleno processo de reinterpretação do Concílio Vaticano II, que deve seguir adiante. Se, por um lado, as transformações socioculturais em âmbito globalizado reforçam a necessidade de um primado forte, por outro, a diversidade de contextos e desafios socioculturais, acentuada por uma globalização que tende a tudo pasteurizar, pede uma maior participação das Igrejas locais e uma catolicidade que não identifique

---

[46] Ibid., p. 372.

[47] Ibid., p. 387.

[48] POTTMEYER, op. cit., p. 123.

[49] J. RATZINGER, "Konkrete Formen bischöflicher Kollegialität", em J. HAMPE (Hrsg.), *Ende der Gegenreformation? Das Konzil, Dokumente und Deutung*, Stuttgard, Kreuz, 1964, p. 158. Citado por Pottmeyer, op. cit., p. 135.

unidade com uniformidade. Mas para isso necessitamos de *experiências de comunhão* que sejam repensadas, valorizadas, criticadas, pois delas poderão emergir novos modelos de cooperação.[50] As experiências desencadeiam assim um processo de aprendizado que implica reflexão e senso crítico, podendo gerar novos modos de ver a questão, novas maneiras de governo, novas práticas que darão lugar às desejadas novas estruturas, sem prejuízo do que não pode ser mudado. No fundo devemos reconhecer que a historicidade é intrínseca à reflexão e à vida humana e, portanto, à vida eclesial. Essas experiências requeridas para um autêntico espírito sinodal na Igreja deveriam ter lugar nos diversos níveis da Igreja, como nas dioceses e nas paróquias, continuando assim o movimento desencadeado no Vaticano II. Sem dúvida os bispos latino-americanos reunidos em Aparecida perceberam esse apelo do Espírito Santo.[51]

III. A emergência de um laicato adulto

1. O que nos legou o Concílio Vaticano II

Nos séculos que precederam o Vaticano II, os cristãos não ordenados constituíam uma massa passiva e sem voz na Igreja.[52] Como já observou Y. Congar, a compreensão que a Igreja tem de si própria é fortemente afetada por seu contexto sociocultural.[53] A sociedade medieval era estruturada *verticalmente* e fortemente *hierarquizada*, constituindo a própria Igreja, já que os membros dessa sociedade eram nada menos que os membros da Igreja. Desse modo a eclesiologia dominante era clerical, regida por uma hierarquia voltada para uma clientela de leigos e leigas. Tudo começou já nos séculos anteriores (III e IV) com a ascensão de Teodósio, em seguida com a divisão tripartida da sociedade (monges, clero e leigos/as),

---

[50] G. ROUTHIER, "A forgotten Vision? The Function of Bishops and its Exercice forty years after the Second Vatican Council", *The Jurist* 69 (2009) p. 155-169.

[51] M. FRANÇA MIRANDA, *Igreja e sociedade*, São Paulo, Paulinas, p. 87-105.

[52] Ver A. J. ALMEIDA, *Leigos em quê?* Uma abordagem histórica, São Paulo, Paulinas, 2006.

[53] Y. CONGAR, "Apports, richesses et limites du décret", em: Y. CONGAR (dir.), *L'Apostolat des Laics. Décret "Apostolicam actuositatem"*, Paris, Cerf, 1970, p. 157.

fortalecida pelo episódio das investiduras,[54] atingida pelos movimentos espirituais dos séculos XII e XIII, questionada pela reforma de Lutero, mas reafirmada em Trento pela ênfase no poder sagrado. Ultimamente podemos mencionar J. Maritain e Y. Congar como dois estudiosos que lutaram por um maior reconhecimento do laicato na Igreja, embora sem romper com o esquema clássico.[55]

O Vaticano II representa nessa questão uma *mudança radical*. De fato, pela primeira vez na história da Igreja um Concílio trata do leigo/a na Igreja indagando por sua identidade e por sua ação. A mudança se explica pela rejeição do esquema da Comissão Preparatória por sua abordagem jurídica e hierárquica, sem ter em conta os estudos bíblicos, as pesquisas históricas e a abertura ecumênica. Em seguida, ao colocar a temática da hierarquia depois dos capítulos sobre o Mistério da Igreja e o Povo de Deus, o Vaticano II estabelece a fundamental igualdade, dignidade e vocação de todos os membros da Igreja (LG 30). E ainda pela presença do tema laicato em outros textos desse Concílio, demonstra que não se pode falar de Igreja sem mencioná-lo, resultando assim um decreto próprio sobre o apostolado dos leigos (*Apostolicam actuositatem*).[56] Se todo o sentido da Igreja consiste em sua missão de promover o Reino de Deus na história, então os leigos/as, enquanto seus membros, vão ser caracterizados pelo Concílio a partir do tríplice múnus de Cristo (sacerdote, profeta e rei) (LG 34-36), em vista da missão comum a todos na Igreja. Em vez de membro ativo ou passivo, fala-se de complementaridade (LG 32; AA 25): "Existe na Igreja diversidade de ministérios, mas unidade na missão" (AA 2).

A delegação dos leigos/as para o apostolado não depende da hierarquia, mas provém do próprio Cristo. São missionários constitutivamente e não por mandato, embora possam receber também uma determinada missão (por mandato) da autoridade eclesiástica. Daí afirmar o Concílio:

---

[54]   Y. CONGAR, *L'Église de saint Augustin à l'époque moderne*, Paris, Cerf, 1997, p. 89-122.

[55]   Uma breve exposição dessa época oferecem S. DIANICH e S. NOCETI, op. cit., p. 392-400.

[56]   JON NILSON, "The Laity", em: P. PHAN (Ed.), *The Gift of the Church*, Collegeville, Liturgical Press, 2000, p. 400s.

Da aceitação desses carismas, mesmo dos mais simples, nasce em favor de cada um dos fiéis o direito e o dever de exercê-los para o bem dos homens e a edificação da Igreja,[57] dentro da Igreja e do mundo, na liberdade do Espírito Santo, que "sopra onde quer" (Jo 3,8), e ao mesmo tempo na comunhão com os irmãos em Cristo, sobretudo com seus pastores (AA 3).

Assim os leigos/as, "segundo sua ciência, competência e habilidade, têm o direito e por vezes até o dever de exprimir sua opinião sobre as coisas que se relacionem ao bem da Igreja" (LG 37).

Entretanto, nessa missão, embora estendida à Igreja e ao mundo (LG 31), será mais enfatizada a atividade dos leigos/as na ordem temporal (LG 31; AA 7), demonstrando a dificuldade de se abandonar a divisão tradicional de esfera sagrada e profana na missão, mesmo que reconheçamos a verdade da diversidade de ministérios. Essa é uma lacuna do Concílio frequentemente mencionada nos comentários a seus textos.

2. O período depois do Concílio

O âmbito do governo na Igreja está reservado aos ordenados segundo o Código de Direito Canônico (cânon 129), podendo os demais fiéis colaborar no exercício do poder, ou seja, participar de sínodos diocesanos ou de conselhos pastorais paroquiais com voto consultivo, ou mesmo constituir associações apostólicas. Entretanto, observa-se que o espaço de liberdade e de ação como vem exposto nos textos do Concílio não recebeu as correspondentes estruturas institucionais que pudessem valorizá-lo. O Sínodo dos Bispos de 1987 provocou ricos debates, mas a Exortação Apostólica *Christifideles Laici* de João Paulo II apenas repete e reforça a linha do Concílio ao afirmar a índole secular da missão dos leigos/as (ChL 15), demonstrando certa preocupação em controlar e regular a atividade do laicato no interior da Igreja, embora não se possa negar certas conquistas. Essa preocupação aparece ainda na instrução *Ecclesiae de mysterio. Sobre algumas questões a respeito da colaboração dos leigos*

---

[57] Omitido, infelizmente, no Código de Direito Canônico, ao tratar dos direitos e deveres dos leigos/as.

no ministério dos sacerdotes, publicada em 1997, que volta à perspectiva jurídica pré-conciliar, embora combatendo corretamente certos abusos. Contudo, a omissão de outros aspectos da questão, como o respeito à competência dos leigos/as, a importância da fé vivida na caridade (aspecto existencial) e o valor decisivo em nossos dias que tem o testemunho do cristão, sem negar a verdade da hierarquia eclesial, deveriam também ser seriamente considerados.

3. O processo em vista de um autêntico sujeito eclesial

Esse processo apresenta componentes de cunho teórico e de teor prático. Vejamos os primeiros. Ponto de partida será a eclesiologia da *Lumen Gentium*, que inicia a doutrina sobre a Igreja não com a hierarquia, mas com o conjunto de todos os fiéis. Desse modo, Igreja são todos os batizados que constituem o Povo de Deus e o Corpo de Cristo, comunidade que participa do tríplice múnus sacerdotal de Cristo, cujos membros gozam de "verdadeira igualdade quanto à dignidade e ação comum" (LG 32). Por outro lado, todo o sentido da Igreja é estar a serviço da construção do Reino de Deus na história.[58] De fato, como nos atesta a Bíblia, Deus se serve de um povo eleito para irradiar seu projeto salvífico para toda a humanidade. Esse projeto visa à realização de uma sociedade fraterna, "reino de verdade e de vida, reino de santidade e de graça, reino de justiça, de amor e de paz",[59] que tem início na história para chegar à sua plenitude na vida eterna em Deus.[60] Portanto, a Igreja está toda ela voltada para o mundo a ser transformado,[61] sendo sua missão levar homens e mulheres a viver os valores evangélicos proclamados e vividos por Jesus Cristo, sendo essa missão tarefa de todos os seus membros, já que "todos devem

---

[58] G. LOHFINK, *Deus precisa da Igreja?*, São Paulo, Loyola, 2008.

[59] Prefácio da missa de Cristo Rei.

[60] Caso contrário o cristianismo estaria reduzido a ser mais uma religião que apenas responde às necessidades religiosas do ser humano e a Igreja poderia ser vista mais como capelã do neoliberalismo dominante!

[61] Limitar a ação da Igreja ao âmbito do espiritual, esquecendo que sua missão consiste em transformar o humano em toda a sua totalidade, em todas as suas dimensões, constitui um dos "erros mais graves do nosso tempo" (GS 43).

cooperar na dilatação e incremento do Reino de Deus no mundo" (LG 35). Aí então poderá se tornar realidade, embora na fragilidade da condição humana, a humanidade querida por Deus na criação, determinada pela fraternidade e pela justiça.[62]

Já pela vida de seus membros a Igreja deve se apresentar como uma "sociedade alternativa" a esta na qual vivemos, como que sacramento, isto é, sinal e instrumento da salvação de Deus para toda a humanidade (LG 1; 48). A Igreja é sinal da convivência real de seus membros segundo os parâmetros evangélicos da caridade e da justiça, de tal modo que os de fora que buscam ou vivem esses valores queiram dela fazer parte. Porém, a presença atuante do pecado no mundo torna essa missão árdua e sofrida, como nos atesta seu passado e a própria vida e destino de Jesus Cristo. Para não se deixar contaminar pelo mundo, ela precisa da graça de Deus, da oração, dos sacramentos, dos ensinamentos e das referências éticas provenientes do Evangelho. Para realizar sua missão ela deve proclamar a Palavra salvífica de Deus, testemunhar pela fé vivida a ressurreição de Cristo, motivar o comportamento de homens e mulheres com a força que brota da esperança cristã. A exemplo de Jesus, deve ela diminuir o sofrimento humano e levar vida a todos.

Para isso a Igreja deve empregar uma linguagem que possa ser captada pela sociedade. Pois a proclamação evangélica implica também *o escutar*, para que possa entender a realidade na qual vive seu interlocutor, para discernir, guiada pelo Espírito Santo, as várias linguagens atuais e delas aprender para melhor realizar sua missão salvífica (GS 44). Nesse ponto, leigos e leigas têm um importante papel por viverem inseridos no mundo, por compartilharem essas linguagens, por viverem sua fé a partir de sua realidade, individual e social, e respectivamente a expressarem. A Igreja, enquanto comunidade de todos os batizados, não pode prescindir da contribuição da maioria de seus membros, de suas experiências de vida, de suas interpretações da sociedade, de suas práticas e expressões

---

[62] A. ROUET, *J'aimerais vous dire*, Montrouge Cedex, Bayard, 2009, p. 234: "Une de mes questions, c'est que l'Église a produit des saints, beaucoup des gens remarquables, elle a produit des penseurs, elle a produit des artistes mais elle n'a pas réussi à faire une société juste. En gros, elle a moralisé des individus... Mais, elle n'a pas humanisé les rapports sociaux".

simbólicas.[63] O próprio Concílio já alertava para a importância do "sentido da fé" de todo o Povo de Deus (LG 12) e para o valor da contemplação, estudo e experiência dos fiéis na compreensão da verdade revelada (DV 8).

Entretanto, apesar de certos progressos nessa questão, que não podem ser negados, ainda permanece na Igreja a carência de uma mentalidade de *comunhão* e de *participação*, bem como nos faltam estruturas que possibilitem sua realização. As afirmações de Paulo na Carta aos Gálatas sobre a liberdade do cristão não só apontam para uma situação a ser corrigida, como também denunciam o "cristomonismo"[64] que marca a Igreja Latina com sua ênfase no poder sagrado, no direito e na expressão doutrinal, necessários sem dúvida, mas não equilibrados pela ação do Espírito Santo, fonte de caridade e de liberdade, como nos ensina o Apóstolo. Vivemos hoje numa sociedade pluralista caracterizada por uma inflação de discursos provindos das mais diversas perspectivas de interpretação. Com isso a palavra está desvalorizada e o testemunho de vida, o aspecto existencial da fé cristã, presente na vida de muitos leigos/as, ganha um realce único que mais impressiona e irradia do que um *status* hierárquico, ou do que iniciativas pastorais concebidas apenas verticalmente.

Reunidos em Aparecida para a Assembleia Episcopal do CELAM, os bispos latino-americanos reconhecem a necessidade de uma verdadeira conversão pastoral (DAp 366;369) para a Igreja realizar sua missão na atualidade. Com relação ao nosso tema, afirmam a vocação missionária de todo cristão (DAp 144), reconhecem os leigos/as como "verdadeiros sujeitos eclesiais" (DAp 497a), tanto no mundo (DAp 210), quanto no interior da Igreja (DAp 211; 213; 371).[65] O texto de Aparecida, enquanto recepção do Vaticano II na América Latina, demonstra que a questão dos

---

[63] DIANICH/NOCETI, op. cit., p. 414.

[64] Ver, de Y. CONGAR, "Pneumatologie ou 'Christomonisme' dans la tradition latine?", em: *Ecclesia a Spiritu Sancto edocta*, Louvain, 1970, p. 41-63; do mesmo autor, "Actualité de la pneumatologie", em: *Credo in Spiritum Sanctum. Atti del Congreso Teologico Internazionale di Pneumatologia*, Roma, 1983, p. 15-28.

[65] Infelizmente nada diz sobre a urgente mudança de mentalidade no clero e se contenta em pedir imaginação e criatividade na criação de novos ministérios laicais e de novas estruturas pastorais (DAp 173; 202). Para maiores informações, ver FRANÇA MIRANDA, *Igreja e sociedade*, p. 69-105.

leigos/as, longe de ser um tema teórico, afeta decisivamente o futuro da Igreja neste subcontinente. Mas a ausência de resoluções mais concretas denuncia que estamos em pleno *processo* de atualização de uma conquista conciliar, que pede de nós uma nova mentalidade eclesial, bem como estruturas condizentes com ela. Esse novo modo de conceber o laicato na Igreja se fundamenta numa adequada pneumatologia,[66] já que o Espírito Santo é a fonte dos carismas distribuídos por todos os membros da comunidade eclesial, bem como o responsável pela institucionalização da Igreja no curso da história. Esta "não foi fundada somente na origem: Deus a constrói ativamente sem cessar. Essa é a ideia expressa em 1Cor 12".[67]

IV. Observações conclusivas

As reflexões a seguir são limitadas, parciais e imperfeitas. Constituem mais sugestões em vista de *manter em curso* o processo de recepção do Concílio Vaticano II sem que possamos determinar previamente como será a Igreja no futuro. É o que podemos oferecer no final deste estudo a partir de nossa limitada perspectiva, que certamente deverá ser completada e corrigida a partir de outros ângulos de observação e de conhecimento. O objetivo de toda essa reflexão consiste assim em convidar todos a *colaborar ativamente* nesse processo.

1. Um novo modelo de Igreja?

Embora tenhamos escolhido apenas dois temas da eclesiologia do Concílio Vaticano II, não pode passar despercebido ao leitor como eles estão intimamente relacionados entre si e como implicam inevitavelmente outras questões teológicas. Somente com uma eclesiologia de comunhão poderá o leigo/a cristão *ser e agir* como tal na comunidade eclesial. O ponto de partida da *Lumen Gentium* foi decisivo: a *primazia* compete à comunidade como um todo; é ela a destinatária da revelação salvífica, é

---

[66] Para um estudo mais amplo da questão, ver M. FRANÇA MIRANDA, "É possível um sujeito eclesial?", *Perspectiva Teológica* 43 (2011) p. 55-82.

[67] Y. CONGAR, *A Palavra e o Espírito*, São Paulo, Loyola, 1989, p. 94.

ela, por conseguinte, que deve proclamar e testemunhar os feitos de Deus na história humana. Essa aquisição conciliar representa sem dúvida uma mudança significativa com relação às configurações passadas do cristianismo, que marcaram profundamente a instituição eclesial. A Igreja, como rede de comunidades dos primeiros séculos, se viu transformada quando o cristianismo se tornou a religião oficial, assumindo então a estrutura hierárquica medieval a qual favoreceu a unidade do povo cristão, embora com o respeito às diversidades dos vários contextos socioculturais. O embate com o poder civil levou ao fortalecimento da autoridade eclesiástica num processo que atingiu seu ponto mais alto no Vaticano I.[68] A robustez desse modelo institucional era garantida pela poderosa classe clerical, pela ênfase na doutrina e pela fundamentação de cunho jurídico.[69]

Como a Igreja deve se institucionalizar ao longo da história para ser entendida e significativa nas sociedades humanas sempre em transformação e como ela vai buscar nas respectivas sociedades as características para se configurar, pois estas não caem do céu, não teve a Igreja de então outra saída a não ser assumir a estrutura hierárquica medieval. Na atual sociedade mais participativa, democrática, pluralista, respeitosa da liberdade e da subjetividade, esse modelo aparece como autoritário e intransigente. Cada vez mais a Igreja institucional perde espaço e poder na sociedade, incapaz de deixar transparecer a atrativa mensagem evangélica devido às suas expressões e práticas tradicionais. Ela não consegue deixar *transparecer* fenomenologicamente o que é realmente, impedindo assim ser vista como sacramento (sinal) da salvação de Deus na história. Aqui está a intuição de João XXIII: diálogo e atualização; sem o primeiro o segundo não se realiza. Esse processo iniciado no Concílio deve acarretar profundas mudanças na mentalidade e nas estruturas da Igreja, mudanças essas que exigirão tempo, paciência, criatividade, fidelidade ao Evangelho, liberdade cristã.

---

[68] FRANZ-XAVIER KAUFMANN, *Kirchenkrise. Wie überlebt das Christentum?*, Freiburg, Herder, 2011, p. 133. Essa obra de um sociólogo oferece uma reflexão séria e objetiva sobre a Igreja como instituição, apontando as reformas necessárias.

[69] Para uma exposição mais completa, ver G. LAFONT, *L'Église en travail de réforme*. Imaginer l'Église catholique II, Paris, Cerf, 2011, p. 204-217.

Para poder chegar a nossos contemporâneos, a Igreja deve *ouvi-los*, conhecer suas linguagens, seus problemas, seus anseios, suas alegrias e seus sofrimentos. É o único modo de a Igreja dispor de uma mensagem que lhes seja pertinente.[70] Além disso, não esqueçamos que a ação do Espírito Santo também chega até eles, podendo levá-los a perceberem, mesmo antes das autoridades eclesiais, imperativos que decorrem da caridade cristã, como no caso da questão ecológica. Ao perder poder e prestígio, a Igreja ganha em liberdade e autenticidade, mesmo que se apresente pequena e frágil diante da complexa sociedade hodierna. Não mais a Igreja apenas do Verbo encarnado, mas a do Jesus histórico, que passou por um crescimento em sua vida, que sempre buscou captar a vontade do Pai, que experimentou a tentação, o insucesso, a carência.[71] Marcados pelo passado de cristandade, temos dificuldade em aceitar uma Igreja mais apoiada na confiança em Deus e na ação contínua do Espírito que a anima do que no poder deste mundo. Ela terá menos visibilidade em suas figuras hierárquicas e em suas celebrações de culto enquanto aparece como *religião*, mas estará presente pela vida e pela ação de seus membros, especialmente leigos/as. Como cada vez mais alguém é cristão por opção pessoal, teremos no futuro uma Igreja menos presa ao que caracteriza as religiões e mais próxima ao *Evangelho*.[72] A tarefa da Igreja é levar Deus aos homens e os homens a Deus. "Sua finalidade é o Evangelho e tudo nela deve girar em torno dele."[73]

Uma rede de *comunidades menores* que possibilitem verdadeiramente o conhecimento mútuo, a partilha, a ajuda recíproca, a Palavra de Deus acolhida na vida real, os momentos de celebração, a participação responsável de leigos e de leigas, o respeito à diversidade de carismas,[74] sem dúvida

---

[70] A. ROUET, *J'aimerais vous dire*, Mountrouge Cedex, Bayard, 2009, p. 38: "On ne peut annoncer l'Évangile que sous la forme de l'échange. Je ne peux pas échanger avec quelqu'un si je ne connais pas son vocabulaire, si je ne comprends pas sa logique, si je ne saisis pas vraiment ce qui le fait vivre".

[71] G. LAFONT, op. cit., p. 219s.

[72] J. MOINGT, *Croire quand même*. Libres entretiens sur le présent et le futur du catholicisme, Paris, Temps Présent, 2010, p. 148.

[73] J. RATZINGER, "L'ecclesiologia della Costituzione *Lumen Gentium*", em: R. FISICHELLA (Ed.), *Il Concilio Vaticano II*. Recezione e attualità allá luce del Giubileo, Milano, San Paolo, 2000, p. 77.

[74] As estruturas existem para favorecer as relações humanas no interior das comunidades, todas, no fundo, deveriam ser "estruturas relacionais".

apresenta certa semelhança com as primeiras comunidades cristãs, embora seja utópico pretender repristiná-las hoje, devido a enorme diferença do contexto sociocultural. Sem negar a importância dos sacramentos, nelas terão mais peso a escuta da Palavra de Deus e a coerência de vida. Essas comunidades poderão fornecer ajudas preciosas para a Igreja na forma de novas expressões e práticas condizentes com o momento histórico que vivemos. Naturalmente esse novo modelo de Igreja não mais poderá se orientar pelos critérios de eficácia e sucesso, próprios das demais instituições na atual sociedade e que não são de modo algum critérios da fé cristã, como nos alerta Paulo (1Cor 1,26-31). Nem pela chave de leitura que caracteriza os âmbitos de poder, a qual deformou bastante o ministério hierárquico no passado e que repousava sobre o poder sagrado, também encontrado em outras religiões, o qual não fundamenta o que seja a autoridade no cristianismo. Porque esta vem do serviço prestado à comunidade, já que não é como a dos "chefes das nações" (Mt 20,25). O ministério ordenado que vise à unidade da comunidade e a ordem dos demais ministérios não significa mais poder, pois "não deve ser assim entre vós" (Mt 20,26).

2. Uma Igreja voltada para a vida

Como já vimos anteriormente, toda a razão de ser da Igreja está na proclamação e na realização do *Reino de Deus*, na construção de uma humanidade fraterna e justa, da qual ela deve ser já uma incipiente e imperfeita realização na história. Não é a fé cristã uma fuga da realidade; ao contrário, é um mergulhar na realidade, iluminado pelo Evangelho para transformá-la em nova criação. Ela se põe a serviço da vida, da humanização, da justiça, da liberdade. Essa afirmação de cunho mais teológico pede naturalmente ulteriores esclarecimentos devido a sua concisão, mas ela é evidente para nós que vivemos dentro da Igreja. Mas é isso realmente o que deixa transparecer a Igreja para a sociedade? O modo como ela se apresenta, age, deixa transparecer o que ela é? Como instituição, visibiliza ela os valores do Reino? Permanecer na afirmação doutrinal de que ela é o sacramento (sinal) do Reino não chega a nossos contemporâneos se suas estruturas e modo de proceder a desmentem.

Se Paulo afirma que Cristo nos libertou para a liberdade (Gl 5,1) livrando-nos das cadeias do egoísmo e levando-nos aos nossos semelhantes, é importante que também a Igreja se apresente como uma *educadora da liberdade* e como um espaço para o exercício cristão dela. Devido à emergência da subjetividade na atual cultura, nossos contemporâneos são muito sensíveis nesse ponto. A fé cristã, a busca de Deus, a referência a uma realidade transcendente que ultrapassa nossa realidade por não oferecer a felicidade pela qual ansiamos, nos libertam da inércia e nos fazem avançar. Os leigos/as devem aprender a ser livres ao pensar sua fé, ao expressá-la, ao comprometerem-se pela promoção humana. É um aprendizado e uma conquista lenta pela ação do Espírito. Se tudo já vem definido de cima, então não há espaço para o exercício da liberdade, apenas para uma obediência a normas que não favorece um encontro pessoal com Deus. E pior ainda quando essas normas quase que se limitam ao âmbito pessoal, deixando em segundo plano os desmandos e as injustiças presentes na sociedade.

E já que não se pode crer em Deus eliminando seu projeto para a humanidade, a Igreja deveria lutar com mais ênfase pela formação de uma *consciência social* em vista de uma sociedade mais humana, sobretudo hoje, quando o individualismo viceja por toda parte. De fato, o que alimenta hoje a credibilidade da Igreja, em grande parte, é sua preocupação e atividade em favor dos pobres, dos últimos da sociedade, à semelhança de seu fundador.[75] Componentes religiosos ou morais que não incidem no bem do próximo não têm significado para o mundo de hoje. Pela riqueza de sua vivência, pela firmeza de sua fé, pela solidariedade espontânea com os que sofrem, desde que os acolhamos como autênticos sujeitos eclesiais, serão os leigos/as que ajudarão a Igreja a ser o que deve ser. De fato, os pobres nos evangelizam, como já ouvi de muitos bispos. Numa época de consumismo e materialismo desenfreado, sem ter em conta a massa de carentes em alimentação, saúde e educação que nos interpela,

---

[75] Daqui se entende a dificuldade de se falar do Jesus histórico por parte de alguns na Igreja, como pude pessoalmente experimentar em Santo Domingo e em Aparecida. Daqui também a reação infundada à excelente obra de J. A. PAGOLA, *Jesus. Abordagem histórica*, Petrópolis, Vozes, 2010, com sucessivas edições e já traduzida em muitas línguas.

a Igreja deve se fazer mais próxima a eles e preocupar-se mais com um estilo de vida mais sóbrio.

3. Uma Igreja que experimenta e testemunha sua fé em Cristo

Nossa sociedade pluralista e secularizada não significa apenas um desafio, mas também uma *chance* para a Igreja submeter a um exame crítico tanto sua pastoral tradicional quanto suas atuais estruturas. Naturalmente não surgirão imediatamente soluções mágicas que definam com clareza sua missão nesta sociedade. O importante é manter vivo e atuante o processo. Nesse sentido, seguem-se estas observações, mais como marcos heurísticos do que como receitas acabadas. Primeiramente volta a *fé* a ser uma opção primordial para o cristão tal como era entre os primeiros cristãos.[76] Na cristandade ela era apenas mais um componente da cultura aberta ao Transcendente, "porosa", "encantada", como diria Charles Taylor,[77] acolhida naturalmente como eram aceitos outros elementos e práticas culturais de então. Hoje a fé não mais dispõe do respaldo do contexto sociocultural que lhe garantia forte plausibilidade.

Chance para que ela recupere sua verdade de *opção de vida pessoal e livre*. Uma opção que se distingue da crença e mesmo da religião, enquanto estas dizem mais respeito às doutrinas ou práticas habituais, herdadas da família, corretas ou menos corretas conforme são entendidas ou praticadas.[78] Essa religiosidade sucumbe à cultura secularizada por carecerem de convicção interna. A fé significa mais: confiar em Cristo e plasmar sua vida pela dele em meio a outras interpretações disponíveis da realidade. De fato, a sociedade pluralista oferece várias possibilidades para se construir uma vida e elaborar uma identidade humana. Para o cristão a *verdade* é alguém, por isso ele aposta em Jesus Cristo porque cativado por sua pessoa, sua mensagem e sua luta por uma nova sociedade. Aí ele toma consciência de que no homem Jesus já estava presente

---

[76] Como bem percebeu BENTO XVI em sua Carta Apostólica *Porta Fidei* de 11/10/2011.

[77] CH. TAYLOR, *Uma era secular*, São Leopoldo, Ed. Unisinos, 2010, p. 41-115.

[78] J. MOINGT, op. cit., p. 34s; 115.

o Filho eterno de Deus que lhe revela o Pai e o faz experimentar a força de seu Espírito. Essa fé não dissipa as dúvidas, pois Deus é e continuará sempre sendo um mistério para o ser humano, continuamente tentado a imaginar Deus à sua imagem e semelhança e pô-lo assim a seu serviço. A fé abandona-se a Deus, que jamais será aprisionado num conceito, porque está convencida de que esse Deus revelado por Jesus Cristo é amor. A fé no amor de Deus se comprova no interior da própria existência cristã, como nos ensina São João (1Jo 4,7-19).

É uma fé que não se esgota no âmbito do "religioso" porque voltada para a sociedade, para a construção de uma humanidade nova, como nos indica a vida de Cristo e nos estimulam os textos do Vaticano II. É uma fé onde o *relacional* é decisivo (Mt 25,31-46), onde a caridade fraterna constitui seu núcleo e sua verdade (1Jo 4,7), expressando-se então no culto, nos sacramentos, nas formulações doutrinais que, sem ela, perdem sua razão de ser (1Cor 13,1-3; 11,29). Como essa fé deve penetrar todos os recantos da vida concreta, ela acaba sendo experimentada como uma realidade que nos leva aos outros, nos humaniza, nos realiza, sendo assim fonte de vida, de liberdade, de felicidade. Além disso, numa época carente de referências sólidas, o *testemunho pessoal e comunitário* adquire um valor excepcional na evangelização, como nos mostrou a frágil Teresa de Calcutá. Mas é preciso para tal que as comunidades eclesiais se preocupem menos com celebrações e pastorais e mais com as relações fraternas de seus membros entre si e em face da sociedade. Então elas significarão algo pertinente aos de fora e mostrarão o que é realmente uma comunidade cristã, recuperando seu valor sacramental de realmente ser testemunho de Deus, pois "todo o discurso eclesiológico deve estar inserido e subordinado ao discurso sobre Deus".[79] Naturalmente isso exigirá de nós uma verdadeira conversão, como nos pede o texto de Aparecida. Oxalá nós possamos, todos, corresponder ao que o Espírito espera de cada um de nós.

---

[79] J. RATZINGER, art. cit., p. 67.

É POSSÍVEL UM SUJEITO ECLESIAL?

O Documento de Aparecida afirma que "na elaboração de nossos planos pastorais queremos favorecer a formação de um laicato capaz de atuar como verdadeiro sujeito eclesial e competente interlocutor entre a Igreja e a sociedade, e entre a sociedade e a Igreja" (DAp 497a). Embora não tenha definido expressamente o que entendia por *sujeito eclesial*, deixou, entretanto, elementos valiosos para sua compreensão. Assim, observa que "sua missão própria e específica se realiza no mundo" (DAp 210), mas também no interior da própria Igreja, de tal modo que os bispos devem "abrir para eles espaços de participação e confiar--lhes ministérios e responsabilidades em uma Igreja onde todos vivam de maneira responsável seu compromisso cristão" (DAp 211). Dotados de uma formação adequada (DAp 212), devem os fiéis leigos "ser parte ativa e criativa na elaboração e execução de projetos pastorais a favor da comunidade" (DAp 213).

Por outro lado, o mesmo documento adverte para a necessidade de uma mudança de mentalidade no próprio clero, ao exigir, "da parte dos pastores, maior abertura de mentalidade para que entendam e acolham o 'ser' e o 'fazer' do leigo na Igreja" (DAp 213).[1] Ele afirma ainda a urgência de uma "conversão pastoral" por parte de todos na Igreja (DAp 366), a qual implica não só escutar o que diz o Espírito em nossos dias (DA 366), mas também saber "abandonar as ultrapassadas estruturas que já não favoreçam a transmissão da fé" (DAp 365). Portanto, os bispos em Aparecida, ao almejar uma Igreja toda ela missionária, estavam conscientes das mudanças requeridas, seja no que diz respeito a uma nova *mentalidade*, seja no que se refere a uma nova *configuração institucional* da Igreja.

---

[1] Infelizmente nada se diz sobre uma preparação adequada do clero em vista de uma eclesiologia, não de dominação, mas de comunhão (ver DAp 314-327; 191-200).

I. Os pressupostos necessários

A finalidade deste estudo é refletir mais a fundo sobre os *pressupostos* para que a meta visada em Aparecida possa ser realmente alcançada. E, mais ainda, examinar se certa crise que hoje experimentamos na Igreja também aflorou na Assembleia Episcopal de Aparecida e se ela evoca mudanças importantes para o futuro da Igreja. Pois a história da Igreja nos apresenta momentos críticos e tumultuados que, à luz de leituras mais tranquilas feitas por gerações posteriores, demonstram terem produzido mudanças positivas, profundas e duradouras na mentalidade e na vida da própria Igreja. Se fôssemos examinar com cuidado as causas subjacentes a períodos de crise, constataríamos que elas provêm tanto da sociedade como da própria Igreja. E a razão é simples: ambas *interagem continuamente*, ambas se condicionam e se influenciam mutuamente. Mesmo que reconheçamos não ter a Igreja hoje o mesmo significado para a sociedade que teve no passado. Desse modo, tanto podemos apontar, na atual instabilidade da instituição eclesial, causas decorrentes das mudanças na sociedade como podemos igualmente constatar fatores atuantes no próprio interior da comunidade eclesial.

Comecemos pela *sociedade*. Vejamos algumas de suas características: rápidas e sucessivas mudanças socioculturais; sociedade pluralista, democrática e de consenso; hegemonia do fator econômico na vida social e familiar; forte emergência da subjetividade; certa desilusão e desconfiança diante da capacidade da razão humana; crise ecológica; impacto da globalização; proximidade de outras culturas e religiões. Eis alguns fatores que transformaram nossa sociedade e nossas vidas e que, inevitavelmente, incidem na vida da própria Igreja, pois seus membros são também membros desta sociedade. Naturalmente a Igreja não é a única instituição a se ver questionada pelas transformações culturais e sociais em curso, pois verificamos crises semelhantes no setor educativo, político, familiar, bem como na área da medicina e do direito, para só citar algumas.

Todo o sentido da Igreja é continuar a missão salvífica de Jesus Cristo, anunciando sua pessoa e sua mensagem à sociedade. Tarefa muito difícil em nossos dias, pois a sociedade de cristandade deu lugar à sociedade pluralista e secularizada. Tarefa bastante árdua, pois implica conhecer essa atual sociedade complexa e plural, dotada de múltiplas linguagens e práticas, de diferentes desafios e aspirações, de imaginários e culturas diversas. Prova disso são os problemas e os desafios experimentados pela pastoral urbana em nossos dias, pois a cultura das grandes cidades é fragmentada, heterogênea, diversificada, constituindo uma barreira para um discurso universal e uma pastoral que sirva igualmente para todos.

Porém, o mal-estar que hoje sentimos pode provir também da *própria Igreja*. Herdamos uma instituição eclesial do passado que não mais consegue responder aos desafios da nossa sociedade. Essa afirmação não desconhece nem desmerece os ganhos e os méritos dessa Igreja que nos é legada. Mas devemos igualmente reconhecer que ela já não logra ser captada e entendida por nossos contemporâneos em sua identidade teológica. Pois apresenta uma configuração do passado, com características estranhas aos anseios e aos valores determinantes na atual cultura e em sua vivência cotidiana. Urge, portanto, mudanças em certas estruturas, geradas no passado e hoje empecilhos à evangelização, como nos adverte o Documento de Aparecida (DAp 365 e 367).

Tarefa sumamente difícil, pois as transformações de mentalidades, de práticas, de hábitos que nos são familiares só se realizam lentamente, mesmo quando pressionadas pelo contexto vital onde nos encontramos. Como tem sido difícil levar à realidade as orientações do Concílio Vaticano II! Daí certo mal-estar que todos nós, membros da Igreja, experimentamos em nossos dias e que pode provocar reações inadequadas e negativas. Da parte de alguns, a ânsia por segurança os leva a rejeitar qualquer evolução e a se agarrar às aquisições do passado; da parte de outros, pelo contrário, nota-se uma tendência a rejeitar sem mais a herança recebida e a identificar novidade com verdade. Como conseguirmos um *juízo objetivo* e equilibrado nessa situação? Como avaliarmos objetiva e maduramente a atual situação eclesial, agravada ainda por deficiências morais no interior da própria instituição?

Depois do Concílio Vaticano II, temos hoje lúcida consciência da urgente necessidade de que os fiéis leigos participem ativamente na vida e na missão da Igreja, não só porque lhes compete tal, mas também pela impossibilidade de a hierarquia absorver as atividades e as iniciativas pastorais exigidas pela hora presente. O que nos aparece como decisivo na atual conjuntura é a urgente emergência de um laicato que seja não apenas objeto e destinatário da cura pastoral, mas que se potencialize como autêntico *sujeito eclesial*. Ao refletir sobre os fatores que impediam o laicato de sê-lo, nos deparamos com uma série de razões de cunho histórico, sociocultural, teológico, que deixam entrever a complexidade da questão, e que devem ser abordadas. O objetivo desta reflexão é, embora limitadamente, trazer à tona os empecilhos do passado e apontar fatores que os possam neutralizar.

Naturalmente assumir sua vocação de autêntico sujeito eclesial implica em cada membro da Igreja uma correspondente *maturidade humana*, tal como a entende o senso comum: uma atitude adulta, equilibrada, adequada diante de uma situação concreta. Ela envolve, primeiramente, uma *maturidade emocional* capaz de não se deixar subjugar pelas reações sentimentais provindas do interior da pessoa, mais próprias, segundo alguns, da infância e da adolescência. A ausência dessa forma de maturidade pode se extravasar numa crítica constante, exagerada, não construtiva, acompanhada, em geral, pelo desânimo e pelo pessimismo. A *maturidade intelectual* é outra componente da maturidade humana captada pelo sentido comum. Ela pressupõe um conhecimento da realidade tanto proveniente do estudo pessoal quanto da própria experiência com a realidade. Na falta desse conhecimento, a pessoa pode ser presa de sonhos irrealizáveis, de representações ideais, de objetivos inalcançáveis, por desconhecer componentes importantes da realidade em questão. No caso da Igreja, ganha especial importância conhecer como se constituiu ao longo da história a atual configuração eclesial, bem como elementos básicos de eclesiologia.

Podemos ainda mencionar outra modalidade de maturidade humana, a *maturidade social* que implica comportamentos sociais condizentes com o grupo social ao qual pertence o indivíduo. Naturalmente essa modalidade pressupõe as anteriores e capacita a pessoa a participar efetiva e positivamente da vida social de sua comunidade humana. Ela saberá tanto acolher ou rejeitar responsavelmente o que a comunidade lhe oferece, como também contribuir com seu parecer ou sua crítica para o bem dela. Caso contrário, poderá se tornar um membro passivo e omisso do grupo social, ou mesmo se constituir num crítico impiedoso que, estando de fora, nada vê de bom em sua comunidade.

Observemos ainda que, nas modalidades abordadas, a imaturidade conota não somente uma *mentalidade* deficiente diante da realidade, como também pressupõe *estruturas* que podem ser, ao menos em parte, responsáveis pela gestação dessa mesma imaturidade. De fato, embora as instituições sociais sejam produzidas pelo próprio ser humano, elas acabam por influir e moldar sua respectiva visão da realidade. Ambas interagem continuamente e exigem uma abordagem mais ampla do nosso tema que não as deixe de fora. Esse fato terá consequências sérias para esta nossa reflexão, pois não bastarão, como veremos, mudanças de cunho pessoal, seja psicológica, teológica ou espiritual, mas serão também exigidas mudanças de ordem estrutural ou institucional, sem as quais dificilmente se realizarão as primeiras.

Desse modo, já podemos perceber a complexidade que envolve o nosso estudo. São *muitos fatores* em jogo que atuam como condições de possibilidade para que possa emergir devidamente um sujeito eclesial. Nem todos serão expressamente tratados aqui, pois optamos por uma *abordagem teológica* dessa questão. Vamos privilegiar três fatores que nos parecem decisivos para nosso tema. O primeiro é de cunho *teórico*, porque diz respeito a uma eclesiologia que tanto respeite as linhas mestras presentes no Novo Testamento quanto seja adequada aos desafios socioculturais do mundo contemporâneo. Sem uma correta eclesiologia não teremos um católico ou uma católica que seja realmente sujeito ativo na Igreja, que pense, reflita, tome posições e aja em prol da comunidade, já que nem toda eclesiologia favorece essa decisão.

O outro fator, já implicado na precedente visão eclesiológica, concerne à *configuração institucional* da Igreja, a saber, sua regulamentação jurídica, bem como suas estruturas sociais. Pois tanto as normas de direito canônico como as estruturas vigentes podem tornar inócuas as conquistas teológicas por mais bem fundamentadas que estejam. Afirmar que a Igreja é uma comunhão sem oferecer estruturas de comunhão significa confinar ao mundo da teoria uma compreensão verdadeira da Igreja, à semelhança de um satélite girando no espaço sem incidência real em nosso planeta. Bem conhecemos o que sucedeu no tempo pós-conciliar com a doutrina da colegialidade afirmada no Vaticano II. Observemos ainda que, mesmo que determinada configuração institucional resulte de várias causas, um fator determinante de sua realidade vem a ser a eclesiologia que a justifica e fundamenta. Numa palavra, o fator teórico e o fator institucional necessariamente interagem.

O terceiro fator para um autêntico sujeito eclesial é de *ordem existencial*, pois diz respeito à vivência cristã de cada um na Igreja. Pois a fé nos ensina que a maturidade cristã é fruto da ação do Espírito Santo que nos proporciona a liberdade interior, sem a qual sucumbiríamos às nossas inclinações e jamais chegaríamos à necessária objetividade em nossos juízos e em nossas ações na Igreja. Veremos também que a atitude correta para podermos ser agentes idôneos, que denunciem falhas e apontem soluções na Igreja, implica um autêntico amor à Igreja por tudo o que nos deu para nossa vida de fé.

Desse modo, temos já os eixos principais deste estudo. Primeiramente surge a questão se a *Igreja de hoje* possibilita ou impede a existência de um autêntico sujeito eclesial. Para respondê-la, examinaremos primeiramente suas principais características e como foram sendo geradas no curso dos séculos. Em seguida, abordaremos alguns elementos eclesiológicos que permitem e favorecem o surgimento de uma *mentalidade* necessária ao emergir do sujeito eclesial. Numa terceira parte, refletiremos sob o ponto de vista da organização social as *estruturas eclesiais* requeridas para que o indivíduo na Igreja possa realmente alcançar esse *status* de sujeito. Numa parte final veremos como nossa fé cristã, constitutivamente teologal porque dirigida a Deus, não pode prescindir da Igreja, sendo assim não em seu objeto, mas em sua modalidade também eclesial. Daí decorre nosso *amor* e nossa gratidão para com a comunidade eclesial que nos anunciou Jesus Cristo e nos formou na fé em sua pessoa.

II. A Igreja que herdamos

Esta expressão pode provocar estranheza em algum leitor, pois a Igreja Católica é sempre a mesma desde seu início. Caso contrário, ela deixaria de ser a comunidade dos seguidores de Jesus Cristo tal como podemos verificar nos relatos neotestamentários. Essa dificuldade vai exigir de nós uma reflexão prévia sobre a Igreja. Vejamos.

Tenhamos bem presente que a Igreja é uma *realidade humano-divina*. Por um lado, ela nasceu por vontade livre de Deus, a quem deve também suas características fundamentais, que a distinguem de qualquer outro grupo social. Por outro, ela é uma comunidade de homens e mulheres, vivendo em contextos socioculturais e históricos bem determinados, que não podem ser excluídos de sua vida de fé, já que é exatamente no interior deles que Jesus Cristo pode ser anunciado e a resposta livre na fé pode ser dada. Já que esses contextos mudam no curso da história, muda também a forma do anúncio, da resposta, das expressões, das celebrações e das estruturas eclesiais. Podemos caracterizar o que compete a Deus como os *componentes teológicos* da Igreja, sem os quais ela deixaria de ser a comunidade dos seguidores de Jesus Cristo. São eles: a pessoa de Jesus Cristo, a ação do Espírito Santo, a proclamação da Palavra, a acolhida dela na fé, a celebração dos sacramentos, especialmente do Batismo e da Eucaristia, a presença do ministério ordenado. Essas características provindas da revelação é que nos levam a denominar a Igreja como Povo de Deus, Corpo de Cristo, Templo do Espírito Santo, Comunidade Salvífica.

Entretanto, o acolhimento da revelação acontece através da fé. Logo, ela é também parte constitutiva da revelação. Sem a fé, a autocomunicação de Deus não teria chegado à sua meta e nós a ignoraríamos. Assim, a resposta da fé, possibilitada também por Deus (1Cor 12,3), pertence ao próprio conteúdo do que é *Palavra de Deus* para nós. E por essa mesma razão devemos afirmar não estar completa a revelação sem a Igreja, enquanto comunidade dos que creem.[2] Mais ainda. A revelação não pode ignorar o contexto sociocultural em que vive essa comunidade de fé,

---

[2] A. DULLES, *Models of Revelation*, New York, Orbis, 1996, p. 220.

sob pena de não ser simplesmente entendida, de não ser simplesmente revelação. Portanto, não podemos negar esse substrato humano, sempre presente nas expressões doutrinais, nos preceitos éticos ou nas normas e estruturas jurídicas evidentes na Igreja. A Palavra de Deus não cai num vazio antropológico, num ser humano abstrato ou numa sociedade indeterminada. Ela, sendo sempre a mesma, só é alcançada na mediação histórica e mutável onde se faz presente.

Daqui podemos concluir que a comunidade cristã sempre se constitui e se compreende com as representações mentais, as categorias sociais, as estruturas organizativas presentes e atuantes em seu respectivo contexto sociocultural. Não nos deve admirar, portanto, que a Igreja no curso de sua história tenha se *apropriado* de linguagens e de elementos institucionais à mão para se organizar como comunidade.[3] De fato, enquanto comunidade encarregada de viver e proclamar a salvação trazida por Jesus Cristo, não podia a Igreja se furtar ao diálogo com seu contexto sociocultural e político, pois exatamente nele viviam não só os cristãos, mas ainda aqueles a serem evangelizados. Era, portanto, fundamental conhecer a linguagem dominante, as práticas sociais, os desafios da época, para se fazer entender e ser significativa para a vida real de seus contemporâneos.

Daqui também podemos entender por que a Igreja, em sua configuração institucional, tenha-se transformado no curso dos séculos devido às mudanças na própria sociedade. Pois a Igreja muda para conservar sua identidade e sua finalidade, a saber, sua característica principal de ser mediação da salvação de Jesus Cristo na história. É nesse sentido que se diz que ela se *autoinstitucionaliza* no curso da história, ou que a eclesiogênese é um evento contínuo na Igreja.[4] Essa configuração institucional não deve ser vista como algo extrínseco à realidade eclesial, como algo meramente organizatório, que poderia dela prescindir mantendo sua verdade e sua existência. Ao contrário. Os componentes teológicos, constitutivos da

---

[3]   J. RATZINGER, "Demokratisierung der Kirche?", em: RATZINGER; J-MAIER, H., *Demokratie in der Kirche*, Limburg, Lahn, 1970, p. 9.

[4]   S. DIANICH-S. NOCETI, *Trattato sulla Chiesa*, Brescia, Queriniana, 2002, p. 445.

comunidade de fé, só serão uma *realidade viva* se encontrarem expressões, formas e estruturas adequadas através das quais eles possam ser acolhidos e vividos pelos membros da comunidade.

Não nos deve admirar, portanto, que a Igreja da época das catacumbas seja diferente daquela da época do renascimento, ou que a Igreja da era patrística tenha sido diversa daquela do século XX, embora sempre estejamos nos referindo à mesma Igreja. Essa conclusão é deveras importante para nosso estudo: a Igreja *pode e deve mudar* para poder realizar sua finalidade salvífica. Identificar as modalidades de configuração com os componentes teológicos seria absolutizar o relativo, eternizar o histórico, fixar o provisório, impedir novas configurações eclesiais. Quando acontece, esse fato repercute danosa e negativamente para dentro da própria Igreja, que não mais consegue transmitir para seus contemporâneos o que crê e o que vive (DV 8). O aparente embate entre a fé e o mundo pode ser, de fato, a oposição entre a fé plasmada e vivida no século XIII e a fé do século XX.[5]

Em nossos dias muito se escreve sobre a *gênese histórica* da atual configuração institucional da Igreja Católica.[6] O tema requer uma exposição mais completa. Aqui vamos nos limitar a mencionar alguns pontos, suficientes para a finalidade deste estudo. Não pretendemos julgar e condenar fatos passados, considerando-os isolados de seus contextos históricos, mas simplesmente narrá-los enquanto elementos responsáveis pela hodierna situação. Assim a *era constantiniana* representa um marco importante na configuração da Igreja. Antes tolerada, dispersa, perseguida, passa a ser com Teodósio a religião oficial dotada de favores, benefícios e poder, assumindo então a estrutura organizativa do Império Romano. O clero recebe importantes privilégios, os bispos são equiparados aos senadores e desempenham mesmo funções administrativas civis, o Papa adquire

---

[5] J. RATZINGER, *Dogma e anunciação*, São Paulo, Loyola, 1977, p. 143.

[6] Pioneira foi a obra de Y. CONGAR, *L'Église de saint Augustin à l'époque moderne*, Paris, Cerf, 19972; ver ainda: G. LAFONT, *Imaginer l'Église catholique*, Paris, Cerf, 1995; R. HAIGHT, *Christian Community in History. Historical Ecclesiology*, New York, Continuum, 2004; W. KLAUSNITZER, *Der Primat des Bischofs von Rom*, Freiburg, Herder, 2004; J. VERMEYLEN, *Le Marché, le Temple et l'Évangile*, Paris, Cerf, 2010.

posição imperial com as insígnias correspondentes e a liturgia adota um cerimonial com muitos elementos provenientes do cerimonial da corte.[7] Não negamos as importantes vantagens decorrentes dessa situação para a propagação da fé cristã, bem como para o fortalecimento institucional da Igreja. Com o tempo a comunidade eclesial, o Povo de Deus, passa a ser sem mais toda a população cristã do Império, com suas características culturais, sociológicas e políticas. A Igreja, então entendida como "comunidade dos fiéis", à qual os bispos serviam e prestavam contas, começa a ser considerada a Igreja dos clérigos pelo poder e honrarias que gozavam, bem como por um modo específico de vida (celibato, veste etc.). A distinção não predomina tanto entre a Igreja e a sociedade civil, mas entre o clero e o laicato no interior da comunidade.[8] Essa tendência irá se acentuar nos anos seguintes.

O Papa desfruta de grande poder. À semelhança dos imperadores, possui ornamentos imperiais, bem como o seu senado e os seus legados. Apesar de saber que sua autoridade provém de Deus, sua figura deixa transparecer um monarca de tipo imperial. As tensões entre seu poder sagrado e o poder dos imperadores irão marcar os séculos posteriores. No interior da Igreja, o institucional (estruturas) ganha realce cada vez maior, erigindo-se como grandeza superior diante da comunidade e deixando em segundo plano o fato de que ele só se justifica a serviço da mesma comunidade. O *regime feudal* irá agravar essa tendência pela influência que exerce, então, na Igreja. Tudo acaba por se encontrar devidamente hierarquizado: categorias de pessoas, ofícios e funções, direitos e deveres, *status* e prestígio social. Algumas características dessa época persistem até nossos dias.

A intromissão indevida dos príncipes na nomeação dos bispos (questão das investiduras), bem como os abusos do clero (nicolaísmo e simonia) provocarão como reação da Igreja a conhecida *reforma gregoriana*, alicerçada principalmente em princípios jurídicos para poder se enfrentar com o poder civil e garantir a autonomia da autoridade hierárquica. Essa reação

---

[7]   H. FRIES, "Modificação e evolução histórico-dogmática da imagem da Igreja", em: J. FEINER; M. LÖHRER (Ed.), *Mysterium Salutis IV/2*, Petrópolis, Vozes, 1975, p. 16s.

[8]   Y. CONGAR, *Igreja serva e pobre*, Lisboa, Logos, 1964, p. 60-66.

marcará profundamente a eclesiologia da Igreja Católica até hoje.[9] A figura do Papa se assemelha cada vez mais à de um imperador. Ele é a origem de todo o poder eclesiástico, o único legislador, fonte e norma de todo direito, juiz universal e supremo dotado de uma jurisdição (*potestas*) sobre a Igreja universal (*Dictatus Papae* de Gregório VII), deixando aparecer os bispos em alguns textos da época como seus "vigários" nas diversas partes do mundo. Assim acontece uma indevida centralização romana na Igreja em detrimento da autoridade apostólica dos bispos. A sede romana se torna o eixo pelo qual Deus leva adiante seu desígnio salvífico, eixo esse sustentado pelas estruturas jurídicas do feudalismo.[10] Naturalmente, tal situação gerou reações no interior da Igreja. Poderíamos citar como exemplo a crítica de São Bernardo ao observar que o Papa mais parecia sucessor de Constantino do que de Pedro, que a Igreja se tornou uma *cúria* mais voltada para negócios meio seculares ou um tribunal inspirado não nas leis do Senhor, mas nas de Justiniano, diminuindo a autoridade dos bispos e eclipsando o sentido de serviço próprio do múnus pontifício.[11]

A teologia da Contrarreforma defende as posições católicas mais confessionais, gerando o sistema católico-romano dinâmico e conquistador para fora, mas fechado em si mesmo. Aparece como uma sociedade organizada como um Estado, tendo em seu cume o Papa, assistido pelas congregações romanas, compostas de cardeais e de secretarias. A monarquia aparece como a melhor forma de governo, reforçando assim as prerrogativas papais. A tendência absolutista progride, atingindo o culto, o direito e mesmo a teologia. Jesus Cristo fundou a Igreja e o Espírito Santo atua como *garantia da autoridade* do Magistério. Assim, Igreja significa, cada vez menos, a comunidade dos fiéis (*congregatio fidelium*) e, mais, a própria instituição, com suas organizações e prescrições, ou as pessoas encarregadas de conservá-las e promovê-las. Ela aparece então como uma sociedade perfeita, dotada de tudo o que necessita para realizar sua finalidade.[12]

---

[9]   Y. CONGAR, *L'Église de saint Augustin à l'époque moderne*, Paris, p. 90.

[10]   Ibid., p. 105-107.

[11]   Ibid., p. 127s.

[12]   Ibid., p. 381-384.

Nos *séculos XIX e XX* a Igreja Católica assumirá uma configuração específica como uma contrassociedade, legitimada por uma contracultura em oposição à sociedade liberal que emergia.[13] Características do Antigo Regime são questionadas depois da queda de Roma (1870), como o catolicismo enquanto religião oficial, a unidade religiosa como fundamento da unidade civil, a discriminação e a intolerância religiosas, a influência do direito canônico na legislação civil, as tradicionais imunidades eclesiásticas, o monopólio da educação e da assistência social. Atrás de um modelo para um projeto político e cultural, a Igreja vai buscá-lo numa visão idealizada da Idade Média, procurando fazer renascer uma cristandade perdida. Também se observa uma crescente centralização da vida católica em torno do Papa, diminuindo a força dos sínodos locais, uniformizando devoções e práticas litúrgicas, canônicas e devocionais segundo o modelo romano, intervindo os núncios mais fortemente nas disputas locais e deixando os bispos com menor autonomia. Desse modo, a Igreja Católica tem no Papa, com suas congregações, o seu nervo central.

O *Concílio Vaticano II* significou uma mudança decisiva para essa configuração eclesial, pois aceitou dialogar com a sociedade civil, avaliar a cultura da modernidade, assumir alguns de seus elementos, atualizar sua pastoral pelo conhecimento do contexto real onde viviam os católicos, reconhecer a importância das Igrejas locais e a necessária inculturação da fé. O diálogo se estendeu às Igrejas nascidas da Reforma, bem como a outras religiões. Conhecemos os anos turbulentos que se seguiram ao Concílio Vaticano II, como já havia acontecido com outros Concílios no passado, e a reação posterior da cúria romana que acentuou novamente a centralização, o controle da produção teológica, a volta de uma hegemonia acentuada da hierarquia, a uniformização da liturgia e a modesta abertura proporcionada ao laicato na Igreja.

Devemos reconhecer que a ênfase na salvaguarda da dimensão institucional muito contribuiu para a manutenção da unidade eclesial,[14] mas deu

---

[13] J. A. KOMONCHAK, "Modernity and the Construction of Roman Catholicism", *Cristianesimo nella Storia* 18 (1997) p. 353-385.

[14] Como reconhece o sociólogo reformado francês J.-P. WILLAIME, "L'organization religieuse et la gestion de sa verité: modèle catholique et modèle protestant", em sua obra *La precarité*

origem também a uma configuração eclesial que apresenta características que pedem *correções* para que a Igreja desempenhe a contento sua finalidade salvífica. Já se afirmou que a eclesiologia se transformou então numa hierarcologia, que o aspecto doutrinal relegou ao segundo plano a dimensão experiencial da fé, que a estrutura jurídica dificulta sobremaneira a ação renovadora do Espírito Santo, que as Igrejas locais não são respeitadas como deveriam, que o discurso magisterial sobre a inculturação da fé não consegue se traduzir na prática pelos vetos disciplinares da Cúria Romana, que a padronização de práticas e expressões doutrinais fomenta uma vida religiosa formalista e rotineira, que o controle da produção teológica desanima vocações intelectuais que muito ajudariam à Igreja a se enfrentar com a atual sociedade, que o convite feito aos leigos e às leigas para serem membros ativos e verdadeiros sujeitos eclesiais não vem acompanhado das condições requeridas para tal, que a formação dos futuros sacerdotes ainda deixa a desejar para que tenham uma atuação significativa nesta sociedade e não se refugiem apenas nos atos de culto, que o sistema para a nomeação de novos bispos não permite uma participação maior das Igrejas locais, que a mulher ainda continua discriminada em muitos setores da Igreja, embora sejam seus membros mais ativos e generosos, que a preocupação pastoral pelos pobres tenha-se arrefecido nos anos pós-conciliares, que os cargos eclesiásticos são vistos como instâncias de poder e não tanto como carismas de serviço gerando no novo clero a ideia de carreira eclesiástica.[15]

III. O sujeito eclesial pressupõe uma nova mentalidade eclesial

Para sair dessa situação, impõe-se uma mudança que não é nada simples. De fato, a relação entre o indivíduo e a instituição na qual vive é de *natureza dialética*. Se, por um lado, ele é capaz de se confrontar com ela para avaliá-la e mesmo criticá-la, possibilitando assim seu

---

protestante. Sociologie du protestantisme contemporain, Genève, Labor et Fides, 1992, p. 15-29.

[15] Ver ainda P. TIHON, *Pour libérer l'Évangile*, Paris, Cerf, 2009, p. 15-29.

desenvolvimento e aperfeiçoamento, por outro, sua visão da realidade com sua escala de valores é também, por sua vez, fortemente influenciada pela instituição. De fato, o próprio funcionamento institucional acaba fazendo a pessoa aceitar como "normal" ou mesmo óbvio um modo determinado de se compreender ou de se comportar, pelo simples fato de que se encaixa perfeitamente naquela configuração institucional existente e é confirmada pelos demais membros. Como esse fenômeno já aconteceu no passado da Igreja com repercussões até nossos dias, o tema do sujeito eclesial implica a revisão tanto da configuração institucional como da mentalidade nela dominante. Começaremos por esta última, tendo presente sua conexão e mesmo sua dependência de uma nova configuração das estruturas eclesiais.

Uma *nova mentalidade eclesial* pode se originar de determinado comportamento e ação do indivíduo na Igreja, que não acontece naturalmente a menos que o indivíduo conheça as razões (e esteja delas convencido) que o levam a esse novo modo de se comportar. Sem estar esclarecido por essa fundamentação de seu agir, ele pode se sentir mal na Igreja, e mesmo expressar seus sentimentos num protesto, em geral sem maiores consequências. Portanto, faz-se mister apresentar explicitamente a argumentação que dê suporte à sua reivindicação e que consiga assim sensibilizar outros para as mudanças necessárias. Sem a menor pretensão a sermos completos, vamos apresentar alguns elementos de cunho eclesiológico que poderão nos ajudar nessa questão.

1. O indivíduo na Igreja como sujeito

A verdade de que cada membro da Igreja é sujeito eclesial e não apenas destinatário (para não dizer objeto) da ação pastoral da hierarquia implica certamente uma compreensão adequada da Igreja. Numa eclesiologia como a de Roberto Bellarmino, vista como uma sociedade perfeita, estritamente hierarquizada, com membros ativos e membros passivos, ela jamais poderia ser concebida. A opção dos bispos no Vaticano II de iniciar a *Constituição Dogmática sobre a Igreja* a partir de todo o *Povo de Deus*, tratando em seguida dos diversos membros presentes na Igreja, foi decisiva para o nosso tema. Todos são membros da Igreja, todos gozam de igual "dignidade e ação comum" (LG 32), todos participam ativamente da ação evangelizadora da Igreja no mundo.[16]

A missão da Igreja, poderíamos mesmo dizer, a sua razão de ser, está na realização do Reino de Deus, na constituição de uma nova humanidade que constitua a família de Deus, ou na formação de uma nova sociedade marcada pela justiça e pela caridade (LG 9; 40; AA 2).[17] Essa *missão primeira e fundamental* diz respeito a toda a vasta complexidade da vida humana e faz de *todos os membros* da Igreja *sujeitos* dela, antes mesmo de se pensar na multiplicidade de seus carismas na Igreja. Pois a realização do Reino de Deus deve transformar o humano em sua totalidade, em todas as suas dimensões, e não apenas em seu aspecto espiritual.[18] Portanto, todos na Igreja (LG 30), pelo fato de serem batizados (LG 33), independentemente de sua condição no interior dela, devem promover os valores evangélicos na sociedade, sendo assim sujeitos ativos de um grande sujeito coletivo, a saber, da própria Igreja, cujo sentido último de seu existir é exatamente ser instrumento da promoção do Reino e seu sinal sacramental na história, enquanto proclama e testemunha pela vida de seus membros a realidade do Reino para cuja plenitude caminha.[19]

Desse modo, todo cristão é sujeito eclesial ativo, não funcionalmente, mas *constitutivamente*,[20] pelo que é e não por alguma investidura ou delegação posterior, na própria Igreja e na sociedade onde vive. Conforme os carismas que o Espírito Santo lhes outorgou:

> [...] mesmo dos mais simples, nasce em favor de cada um dos fiéis o direito e o dever de exercê-los[21] para o bem dos homens e a edificação da Igreja,

---

[16] O mesmo vai ser afirmado da participação ativa de todos nos atos de culto (SC 14).

[17] Ver o excelente livro de G. LOHFINK, *Deus precisa da Igreja?*, São Paulo, Loyola, 2008.

[18] Um dos erros mais graves de nosso tempo (GS 43).

[19] "Nasce a Igreja com a missão de expandir o Reino de Cristo por sobre a terra... Tal escopo recebe o nome de apostolado. Exerce-o a Igreja através de todos os seus membros, embora por modos diversos" (AA 2).

[20] S. DIANICH; S.NOCETI, *Trattato sulla Chiesa*, p. 410s.

[21] Entre os direitos e deveres enunciados pelo Concílio Vaticano II, esse foi o único omitido no Código de Direito Canônico. Ver J. A. KOMONCHAK, "The Significance of Vatican II for Ecclesiology", em: P. PHAN (ed.), *The Gift of the Church*, Collegeville, Liturgical Press, 2000, p. 84, nota 18.

dentro da Igreja e do mundo, na liberdade do Espírito Santo, que "sopra onde quer" (Jo 3,8), e ao mesmo tempo na comunhão com os irmãos em Cristo, sobretudo com seus pastores (AA 3).

Daí a afirmação da *Gaudium et Spes*:

> Os leigos esperem dos sacerdotes luz e força espiritual. Contudo, não julguem serem os seus pastores sempre tão competentes que possam ter uma solução concreta e imediata para toda a questão que surja, mesmo grave, ou que seja a missão deles. Os leigos, ao contrário, esclarecidos pela sabedoria cristã e prestando atenção cuidadosa à doutrina do Magistério, assumam suas próprias responsabilidades (GS 43).

Não podemos negar que alguns textos conciliares ainda (como predominava na época pré-conciliar) reservam aos fiéis leigos tarefas na sociedade, no mundo da cultura, da política, da economia, das artes, não aludindo tanto a atuações no *interior* da Igreja. Entretanto, essa concepção vem corrigida pela noção abrangente do Reino de Deus como tarefa comum de todos na comunidade eclesial, bem como pela participação de todos na constituição do *sensus fidelium* (LG 12), ou no crescimento da Tradição pelo estudo, contemplação ou experiência dos que creem (DV 8), ou ainda no papel ativo de todos nas celebrações litúrgicas (SC 7) e até na expressão mais adequada da Palavra de Deus, tarefa que não é exclusiva de pastores e teólogos, a saber, "com o auxílio do Espírito Santo, auscultar, discernir e interpretar as várias linguagens do nosso tempo, e julgá-las à luz da Palavra Divina, para que a Verdade revelada possa ser percebida sempre mais profundamente, mais bem entendida e proposta de modo mais adequado" (GS 44).

A ação pastoral *ad intra*, como própria de qualquer membro da Igreja, vai ser incrementada depois da renovação dos *ministérios* na Igreja, que abre novos campos de atuação para todos, conforme os dotes e carismas próprios (catequese, promoção humana, obras de caridade, coordenação pastoral, assessorias das mais diversas, animação litúrgica, ensino teológico). Portanto, pelo fato de que a missão de todos na Igreja é a realização do Reino de Deus, que não se limita somente à dimensão espiritual da vida humana, todos devem ser sujeitos ativos dessa tarefa comum.

O Documento de Aparecida acolhe em suas linhas gerais a eclesiologia conciliar. Reconhece que, pela fé e pelo Batismo, todos "adquirem igual dignidade e participam de diversos ministérios e carismas" (DAp 184). A missão comum para os leigos se refere primeiramente ao mundo (DAp 210), mas também se realiza no interior da Igreja (DAp 211). Tanto num setor como no outro, os bispos demonstraram que os leigos necessitam de maior *autonomia e participação*. Insistem, por um lado, em sua melhor formação religiosa (DAp 212) e cultural (DAp 492), e, por outro, reconhecem que eles são verdadeiros *sujeitos eclesiais* e competentes interlocutores entre a Igreja e a sociedade (DAp 497a). Entretanto, como já observamos, o Documento não especifica o que entende por "verdadeiros sujeitos eclesiais". Essa lacuna vem parcialmente corrigida por determinadas recomendações presentes no Documento. Assim, os bispos devem lhes conceder maior espaço de participação, confiando-lhes ministérios e responsabilidades (DAp 211), de tal modo que sejam "parte ativa e criativa na elaboração e execução de projetos pastorais a favor da comunidade" (DAp 213), participando "do discernimento, da tomada de decisões, do planejamento e da execução" (DAp 371). Uma importante afirmação resume bem essa dupla atuação dos fiéis na sociedade e na Igreja: "A construção da cidadania, no sentido mais amplo, e a construção da eclesialidade nos leigos, é um só e único movimento" (DAp 215). Se desejarmos que sejam maiores na sociedade, também devem poder sê-lo na Igreja. Esse objetivo não será atingido sem uma séria e profunda mudança na mentalidade de todos na Igreja, especialmente da *hierarquia* (DAp 213).

2. A ação do Espírito Santo em todos os membros da Igreja

Intimamente correlacionada com a característica de que todo cristão é sujeito eclesial está a verdade de fé sobre a *ação universal do Espírito Santo* na comunidade eclesial. Devemos mesmo afirmar que sem o Espírito não haveria Igreja. Essa verdade de fé nem mesmo era mencionada em muitos manuais de eclesiologia anos atrás. A atuação do Espírito estava confinada apenas a garantir a autenticidade da tradição e a autoridade dos atos do magistério; numa palavra, era patrimônio da hierarquia em vista da conservação da Igreja. Reinava uma concepção mais jurídica da Igreja.[22] Ainda mais. Ao se tratar da graça de Deus, apenas se mencionava a presença do Espírito Santo no fiel que, ao ser justificado, era "templo do Espírito Santo", que então lhe comunicava sua luz, sua força e seus dons. Entretanto, essa teologia da inabitação trinitária no fiel não mencionava referência alguma à Igreja. A antropologia teológica se encontrava separada da eclesiologia, embora tanto o Novo Testamento, os Santos Padres, Santo Tomás de Aquino, bem como a tradição do Oriente testemunhem exatamente o contrário.[23]

De fato, tanto Paulo como João atestam que o Espírito Santo é *dado à Igreja*: o Pai *vos* dará o Espírito, *vos* enviará; o Espírito *vos* ensinará, *vos* conduzirá, *vos* fará conhecer... (Jo 14 e 16). "O amor de Deus foi derramado em *nossos* corações pelo Espírito Santo que *nos* foi dado" (Rm 5, 5). Em Pentecostes, o Espírito é derramado sobre os presentes (At 1,15) e Paulo afirma que a diversidade dos dons concedida a todos constitui um único corpo, pois provém do mesmo Espírito (1Cor 12,4-11). Observamos que os destinatários do Espírito são nomeados sempre no plural.

Pois não haveria Igreja sem a escuta e o acolhimento na fé do querigma salvífico, a saber, da *Palavra* que anuncia Jesus Cristo, e essa opção é obra do Espírito Santo (1Cor 12,3). É o Espírito que nos orienta para uma interpretação correta do evento Jesus Cristo.[24] Portanto, "a Igreja da Palavra é necessariamente a Igreja do Espírito".[25] O culto agradável a Deus consiste na oferta da própria vida (Rm 12,1), mas esse *culto espiritual* é fruto da ação do Espírito em nós (Fl 3,3). Seríamos incapazes de rezar se o Espírito não viesse em nossa ajuda (Rm 8,26), levando-nos a ousar

---

[22] No Novo Código de Direito Canônico o Espírito Santo é mencionado apenas em sete cânones limitados a algumas áreas da Igreja, fato este que implica uma opção eclesiológica distorcida. Ver J. A. CORIDEN, "The Holy Spirit and Church Governance", *The Jurist* 66 (2006) p. 339-373.

[23] E. T. GROPPE, "The Contribution of Yves Congar's Theology of the Holy Spirit", *Theological Studies* 62 (2001) p. 452-456.

[24] Y. CONGAR, *A Palavra e o Espírito*, São Paulo, Loyola, 1989, p. 45.

[25] H. U. V. BALTHASAR, *Theologik III. Der Geist der Wahrheit*, Basel, Johannes, 1987, p. 353.

invocar Deus como Pai (Gl 4,6; Rm 8,15), e suscitando nossas preces e pedidos (Ef 6,18). Também as celebrações litúrgicas da Igreja são obra do Espírito, atuante nos participantes e principal fator da eficácia dos sacramentos, tal como vemos na epiclese da Eucaristia, tão forte entre os orientais. Na verdade, todas as ações salvíficas da Igreja são epicléticas;[26] poderíamos mesmo afirmar que toda a vida da Igreja é epiclética, sem mais. Daí a declaração de Santo Irineu: "Onde está a Igreja (comunidade de fiéis), aí está o Espírito de Deus".[27]

É, sobretudo, a participação de todos no mesmo Espírito que constitui a *comunhão* de todos: "A comunhão do Espírito Santo" (2Cor 13,13); note-se que aqui se trata de um genitivo objetivo. Ela implica comunhão nos bens provindos de Deus: no mesmo Evangelho (Fl 1,5), na mesma fé (Fl 1,6), no mesmo Deus (1Jo 1,3), no mesmo Cristo (1Cor 1,9), na mesma Eucaristia (1Cor 10,16). Ainda mais. O Espírito que esteve presente e atuante durante toda a existência de Jesus, testemunhado em seu nascimento (Lc 1,35), em seu batismo (Mc 1,10s) e em sua ressurreição (Rm 1,4), bem como ao longo de seus dias na obediência contínua ao Pai e na entrega de sua vida por nós, é o mesmo Espírito que atua hoje nos cristãos (LG 7), o Espírito de Cristo ressuscitado, para plasmar neles uma existência semelhante à de Cristo (Fl 3,11s), constituindo-os assim filhos de Deus. Como afirma Congar: "O Senhor e o Espírito atuam na mesma esfera e fazem o mesmo. O Senhor atua como Espírito e o Espírito realiza a obra do Senhor".[28] Uma correta eclesiologia pneumatológica pressupõe, assim, uma adequada cristologia pneumatológica.

Daqui se seguem *consequências* importantes para o nosso tema.[29] A primeira delas indica ser o Espírito Santo a fonte última dos carismas na Igreja. Ele atua nos cristãos dotados de talentos humanos diversos, estimulando-os a investir tais carismas na construção do Reino de Deus,

---

[26] Y. CONGAR, *Je crois en l'Esprit Saint III*, Paris, Cerf, 1980, p. 343-351.

[27] *Adv. Haer. III, 24, 1.*

[28] Y. CONGAR, "Pneumatologie Dogmatique", em: B. LAURET-F. REFOULÉ (dir.), *Initiation à la pratique de la théologie II*, Cerf, Paris, 1988, p. 508.

[29] V. CODINA, *"No extingais el Espíritu" (1Ts 5,19)*. Una iniciación a la Pneumatología, Santander, Sal Terrae, 2008, p. 71-159.

bem como lhes concedendo seus dons em vista da edificação da Igreja. Desse modo, a *plenitude* do Espírito na Igreja reside na *totalidade* dos diversos carismas ou ministérios concedidos a todos os seus membros. Já que todos são dotados de algum deles devem consequentemente poder exercê-los. Daí silenciar autoritariamente, não dar espaço para a manifestação desses carismas, ou tempo para seu amadurecimento, seria como procurar "extinguir o Espírito" (1Ts 5,19). Naturalmente não se nega a necessidade do discernimento (1Ts 5,21), como já observara Paulo: "Que seja para a edificação da assembleia" (1Cor 14,12). Esse discernimento dos espíritos, embora seja um carisma particular (1Cor 12,10), também pode ser realizado pela comunidade (1Cor 14,29; 1Jo 4,1).

É a partir dessas mesmas verdades que o Concílio Vaticano fala de um sentido da fé (*sensus fidei*) presente em todos os membros da Igreja, "excitado e sustentado pelo Espírito da verdade" e que lhes possibilita com reto juízo mais profundamente penetrá-la e mais plenamente aplicá-la à vida (LG 12). Daqui também se abre a possibilidade de um múnus profético "através dos leigos", que não se limita só a uma atuação na sociedade, mas que da mesma forma incide no interior da Igreja (LG 35). Podemos assim concluir que a representação tradicional de uma parte ativa e de outra passiva na Igreja contraria os dados da Escritura, empobrece a comunidade e deve ser eliminada. Toda a ação do Espírito nos fiéis é eclesial, pois fundamenta, vivifica, enriquece e desenvolve a comunhão com Deus e com os demais membros. E, no fundo, a Igreja é essa comunidade humana vivendo no Espírito de Cristo e continuando sua obra de propagar o Reino de Deus.

IV. O sujeito eclesial pressupõe uma nova configuração eclesial

1. A instituição condiciona o indivíduo

Já observamos que o indivíduo sofre forte influência da sociedade na qual se encontra e que, portanto, a consciência de ser sujeito eclesial não pode prescindir da Igreja concreta na qual vive. Essa afirmação merece uma maior reflexão de nossa parte.[30] Pois a sociedade, de modo geral, se institucionaliza a partir dos próprios seres humanos enquanto agem como atores sociais, expressando uma determinada visão do mundo, bem como comportamentos e práticas partilhadas. Finalmente, para que possam perdurar, cristaliza-as em instituições a serem respeitadas por todos. Desse modo, a institucionalização organiza sensatamente as experiências humanas e oferece unidade para um grupo social. Essa produção humana aparece aos olhos dos que nela vivem como uma realidade *objetiva*, devidamente justificada, que acaba por plasmar compreensões da realidade e comportamentos correspondentes. Afastar-se dela significa não só um desvio social, mas uma oposição à realidade.

Essa visão da realidade (com seus comportamentos e instituições respectivas) se sedimenta e passa para as gerações posteriores, constituindo a *tradição* que lhes oferece a orientação na vida, a identidade social, o lugar ou o papel no respectivo grupo humano. Novas gerações se apropriam dessa herança social através de um processo de interiorização, que já acontece na fase infantil (socialização primária), mas que prossegue na vida do jovem e do adulto (socialização secundária).

Apliquemos essa análise à Igreja. Não vamos nos referir aos aspectos institucionais da Igreja provenientes da revelação. Estes não são mera produção humana e, portanto, não podem ser tocados. Tratamos dos aspectos institucionais enquanto criações humanas e que constituem uma determinada configuração eclesial, histórica, conjuntural, oportuna e adequada aos desafios de uma determinada época. Essa configuração *condiciona* necessariamente o cristão que nela vive, já que a vê como uma realidade objetiva, devidamente respeitada pelos demais membros da Igreja e à qual se ajusta sua mentalidade e seu comportamento. Desse modo, se a herança recebida apresentava uma configuração eclesial onde só a hierarquia tinha voz ativa e o comando das iniciativas, naturalmente o laicato se comportava como uma massa silenciosa, obediente e passiva. Mesmo que alguns tivessem a lucidez crítica de não aceitarem o *status*

---

[30] Ver P. BERGER; TH. LUCKMANN, *A construção social da realidade*, Petrópolis, Vozes, 1978[4].

quo que receberam, de manifestarem publicamente suas razões e seu descontentamento, o peso da instituição neutralizava tais protestos, pois a grande maioria continuava condicionada pela configuração respectiva que aparecia a seus olhos como objetiva e verdadeira.

Apliquemos essa análise ao nosso tema. Sem dúvida a ausência de um sujeito eclesial, como pedem os recentes documentos do magistério e como exige uma eclesiologia católica, se deve em grande parte à configuração medieval da Igreja, autoritária, vertical, clerical e com participação mínima dos fiéis. Se desejamos ter *discípulos missionários*, faz-se mister uma configuração que permita emergir uma nova mentalidade entre os fiéis na Igreja, que possibilite e estimule os novos comportamentos e as urgentes iniciativas que desejamos. Caso contrário, vamos banir importantes e oportunos pronunciamentos do magistério às prateleiras das bibliotecas, privando-os de uma real incidência na vida concreta da Igreja. Daí a necessidade de uma adequada configuração institucional para a constituição de um autêntico sujeito eclesial.

2. O Espírito Santo como coinstituinte da Igreja

Do que vimos anteriormente, já deve ter ficado claro que nada acontece na Igreja do ponto de vista salvífico sem a presença e a atuação do Espírito nos cristãos. Porém, essa ação apresenta uma dimensão eclesial que lhe é *intrínseca*, a tal ponto que repercute na própria configuração institucional da Igreja. Trata-se, portanto, de se ter em devida consideração o que está implicado, também do ponto de vista institucional, numa eclesiologia pneumatológica. O que resulta para o *status* de alguém na Igreja o fato de ter acolhido na fé a pregação da Palavra de Deus e de ter essa fé celebrada nos sacramentos, especialmente no Batismo e na Eucaristia? Em todos esses eventos está presente e atuante o Espírito Santo. Daí nasce a pergunta: sua ação restringe-se somente ao âmbito da individualidade ou tem inevitavelmente uma consequência no âmbito comunitário e institucional?

A resposta a esta pergunta tem *sérias consequências* não só para uma concepção de Igreja em geral, porém mais especificamente para temas centrais como a Igreja local, o papel do bispo em sua diocese, a incultu-ração da fé, a múltipla participação dos fiéis na ação pastoral, no próprio governo e mesmo na configuração concreta da Igreja local e, sobretudo, na consciência de que são sujeitos na comunidade eclesial, cujas estrutu-ras devem não impedi-los, mas estimulá-los a assumir sua condição de membros da Igreja em toda a sua amplitude. Vejamos.

O batizado se torna cidadão do Povo de Deus, membro de Jesus Cristo e templo do Espírito Santo. Desfruta assim de uma dignidade comum a todos os que pertencem à comunidade eclesial e é nela incluído através dos sacramentos. De fato, os sacramentos não são apenas "sinais da graça", mas introduzem os cristãos num *status novo*, determinando relações peculiares com Deus e com os demais irmãos. Os sacramentos são responsáveis por uma *institucionalidade fundamental*[31] da Igreja, verdade essa que não passou despercebida a Santo Tomás de Aquino.[32] Por ter a sua procedência em Jesus Cristo, é este *direito da graça* mais fundamental que o direito legislativo,[33] sem negar que este último seja legítimo e necessário, pois a comunidade eclesial deve estar organizada e ser devidamente administrada. Porém, as normas legislativas não deveriam impedir o direito institucional, como se observa hoje com a desvalorização da Igreja local, da competência dos bispos residenciais, da participação dos fiéis na vida da Igreja, do papel das Conferências Episcopais, para citar alguns exemplos.

Para Legrand, mais correto seria o direito legislativo ser medido pelo direito da graça. Ele menciona uma alocução de Paulo VI que corrobora sua tese[34] e cita, como exemplo que não deveria acontecer, o caso do

---

[31] H.-M. LEGRAND, "Grâce et institution dans l'Église: les fondements théologiques du droit canonique", em: *L'Église: institution et foi*, Bruxelles, 1979, p. 139-172, aqui p. 161.

[32] *Summa Theologica*, IIIa, q. 64, art. 2, ad 3um. Citado por H. Legrand, art. cit., p. 162.

[33] Essa é, para Y. Congar, a visão do Vaticano II. Ver, desse autor, *A Palavra e o Espírito*, São Paulo, Loyola, 1989, p. 95. Ver ainda R. CHÉNO, "Les *Retractationes* d'Yves Congar sur le rôle de l'Esprit Saint dans les institutions ecclésiales", *Révue de Sciences Philosophiques et Théologiques* 91 (2007) p. 265-284.

[34] "Votre première préoccupation ne será donc pas d'établir un ordre juridique calqué sur le droit civil, mais d'approfondir l'action de l'Esprit qui doit s'exprimer aussi dans le droit de l'Église". Paulo VI, Alocução ao Congresso Internacional de Direito Canônico (17/09/1973), em: *La Documentation Catholique*, 70 (1973) p. 804, citado por Legrand, art. cit., p. 167, nota 36.

celibato do clero latino, que pode estar privando os fiéis de uma participação frequente da Eucaristia. Sua tese aponta para uma das causas das atuais dificuldades com a instituição eclesial por parte dos fiéis, dada a fraqueza dos fundamentos teológicos de algumas normas vigentes. Naturalmente ela vai exigir um longo processo de institucionalização na Igreja, pela complexidade da matéria. No fundo Legrand assume a posição de H. Dombois,[35] que considera "a Igreja como a concreção jurídica dos processos e das relações constitutivas da realidade cristã", ou como "um conjunto orgânico de processos institucionais e sacramentais".[36]

Além do que já foi mencionado anteriormente sobre a ação do Espírito Santo, é necessário enfatizar que essa ação visa à construção da comunidade, não se esgotando apenas no cristão como indivíduo. Já desde o início do cristianismo, o Espírito não é apenas o princípio de comunhão entre os fiéis, mas através deles continua agindo em vista da edificação do Corpo de Cristo (1Cor 12.14). O Concílio Vaticano II expressa também claramente essa ação do Espírito na Igreja "que a dota e dirige mediante os diversos dons hierárquicos e carismáticos" (LG 4), e assim torna os fiéis "aptos e prontos a tomarem sobre si os vários trabalhos e ofícios" (LG 12). Desse modo, "os fiéis devem colaborar no Evangelho, cada um conforme sua oportunidade, faculdade, carisma e função" (AG 28). Daí a afirmação taxativa do Concílio:

> Da aceitação desses carismas, mesmo dos mais simples, nasce em favor de cada um dos fiéis o direito e o dever de exercê-los para o bem dos homens e a edificação da Igreja, dentro da Igreja e do mundo, na liberdade do Espírito Santo, que "sopra onde quer" (Jo 3,8), e ao mesmo tempo na comunhão com os irmãos em Cristo, sobretudo com seus pastores (AA 3).

E também a afirmação de Congar: "A Igreja não foi fundada somente na origem: Deus a constrói ativamente sem cessar. Essa é a ideia expressa em 1Cor 12".[37] Aí temos a função do Espírito Santo, sujeito transcendente

---

[35] *Das Recht der Gnade. Ökumenisches Kirchenrecht*, Witten, 1969.
[36] LEGRAND, art. cit., p. 170.
[37] CONGAR, *A Palavra e o sopro*, p. 94.

da Tradição viva e garantia de sua fidelidade (2Tm 1,14). É o Cristo glorificado que continua agindo na Igreja por seu Espírito. Através dele leva os fiéis a enfrentarem com criatividade e coragem os novos desafios postos pela história, dando uma configuração institucional adequada à sua Igreja. E como princípio de comunhão entre os fiéis dá origem a instituições que possibilitem essa comunhão, podendo ser considerado como princípio constituinte da Igreja.[38]

Poderíamos reforçar essa tese com as consequências negativas que resultam de uma carência pneumatológica na eclesiologia. A instituição permanece exterior ao indivíduo, que não contribui institucionalmente, já que a ação do Espírito se limita ao âmbito de sua vida espiritual, não conseguindo uma expressão social e jurídica e favorecendo uma concepção individualista da salvação. Surge então um hiato entre a hierarquia e a comunidade dos fiéis.[39] Daí a emergência de uma classe clerical, de uma mentalidade anti-institucional ou mesmo de um pentecostalismo como reação a essa situação.

3. A importância da Igreja local para a emergência do sujeito eclesial

Todo cristão se encontra inserido numa comunidade eclesial através da qual teve acesso e pôde acolher a pessoa e a mensagem de Jesus Cristo. Igreja para ele será principalmente essa comunidade concreta, localizada no tempo e no espaço, com suas riquezas e limitações, com sua linguagem e suas práticas. Por habitar o mesmo contexto sociocultural de sua comunidade, o cristão pode melhor compreendê-la, mais facilmente escutá-la, mais diretamente nela participar, mais objetivamente avaliá-la. Numa palavra, em sua Igreja local o cristão encontra *maior possibilidade* de chegar a ser nela um sujeito verdadeiramente consciente e ativo. Esse tema pede de nós uma reflexão posterior, pois a Igreja local é Igreja Católica como as demais Igrejas locais. Em que se distingue ela das outras? O que

---

[38] J. D. ZIZIOULAS, *Being as Communion*, London, Darton-Longman-Todd, 1985, p. 140.
[39] LEGRAND, art. cit., p. 148-154.

a caracteriza? Pode ela sofrer uma transformação de cunho institucional sem perder sua identidade?

O Concílio Vaticano II emprega tanto a expressão "Igreja particular" (designando especialmente dioceses) como também o termo "Igreja local" (designando dioceses, patriarcados e também comunidades em torno da Eucaristia).[40] Preferimos esta última expressão para designar comunidades eucarísticas, dioceses ou conjunto de dioceses (Regionais, Conferências Episcopais Nacionais ou Continentais). Ao afirmarmos ser a Igreja o Povo de Deus, o Corpo de Cristo, o Templo do Espírito Santo, a Comunhão de todos os seus membros com Deus e entre si, estamos caracterizando-a *a partir de Deus*. Essas afirmações têm sua fonte no testemunho do Novo Testamento, na própria revelação de Deus. Podemos também afirmar que elas deitam suas raízes numa realidade teologal vivida e experimentada pelos primeiros cristãos. Observemos ainda que a Igreja existe por pura iniciativa de Deus, primeira, gratuita, fundante. Jamais uma compreensão da Igreja que prescinda da fé conseguirá determinar corretamente sua identidade, pois deixará de fora sua dimensão transcendente: a presença e a atuação do Espírito Santo em cada membro e na comunidade.

O Documento do Concílio Vaticano II *Christus Dominus* (n. 11) assim define a Igreja local:

> Diocese é a porção do Povo de Deus confiada a um Bispo para que a pastoreie em cooperação com o presbitério. Assim essa porção, aderindo ao seu pastor e por ele congregada no Espírito Santo mediante o Evangelho e a Eucaristia, constitui uma Igreja Particular. Nela verdadeiramente reside e opera a Una, Santa, Católica e Apostólica Igreja de Cristo.

Desse modo, podemos elencar os *elementos teológicos* que constituem a Igreja sem mais: a iniciativa do *Pai*, a ação salvífica de *Jesus Cristo*, a

---

[40] H. LEGRAND, "La réalisation de l'Église en un lieu", em: *Initiation à la pratique de la théologie III*, Paris, Cerf, 1993, p. 145s. O Novo Código de Direito Canônico preferiu a expressão "Igreja particular" para designar a diocese, fato esse lamentado por bons eclesiólogos, que preferem falar de "Igreja local". Ver S. DIANICH, *Trattato sulla Chiesa*, p. 345s, que assume esse termo e ainda menciona E. Lanne, J. Ratzinger, A. Amato, F. Klostermann, J.A. Komonchak como sendo de igual parecer.

atuação do *Espírito Santo* nos fiéis que os capacita a confessarem na *fé* a divindade de Cristo, a celebração dessa fé nos *sacramentos*, especialmente no Batismo e na Eucaristia, a constituição de uma *comunidade* presidida pelo *ministério ordenado*.

Já vimos anteriormente ser a fé o fundamento da Igreja, sempre professada dentro de um contexto sociocultural e de uma época histórica. A fé da comunidade, da qual participa a fé do indivíduo, tende naturalmente a se expressar e se transmitir por meio de doutrinas, ritos, práticas, organizações sociais, funções e papéis, que significam a institucionalização de uma experiência salvífica primeira. Realmente a fé de uma comunidade tende a se institucionalizar para poder perdurar. Daí a recomendação do magistério eclesiástico: a Igreja local deve assumir as características próprias de cada povo ou região (LG 13). Para isso terá de se inserir no contexto sociocultural onde se encontra (AG 10), aproveitando a sabedoria, as artes e as instituições dos povos para expressar a glória do Criador (AG 22). Daí a importância da Igreja local em nossos dias, que deverá estar atenta à ação do Espírito, como vimos anteriormente, e aberta a novos modos de viver o seguimento de Cristo, a novas formas de organização da comunidade, a novas dimensões da fé. Esse processo está a serviço do encontro salvífico do ser humano com Deus, a saber, como mediação que facilita e promove esse encontro. Só assim a Igreja pode ser realmente *sacramento da salvação de Jesus Cristo* para o mundo. Só assim ela consegue ser uma realidade *significativa* para seus membros e para a sociedade.

Uma Igreja devidamente inculturada possibilita melhor a vivência da fé de seus membros, pois a ação de Deus se encontra contextualmente sedimentada nas doutrinas, práticas, liturgias, pastorais. Eles captam melhor o que implica ser cristão nesse contexto particular. E podem, assim, melhor *colaborar* na construção e na irradiação apostólica de sua Igreja. Porque, numa eclesiologia de comunhão, como vimos até aqui, essa tarefa de configuração não deve ser realizada apenas pelo bispo,[41] já

---

[41] Intencionalmente não entraremos na questão das relações da Igreja local com as demais Igrejas e com a Sede Romana, reconhecendo que houve pronunciamentos do magistério que limitam afirmações conciliares e que acabam por incidir negativamente em nosso tema. Ver M. DE

que todos os membros da comunidade, ao professarem sua fé e viverem o seguimento de Cristo, estão enfrentando os mesmos desafios postos pelo contexto, buscando expressões e práticas adequadas para sua vida cristã e para sua ação missionária. Portanto, só à medida que a autoridade eclesiástica for capaz de ouvir, dialogar, abrir espaços de participação e potenciar os fiéis, eles poderão ser realmente *sujeitos eclesiais*.

V. O sujeito eclesial pressupõe liberdade interior e amor à Igreja

Depois de termos abordado a necessidade de uma nova mentalidade e de uma nova configuração para que possamos ter realmente na Igreja um "sujeito eclesial", vejamos os *requisitos no próprio indivíduo* para que este possa desempenhar o papel ativo que lhe cabe na construção e na missão da comunidade eclesial. Não pretendemos tanto apresentar soluções para determinadas tensões que ocorrem no interior da Igreja, quanto ajudar o cristão, devidamente preparado, a melhor entendê-las, abordá-las e posicionar-se diante delas. Naturalmente aparecerá uma figura ideal, cujos traços dificilmente poderão ser encontrados na mesma pessoa, mas que surge como uma meta para a qual todos nós deveríamos tender. Também não precisamos repetir que essa maturidade tanto mais autêntica será quanto mais estiver construída sobre uma maturidade emocional, intelectual e social.

1. A liberdade interior

Se a maturidade eclesial implica a capacidade de avaliar objetivamente e de agir coerentemente por parte do indivíduo, então se impõe o exame prévio da existência ou não da liberdade interior. Caso contrário, outros elementos podem ditar nosso juízo, como o poder, a honra, o cargo hierárquico, a ciência adquirida, a vaidade. Como desmascará-los? Podemos

---

FRANÇA MIRANDA, "Igreja local", *Atualidade Teológica* 14 (2010) p. 51-54, e, sobretudo, H. LEGRAND, "The Bishop in the Church and the Church in the Bishop", *The Jurist* 66 (2006) p. 70-92.

elencar *três critérios* que nos parecem decisivos,[42] inspirados nos Exercícios Espirituais de Santo Inácio de Loyola, os quais constituem, sem dúvida, uma autêntica pedagogia da liberdade. Primeiramente seguir em tudo o modo de proceder de Jesus Cristo, através do estudo e da meditação de sua vida. Em segundo lugar buscar sempre como meta o Reino de Deus para não ceder a qualquer outro objetivo de cunho humano. Finalmente, voltar-se para o que significa serviço autêntico e escondido, desprovido de poder e prestígio. Somente a liberdade interior nos livra da ambição, do medo, do desejo de granjear favor ou de descarregar ressentimentos, que impedem de início um juízo objetivo sobre questões surgidas no interior da Igreja.

Deixemos claro, entretanto, que a liberdade interior não significa primeiramente uma conquista humana, pois ela é *fruto do Espírito Santo* (2 Cor 3,17). De fato "Cristo nos libertou para a liberdade" (Gl 5,1) pode sintetizar com outros termos o que significa a salvação que trouxe para nós. Mas ela implica também que essa liberdade não constitui apenas um dom, mas também uma tarefa: "se vivemos pelo Espírito, pelo Espírito pautemos também nossa conduta" (Gl 5,25). Entretanto essa ação libertadora do Espírito de Deus se exerce num ser humano dotado de um corpo com suas exigências, inserido numa sociedade com seu horizonte cultural e sua estrutura organizativa, bem como sujeito ao imperativo de estar sempre interpretando a realidade a partir de suas experiências, de seus conhecimentos e, portanto, de seus pontos de vista. Só assim ele poderá tomar posição, reagir, aderir ou rechaçar o que o seu entorno lhe oferece.

Essa afirmação não oferecia tanta dificuldade no passado, pois a cultura era homogênea, partilhada de certo modo por todos os membros da sociedade, pautando assim tanto os juízos como as práticas de seus habitantes. Podia-se presumir uma visão da realidade com seu *éthos* correspondente (sua escala de valores e suas práticas) como patrimônio comum partilhado por todos na sociedade. Hoje vivemos outra situação, pois a sociedade é pluralista, com visões e práticas múltiplas que coexistem

---

[42] Ver M. J. BUCKLEY S.J., *Papal Primacy and the Episcopate.Towards a relational Understanding*, New York, Crossroad Herder, 1998, p. 23-31.

lado a lado, constituindo pequenos mundos que nos são estranhos. Pois somos continuamente interpelados e bombardeados por uma enorme e sucessiva massa de novos dados que não conseguimos absorver. Daí a *dificuldade intransponível* de chegarmos honestamente a um juízo objetivo e a um comportamento responsável diante da realidade, que ostente a mesma consistência e o mesmo valor que gozava no passado. Já foi observado que hoje nossa visão do mundo deve vir envolta no reconhecimento e na *humildade* de quem tem profunda consciência da limitação de seus conhecimentos.[43]

Daí também a necessidade de estarmos abertos aos outros e sabermos dialogar, atitude que deveria ser assumida por todos na Igreja, autoridades ou não. Pois há setores da sociedade que desconhecemos e locais onde jamais pisamos, cuja linguagem e prática de vida ignoramos e que só no *diálogo* franco e aberto poderão alargar nossos sempre limitados horizontes. Essa afirmação vale, sobretudo, para a hierarquia eclesiástica, dado o papel importante que desempenha na comunidade eclesial.[44] Só assim poderemos tornar realidade a *eclesiologia de comunhão* subjacente aos textos do Concílio Vaticano II, que não significa privar o ministério ordenado da autoridade que lhe cabe, mas ajudá-lo a melhor exercê-la. Ambas as partes, hierarquia e não hierarquia, devem gozar de liberdade interior para ouvir e seguir o que lhes diz o Espírito não só através dos eventos, mas também dos demais interlocutores.

Além disso, sendo a atual sociedade pluralista este fato acaba por incidir no interior da própria Igreja. Pois cada um só pode crer e viver sua fé a partir de sua própria realidade, talvez bem diversa da de outros que professam a mesma fé cristã. Temos que vencer o equívoco do passado que entendia unidade como uniformidade, ignorando como vivia a Igreja no primeiro milênio e impedindo a urgente inculturação da fé, preconizada pela Igreja em nossos dias. Faz-se mister, hoje mais do que nunca, saber *aceitar o diferente* dentro da Igreja, sem considerá-lo uma ameaça

---

[43] K. RAHNER, "Der mündige Christ", *Schriften zur Theologie XV*, Einsiedeln, Benziger, 1983, p. 120-122.

[44] S. J. POPE (ed.), *Common Calling. The Laity & Governance of the Catholic Church*, Washington, Georgetown University Press, 2004.

ou um adversário. Saber acolher o que não pensa como nós, devido a seu contexto, a suas experiências, a sua formação. Embora confessando a mesma fé nenhum de nós detém o monopólio do discurso único e universal, pois o mesmo, ao se expressar, inevitavelmente denuncia o solo particular de onde brotou.[45]

Entretanto, apesar de nossa boa vontade e de nossa reta intenção, podemos sucumbir a diversas modalidades de *condicionamentos*. A começar por nossa visão teológica da própria Igreja, que enquanto insuficiente, deformada, ou idealizada, acaba por repercutir em nossa atitude diante dela. Conhecimentos fundamentais de *eclesiologia* garantem uma apreciação mais correta dos fatos, embora saibamos que nem o Concílio Vaticano II chegou a uma só compreensão teológica da Igreja.[46] Mais sorrateiros são os condicionamentos de cunho *psicológico* camuflados em posicionamentos extremos e unilaterais, sejam de cunho tradicionalista, sejam de teor revolucionário. Do mesmo modo temos enorme dificuldade em transcendermos a nossa *classe social*. Nós somos, de certo modo, prisioneiros de visões do mundo, linguagens, práticas sociais, preconceitos latentes ou patentes, que podem impedir um olhar objetivo e, consequentemente, um comportamento correspondente em relação à Igreja. Também a *cultura* onde nos encontramos nos impõe vermos a Igreja a partir de suas características fundamentais, pois nossa concepção de Igreja consiste sempre num amálgama do dado revelado e do nosso horizonte cultural.

Temos ainda de estar atentos às *tentações* em relação à Igreja. Sucumbimos a elas quando consideramos a Igreja exclusivamente a partir de nossa ótica, eternizando uma configuração que nos seja familiar e cômoda e criticando qualquer mudança realizada pelos responsáveis. Também a *cultura da eficácia* e da produtividade, hoje reinante, nos faz considerar a Igreja como uma instituição com escassos resultados visíveis, devido a sua maneira de ser e de agir, considerada incompatível com a sociedade atual. Confunde-se, assim, Igreja e Reino de Deus. Aplicam-se à Igreja os

---

[45]   M. DE FRANÇA MIRANDA, *Existência cristã hoje*, S. Paulo, Loyola, 2005, p. 95-112.

[46]   A. ACERBI, *Due ecclesiologie. Ecclesiologia giuridica ed ecclesiologia di communione nella Lumen Gentium*, Bologna, EDB, 1975; M. KEHL, *A Igreja. Uma eclesiologia católica*, S. Paulo, Loyola, 1997, p. 98.

critérios empresariais de sucesso ou de fracasso. Nivela-se, desse modo, a Igreja a qualquer outra instituição social. Tentação forte em nossos dias pelo aparecimento e desenvolvimento das ciências da religião, sempre que alguns presumem poder emitir um juízo sobre uma realidade que as ultrapassa. Talvez subjacente às nossas tentações esteja a Igreja da cristandade dotada de poder, prestígio, influência social, recursos. Não estaremos esquecendo que a salvação nos veio pela "kênose" do Filho de Deus, que instaurou e propagou o Reino de Deus através dos mais pobres e insignificantes da sociedade, que aos olhos do mundo fracassou em seu objetivo, e que demonstrou a força de Deus na fraqueza humana?[47]

2. Amor à *Igreja concreta*

Se aceitamos na fé a pessoa de Jesus Cristo como sentido último de nossas vidas, se vivemos a aventura da vida guiados pelos valores evangélicos, se nos vemos rodeados de tanta gente boa que nos ajuda e estimula para o bem, tudo isso *devemos à Igreja*. Igreja não enquanto apenas hierarquia, mas enquanto *comunidade dos fiéis* à qual pertencemos. Nossos pais, nossas mães, nossos parentes, nossos catequistas e educadores, nossos amigos, colegas de trabalho, nossos párocos, enfim todos aqueles que deixaram marcas em nossa caminhada pela vida. É a Igreja que nos gera, educa, alimenta, corrige, anima e conduz para Deus e para os irmãos. Mas é importante que essa verdade brote de nossa própria existência de cristãos, não como afirmação alheia que repetimos, mas como vivência pessoal que expressamos. Só assim amaremos a Igreja como mãe, só assim nos alegraremos com o testemunho de muitos de seus filhos, só assim sentiremos em nós os ataques feitos a ela, só assim sofreremos as falhas humanas que acontecem em seu interior. Só assim, finalmente, seremos autênticos sujeitos eclesiais.

Como já dizia Santo Agostinho: "É na medida em que se ama a Igreja de Cristo, que se possui o Espírito Santo".[48] Esse amor à *Igreja concreta* nos

---

[47] Quão atuais são as reflexões de H. DE LUBAC em sua obra *Méditation sur l'Église*, Paris, Aubier, 1968, p. 232-265.

[48] *In Johannem* 32, 8 (P.L. 35, 1646).

leva a uma atitude prévia de respeito, acatamento e estima, tanto diante dos pronunciamentos e decisões da hierarquia como igualmente diante das expressões simples da religiosidade popular. Esse mesmo amor nos faz vibrar com o heroísmo de alguns de seus filhos, bem como saber ter paciência com a mediocridade de outros. Nossa fé individual é sempre limitada, mas se expande e se completa na fé de toda a Igreja, da qual ela participa.[49] Assim, nossa sempre frágil adesão a Cristo e nosso inconsistente amor fraterno são sustentados pela caridade de todo o Povo de Deus.[50]

Por outro lado, o amor à Igreja não nos obriga a renunciarmos ao uso da razão ou a cairmos numa obediência mecânica. A história da Igreja nos ensina que também os santos souberam criticar pronunciamentos e comportamentos da hierarquia quando se fez necessário. Eles testemunhavam uma lucidez que provinha da própria experiência pessoal de uma vida fiel à ação do Espírito Santo, que lhes possibilitava um discernimento correto do que convinha ser dito (Fl 1,9s). Portanto, essa *crítica* brotava do amor pela Igreja, não do amor próprio, da vaidade, da autossuficiência intelectual, do desejo de aparecer. Hoje, sobretudo, a crítica à Igreja, quando levada à mídia, pode prejudicá-la bastante, pela força persuasiva dos meios de comunicação social.

Chegados ao final desta reflexão sobre o que implica a emergência do sujeito eclesial, constatamos que ela não é nada fácil pelos pressupostos que exige. Mas é necessário que todos nós promovamos esse *processo de transformação* na Igreja. Pois todos somos Igreja, todos somos responsáveis, todos somos construtores de uma nova mentalidade e de uma nova configuração, todos somos sujeitos eclesiais. As mudanças que desejamos dependem de todos nós. Porém, observemos que elas acontecem não somente quando conseguimos vê-las tornarem-se realidade, mas também quando somos contrariados mesmo injustamente. Pois através da tensão, do sofrimento e da decepção nos identificamos mais com o crucificado (Fl 3,10) e aprendemos a servir não a uma Igreja idealizada, mas à Igreja

---

[49] H. DE LUBAC, *La foi chrétienne. Essai sur la structure du Symbole des Apôtres*, Paris, Aubier, 19702, p. 216-226.

[50] K. RAHNER, *Curso fundamental da fé*, São Paulo, Paulinas, 1989, p. 452.

real, constituída por nós todos.[51] A fecundidade desse gesto pode passar despercebida aos contemporâneos, mas a história nos ensina que ele acaba por sensibilizar a própria Igreja nas gerações posteriores, como nos atestam tantos exemplos de teólogos e de santos cujo reconhecimento, embora tardio, não deixou de acontecer e de influenciar todo o corpo eclesial.

Ao finalizar esta reflexão, que se reconhece imperfeita e incompleta, já podemos deslumbrar a importante tarefa que nos incumbe, já que todos nós somos Igreja. Pois o projeto missionário de Aparecida afeta a todos na Igreja e, sobretudo, conta claramente com o empenho dos fiéis leigos e leigas, seja na sociedade, seja na própria Igreja. Para isso é preciso que os pressupostos anteriormente elencados sejam levados a sério pela hierarquia e demais responsáveis. Só assim a Igreja da América Latina realizará a contento sua missão de proclamar e implantar o Reino de Deus em nosso continente.

---

[51] K. RAHNER, *Betrachtungen zum ignatianischen Exerzitienbuch*, München, Kösel, 1965, p. 268.

VERDADES URGENTES PARA UMA RENOVAÇÃO ECLESIAL

Não podemos negar que hoje vivemos um momento crítico na sociedade e no próprio cristianismo. As rápidas e sucessivas mudanças socioculturais dos últimos decênios questionam fortemente um cristianismo expresso em linguagens e moldado em padrões mais próprios do passado, desvalorizando-o ou mesmo tornando-o simplesmente não significativo para nossos contemporâneos. Não pretendemos apontar *concretamente* essas transformações que atingem mentalidades e estruturas, e como elas desafiam representações e práticas do cristianismo tradicional, pois temática tão ampla não caberia num simples artigo. Vamos nos limitar ao impacto de alguns traços da atual sociedade na vida e na configuração institucional da Igreja Católica. Sua identidade e sua credibilidade só poderão manifestar-se em sua verdade à medida que tais desafios forem *devidamente considerados* numa reflexão eclesiológica.

Portanto, a finalidade desta nossa reflexão não é apresentar um modelo pronto de Igreja que solucionasse como num passe de mágica as dificuldades que hoje experimentamos. Mas não podemos nos contentar em apenas constatar a problemática como simples observadores, já que de fato, enquanto membros dessa Igreja, nós somos *atores* que, queira ou não, influenciam a atual situação eclesial. Aqui aparece mais claramente o objetivo e a limitação desta reflexão: reconhecemos que não dispomos de um conhecimento adequado de todos os fatores atuantes nessa questão e, menos ainda, de autoridade e meios para resolvê-la, mas podemos fornecer uma *fundamentação teológica* que estimule a busca por soluções concretas, pois é importante que todos colaborem numa nova mentalidade e numa adequada configuração eclesial que se faz cada vez mais urgente.

Desse modo, apesar de podermos tratar essa crise eclesial a partir de várias perspectivas, seja de ordem histórica, sociológica, cultural, filosófica e mesmo política, nossa abordagem será intencionalmente *teológica*. Partimos de uma afirmação que irá se comprovar em sua verdade ao longo desta exposição: hoje a configuração institucional da Igreja não corresponde em muitos aspectos à sua identidade teológica. Com outras palavras, a Igreja não deixa transparecer para nossos contemporâneos o que ela é realmente. Esse fato é *sumamente grave* para uma instituição que se compreende como sinal, sacramento, visibilidade histórica, referência inequívoca da nova comunidade humana construída pela ação salvífica de Deus, já presente na história e a caminho de sua realização perfeita na eternidade, bem como antecipadamente celebrada na ceia eucarística. Felizmente esse desencontro entre o ser e o aparecer não pode ser afirmado de toda a Igreja. Em muitas regiões do planeta, graças ao devotamento generoso e, por vezes, heroico de seus membros, a comunidade de fiéis irradia sua verdade e sua força para a sociedade, mesmo carecendo do apoio das autoridades competentes.

A reflexão teológica não significa repetir as verdades eclesiológicas já conhecidas, e sim esclarecer *por que* elas são pertinentes e urgentes nesta atual sociedade. Deixemos já claro que abraçamos aqui uma *opção teológica* de fundo, a qual considera seriamente a base antropológica das verdades de fé. De fato, o mistério de Deus se faz presente e atuante na história através da mediação humana, como nos comprovam as fontes da revelação. A humanidade de Cristo, a experiência do Espírito nos fiéis, os sinais sacramentais, a comunidade humana que constitui o Povo de Deus, a Palavra do querigma apostólico atuam como via de acesso a Deus transcendente e inacessível. A própria Igreja como realidade humano-divina (LG 8) nos confirma através de sua história como a sociedade influencia sua autocompreensão e sua estrutura institucional.[1] E isso acontece inevitavelmente, pois a comunidade humana que a constitui não está situada fora do tempo e do espaço.

Portanto, as raízes históricas, socioculturais e humanas dos dados teológicos receberão uma atenção especial nesta exposição. Mas nos

---

[1] Y. CONGAR, *L'Église de saint Augustin à l'époque moderne*, Cerf, Paris, 1970.

trarão inevitavelmente novos *desafios e problemas* de cunho pastoral cuja solução extrapola a finalidade deste texto e a competência do seu autor. Mas resolvemos correr o risco para evitarmos apenas repetir verdades teológicas, corretas mas teóricas e sem incidência na Igreja de hoje. Subjacente a toda essa exposição está o pressuposto de que toda configuração eclesial é *histórica* e deve ser superada sempre que desaparecer o contexto sociocultural onde nasceu, tornando-a inócua e não significativa.

Embora sejam múltiplas as insuficiências atuais da Igreja, escolhemos apenas três delas para nossa reflexão, por nos parecerem importantes. Primeiramente veremos o papel do *Espírito Santo* não só numa eclesiogênese dogmática, mas também numa configuração eclesial adequada. Em seguida, abordaremos a *problemática da fé* em nossos dias e a importância de um laicato adulto para vivê-la, expressá-la e irradiá-la. Finalmente apontaremos para a urgência e o valor do *testemunho* na crítica situação da atual sociedade. Veremos como cada um desses temas fará emergir novas questões para a teologia e para o governo da Igreja que deverão ser devidamente abordadas.

I. O Espírito Santo é também responsável pela institucionalização da Igreja

1. A dimensão eclesial da ação do Espírito Santo

Já é lugar-comum se afirmar que o *esquecimento* da pessoa do Espírito Santo na eclesiologia explica uma série de problemas com que se debate a Igreja do Ocidente em nossos dias. Mesmo que possamos matizar essa afirmação negando a partir da história um "cristomonismo" sem mais,[2] houve de fato uma limitação da ação do Espírito Santo, visto apenas como responsável em garantir a autenticidade da tradição e a autoridade dos atos do magistério. Com outras palavras, considerava-se o Espírito Santo patrimônio da hierarquia em vista da conservação da Igreja. Essa

---

[2] Y. GONGAR, "'Pneumatologie ou Christomonisme' dans la Tradition Latine", *EphTheoLov* 45 (1969) p. 394-416.

concepção era agravada por reinar nessa época uma eclesiologia de cunho fortemente jurídico.[3] No cristão o Espírito Santo era responsável pela vida da graça, enquanto fonte de luz e força para o indivíduo sem referência alguma à Igreja. De fato, a antropologia teológica se encontrava separada da eclesiologia apesar do testemunho contrário do Novo Testamento, dos Santos Padres, de Santo Tomás de Aquino e da tradição oriental.[4]

E aqui deve ser repetido o que vimos no capítulo anterior. De fato, tanto Paulo como João atestam que o Espírito Santo é *dado à Igreja*: o Pai *vos* dará o Espírito, *vos* enviará; o Espírito *vos* ensinará, *vos* conduzirá, *vos* fará conhecer... (Jo 14.16). Observamos que os destinatários do Espírito são nomeados sempre no plural.[5] Pois não haveria Igreja sem a escuta e o acolhimento na fé do querigma salvífico, sendo essa opção obra do Espírito Santo (1Cor 12,3). É o mesmo Espírito que nos orienta para interpretarmos corretamente o evento Jesus Cristo.[6] Portanto, "a Igreja da Palavra é necessariamente a Igreja do Espírito".[7] As celebrações litúrgicas da Igreja são também obras do Espírito, atuante nos participantes e principal fator da eficácia dos sacramentos, tal como vemos na epiclese da Eucaristia, tão valorizada entre os orientais. Na verdade, todas as ações salvíficas da Igreja são epicléticas.[8] Podemos mesmo afirmar que toda a vida da Igreja é epiclética sem mais. Daí a afirmação de Santo Irineu: "Onde está a Igreja (comunidade de fiéis), aí está o Espírito de Deus".[9]

A própria noção de *comunhão* que fundamenta o que entendemos por comunidade cristã provém da *participação* de todos no mesmo Espírito: "A comunhão do Espírito Santo" (2Cor 13,13), já que aqui se trata de um

---

[3]   Essa afirmação continua válida mesmo depois do Concílio Vaticano II, pois no Novo Código de Direito Canônico o Espírito Santo é mencionado apenas em sete cânones limitados a algumas áreas da Igreja, fato este que implica uma opção eclesiológica distorcida. Ver J. A. CORIDEN, "The Holy Spirit and Church Governance", *The Jurist* 66 (2006) p. 339-373.

[4]   E. T. GROPPE, "The Contribution of Yves Congar's Theology of the Holy Spirit", *Theological Studies* 62 (2001) p. 452-456.

[5]   Ver ainda Rm 5,5; At 1,15; 1Cor 12,4-11.

[6]   Y. CONGAR, *A Palavra e o Espírito*, Loyola, São Paulo, 1989, p. 45.

[7]   H. U. von BALTHASAR, *Theologik III. Der Geist der Wahrheit*, Johannes Verlag, Basel, 1987, p. 353.

[8]   Y. CONGAR, *Je crois em l'Esprit Saint III*, Cerf, Paris, 1980, p. 343-351.

[9]   *Adv. Haer.* III, 24, 1.

genitivo objetivo. Ela abrange a comunhão nos bens provindos de Deus: no mesmo Evangelho (Fl 1,5), na mesma fé (Fl 1,6), no mesmo Deus (1Jo 1,3), no mesmo Cristo (1Cor 1,9), na mesma Eucaristia (1Cor 10,16). Mais concretamente: o Espírito que esteve presente e atuante durante toda a *existência de Jesus*, testemunhado em seu nascimento (Lc 1,35), em seu batismo (Mc 1,10s) e em sua ressurreição (Rm 1,4), bem como ao longo de seus dias na obediência contínua ao Pai e na entrega de sua vida por nós, é o mesmo Espírito que atua hoje nos cristãos (LG 7), o Espírito de Cristo ressuscitado, para plasmar neles uma existência semelhante à de Cristo (Fl 3,11s), constituindo-os assim filhos de Deus. "O Senhor e o Espírito atuam na mesma esfera e fazem o mesmo. O Senhor atua como Espírito e o Espírito realiza a obra do Senhor".[10] Uma correta eclesiologia pneumatológica pressupõe uma adequada cristologia pneumatológica.

Daí a afirmação de Congar: "A Igreja não foi fundada somente na origem: Deus a *constrói ativamente sem cessar*. Essa é uma ideia expressa em 1Cor 12".[11] O Espírito é o sujeito transcendente da tradição viva e garantia de sua fidelidade (2Tm 1,14). Ele leva os fiéis a enfrentar com criatividade e coragem os novos desafios postos pela história, dando uma configuração adequada à sua Igreja. E como princípio de comunhão entre os fiéis, dá origem a instituições que possibilitem essa comunhão, podendo ser considerado *princípio constituinte* da Igreja.[12] Não somos demasiadamente uma Igreja instituída e não suficientemente uma Igreja instituinte?

2. A mediação humana da ação do Espírito

Estamos familiarizados com o ensinamento de São Paulo sobre os *dons do Espírito Santo* que, embora diversos, provêm da mesma fonte (1Cor 12,4). De fato, o Espírito distribui "a cada um os seus dons, segundo a sua vontade" (1Cor 12,11). São Paulo enumera e valoriza os diversos dons do Espírito Santo já que todos devem contribuir para a edificação da

---

[10] Y. CONGAR, "Pneumatologie Dogmatique", em: B. LAURET; F. REFOULÉ (Org.), *Initiation à la pratique de la théologie II*, Cerf, Paris, 1988, p. 508.

[11] Y. CONGAR, *A Palavra e o Espírito*, p. 94.

[12] J. D. ZIZIOULAS, *Being as Communion*, Darton/Longman/Todd, London, 1985, p. 140.

comunidade eclesial (1Cor 14,12.26). Desse modo, a plenitude da ação do Espírito Santo na Igreja reside na *totalidade* dos diversos dons ou carismas por Ele concedidos. Assim, ao respeitá-los, valorizá-los, dar-lhes espaço para serem realmente exercidos a Igreja se enriquece e se realiza plenamente. Silenciá-los autoritariamente significaria atingir o próprio Espírito (1Ts 5,19), embora se deva verificá-los "com discernimento" (1Ts 5,21), uma aptidão que Paulo supõe existente nos fiéis (1Cor 14,29; 1Ts 5,21).

Se fôssemos examinar os textos pneumatológicos de Paulo e, mais concretamente, os carismas resultantes da ação do Espírito, veríamos que a *mediação humana* que aí aflora se fundamenta nas próprias qualidades humanas dos fiéis, que as deveriam, isso sim, pô-las a serviço da comunidade eclesial. Pressupomos aqui os frutos do Espírito (Gl 5,22-25), no fundo o amor fraterno, que vale para todos em todas as épocas da história. Daqui surge a pergunta: qual é a mediação humana da ação do Espírito Santo em nossos dias? Hoje, mais do que no passado, temos uma forte consciência de que entendemos e vivemos nossa fé cristã a partir do horizonte cultural no qual estamos inseridos ou a partir do mundo concreto que habitamos. Sem dúvida alguma, muitos traços da atual sociedade, com seus apelos e suas práticas, nada apresentam de cristão, devendo ser evitados e combatidos. Entretanto, em meio às aspirações de nossos contemporâneos podemos também captar sinais provindos do Espírito, que deveriam assim ser acolhidos? Tem a sociedade algo a dizer para a Igreja?

Se considerarmos que a ação do Espírito Santo, dando vida, não se limita ao momento da criação (Gn 2,7), mas se prolonga (criação contínua), mantendo na existência todos os seres criados, então o ser humano está *constantemente* sob a ação salvífica desse mesmo Espírito. Essa ação o afeta no mais profundo do seu ser, atingindo suas atividades, suas produções, suas criações. Daí sua busca incansável e sua exigência ininterrupta de amor, verdade, beleza, justiça, sentido, expressões diversas de um inato dinamismo para aquilo que o transcende. Essa atuação do Espírito sedimenta-se também nas *culturas*, já que todas elas, enquanto produções humanas, buscam o bem do ser humano, a verdade, a pacífica convivência humana. De fato, a atuação do Espírito "anima, purifica e fortalece também aquelas aspirações generosas com as quais a família humana se esforça por tornar mais humana sua própria existência" (GS 38). Daí a afirmação de João Paulo II: "A presença e a ação do Espírito não atingem apenas os indivíduos, mas também a sociedade e a história, os povos, as culturas e as religiões" (RMi 28).

Nesse sentido podemos compreender que a Igreja possa e deva *aprender da sociedade* e da cultura de cada época não só a linguagem para expressar sua mensagem, mas também a *vida humana social* (GS 44). A Igreja não existe fora do mundo nem recebe diretamente do céu os meios de se comunicar e de se organizar ao longo da história. Tais instrumentos lhe são oferecidos pela sociedade. Já no *Novo Testamento* encontramos formas diferenciadas de comunidade, de vida comunitária e de estruturas eclesiais, devido aos contextos respectivos ou ao passar do tempo.[13] Assim, a imagem da Igreja nas Cartas Pastorais concede grande importância à autoridade na comunidade para que a ordem fosse mantida devido aos erros doutrinários que a ameaçavam. Já a organização eclesial que emerge dos Atos dos Apóstolos, embora respeitando o papel dos pastores da comunidade, apresenta uma comunidade que participa ativamente das suas decisões. As Cartas Paulinas nos manifestam uma comunidade composta de judeus e não judeus, capaz de cuidar de si própria em virtude da ação do Espírito Santo, que distribui a todos seus membros dons e carismas específicos em vista da unidade, da ordem e da edificação da própria Igreja, e que, portanto, devem ser respeitados. Através da imagem de um corpo, tanto a unidade como a diversidade são necessárias. A participação de todos permite sem dúvida um melhor confronto com a sociedade evolvente.

Esses fatos demonstram que a configuração da Igreja, mantido o que dela provém da própria revelação, deve saber corresponder aos desafios de cada época. Mais tarde (180-260), a enorme entrada de novos membros transforma o cristianismo numa religião de massa, fazendo com que se fortifique o monoepiscopado e surja a distinção entre clero e laicato. No século IV a sociedade civil organizada com seu corpo de funcionários

---

[13]   J. GNILKA, Strukturen der Kirche nach dem Neuen Testament, em: J. SCHREINER (Hrsg.), *Die Kirche im Wandel der Gesellschaft*, Würzburg, 1970, p. 30-40.

influencia a estrutura hierárquica da Igreja.[14] Poderíamos mencionar outros momentos históricos que repercutiram fortemente na vida interna da Igreja, como a hierarquização social própria do regime feudal, a questão das investiduras e da desapropriação dos bens eclesiásticos, a reação ao absolutismo reinante na Europa, a concepção da Igreja como sociedade perfeita diante da sociedade civil, a ênfase no poder do Papa em parte pela perda dele na sociedade, a criação de redutos de cristandade na moderna sociedade pluralista,[15] para só mencionarmos situações históricas que *afetaram* a compreensão e a configuração da própria Igreja.

3. O imperativo da transparência

Vivemos hoje numa sociedade complexa constituída por elementos pré-modernos, modernos e pós-modernos, em rápidas e sucessivas transformações que geram não só ansiedade, insegurança, busca de sentido, violência e relativismo, mas igualmente anseios por liberdade, justiça, paz, sustentabilidade, resultantes de uma longa evolução histórica, na qual o cristianismo teve papel importante. É nesta sociedade e nesta cultura que se encontra a Igreja. E ela só será realmente Igreja para os nossos contemporâneos à medida que deixar *transparecer* o que ela é para esta sociedade. A Igreja tem essencialmente uma dimensão "icônica", pois deve remeter à realidade da comunhão de todos no mesmo Espírito (2Cor 13,13).[16] Ou com outras palavras, a sociedade deve poder captar e entender sua verdade teológica, desde que manifestada em sua realidade institucional e em sua vida comunitária. Caso contrário ela deixa de ser sinal, de remeter para além de si mesma, pois o que é afirmado teologicamente não se faz visível, sendo então vista de modo deformado pela sociedade. E assim ela perde credibilidade e capacidade de irradiação.[17]

---

[14] A. FAIVRE, *Chrétiens et Églises. Des identités en construction*, Cerf, Paris, 2011, p. 27-78.

[15] F.-X. KAUFMANN, *Kirchenkrise. Wie überlebt das Christentum?*, Herder, Freiburg, 2011, p. 133s.

[16] J. D. ZIZIOULAS, Die pneumatologische Dimension der Kirche, *Internationale katholische Zeitschrift Communio* (1973) p. 142-144.

[17] Ch. DUQUOC, *"Je crois en l'Église". Precarité institutionelle et Règne de Dieu*, Cerf, Paris, 1999, p. 271s.

Manter em nossos dias mentalidades e estruturas históricas, talvez necessárias no passado, constitui uma *tendência natural* por parte das autoridades civis e religiosas que preferem uma volta à ordem em vez do desafio das inovações, fato já observado na Igreja desde a antiguidade.[18] Naturalmente nem tudo o que nos oferece a atual cultura deve ser aceito sem mais. A ação do Espírito Santo na história humana não pode ser comparada a uma força imanente[19] que conduz a história à semelhança da "mão invisível" que conduziria a economia. Pois o ser humano que cria cultura e organiza a sociedade é também afetado pelo egoísmo, pela vontade de poder, pela vaidade, pela busca de prazer, numa palavra, pelo *pecado*. E muitos traços da cultura hodierna refletem mentalidades e práticas não condizentes com a mensagem evangélica. Outros, ao contrário, brotaram de raízes cristãs. Daí a necessidade de um *discernimento* como já observava Paulo: "Verificai tudo com discernimento, conservai o que é bom" (1Ts 5,21).

Conhecemos a discussão pós-conciliar sobre a expressão "sinais dos tempos", que girou principalmente em torno de sua interpretação.[20] Era claro para a maioria dos participantes do Concílio que a Igreja deveria "conhecer e entender o mundo no qual vivemos" em vista de sua missão evangelizadora (GS 4), já que os fatos e eventos da história podem dizer mais do que sua simples materialidade. Assim, segundo o Concílio, compete a *todos* na Igreja "com o auxílio do Espírito Santo auscultar, discernir e interpretar as várias linguagens de nosso tempo, e julgá-las à luz da palavra divina" (GS 44). A tarefa é clara, mas sua execução não consegue eliminar certa ambiguidade que a acompanha,[21] embora a Igreja na América Latina a tenha realizado em sua opção preferencial pelos pobres.

---

[18] A. FAIVRE, op. cit., p. 12s.

[19] G. ROUTHIER, "Les Signes du Temps". Fortune et infortune d'une expression du Concile Vatican II, *Transversalités*, n. 118 (2011) p. 90s.

[20] Recentemente, ver G. RUGGIERI, "Zeichen der Zeit. Herkunft und Bedeutung einer christlich-hermeneutischen Chiffre der Geschichte", em: P. HÜNERMANN (Hrsg.), *Das Zweite Vatikanische Konzil und die Zeichen der Zeit heute*, Herder, Freiburg, 2006, p. 61-70.

[21] M.-D. CHENU, "Les Signes des Temps. Réflexion théologique", em: Y. CONGAR-M. PEUCHMAURD (Dir.), *L'Église dans le monde de ce temps II. Commentaires*, Cerf, Paris, 1967, p. 205-225.

Não negamos que a temática que expusemos nos traz *novas questões*. Que *traços da cultura atual* o Espírito Santo indica que devam ser acolhidos pela Igreja? O desejo de participar por parte de nossos contemporâneos naquilo que socialmente lhes concerne? Um maior respeito pela singularidade de cada pessoa e pela sua consciência? Um novo olhar para a sexualidade humana? Um maior reconhecimento da mulher na sociedade e na Igreja? Um espaço maior ao laicato também no governo da Igreja? A recusa em acolher um discurso único, universal e autoritário que não leve em conta as pessoas e seus contextos vitais? Maior liberdade para uma reflexão teológica séria? Um maior respeito pelas instâncias subalternas (princípio de subsidiariedade)? Ou pela historicidade do ser humano, de seu conhecimento e de suas instituições? Uma maior sensibilidade pelos últimos da sociedade que não fique somente em declarações? Certamente poderíamos elencar novas questões. Importante é que todos nos esforcemos por respondê-las.

II. A fé cristã desafiada pela diversidade dos fiéis

Já Henri de Lubac apontava na mudança de um sistema de pensamento a origem da dificuldade da fé em Deus.[22] Pois não existe o *ser humano em geral*. Quem crê o faz sempre no interior de sua época, de seu contexto sociocultural, de seus desafios próprios. Esse fato não passa despercebido a nenhum de nós que experimentamos hoje uma profunda crise cultural caracterizada pela hegemonia do fator econômico e da racionalidade funcional, pelo pluralismo de mentalidades e modos de vida, pela sucessão vertiginosa das transformações socioculturais, pela oferta ilimitada de bens de consumo com o nefasto individualismo dela decorrente. A ausência de um tecido cultural unitário determinado pela visão cristã da realidade, tal como se dava no passado, enfraquece a plausibilidade da fé cristã e dificulta o acolhimento da proclamação salvífica do Evangelho.

---

[22] H. DE LUBAC, *Sur les chemins de Dieu*, Paris, Montaigne, 1966, p. 207: "Chaque fois qu'elle abandonne un systéme de pensée, l'humanité s'imagine perdre Dieu".

O grande paradigma para falarmos da ação de Deus no mundo nos foi legado pelo Concílio de Calcedônia: em Jesus Cristo as duas naturezas que constituem uma única pessoa não se confundem nem se separam (*inconfuse et indivise*). Chegamos ao divino através do humano, como tão bem expressou São João (1Jo 1,1-3). A encarnação do Verbo eterno de Deus significa que assumiu a condição humana e que entrou num período da história, submetendo-se ao seu contexto sociocultural com suas características e com suas limitações. De fato, a cultura semita e a sociedade concreta em que nasceu o Filho de Deus condicionaram as ações e as falas de Jesus, permitindo-lhe ser entendido, acolhido e seguido por seus contemporâneos. Pois somente enquanto *acolhida na fé* como Filho de Deus a revelação de Deus em Jesus Cristo chega à sua realização e à sua verdade. Portanto, a resposta da fé, possibilitada pelo próprio Deus, é parte constitutiva da realidade da revelação de Deus. Sem a fé os feitos históricos de Deus em favor de seu povo estariam mudos, a proclamação evangélica seria mera palavra humana e a verdade última sobre Jesus Cristo nos seria desconhecida.

Assim sendo, devemos considerar seriamente em qualquer reflexão teológica não apenas a iniciativa salvífica da parte de Deus, mas ainda o seu acolhimento por parte do ser humano. É o que poderíamos caracterizar como a *dimensão antropológica* presente nas verdades da fé. Podemos afirmar o mesmo das duas realidades que constituem nosso estudo, a saber, a *fé* e a *Igreja*. Essa conclusão nos obriga a considerar seriamente o contexto vital do cristão em nossos dias,[23] que incorporado à reflexão teológica apontará inevitavelmente para algumas características presentes naquele que crê, e que devem ser respeitadas se pretendemos favorecer uma *fé adulta* no interior da Igreja. Examinaremos assim a fé como opção pessoal, livre e adulta; a fé enquanto possibilita uma experiência de plenitude; a fé professada e vivida no interior da comunidade eclesial; a fé de todos os fiéis que enriquece a Igreja com suas expressões e práticas.

---

[23] Na mesma linha, Ch. THEOBALD, "Zur Theologie der Zeichen der Zeit", em: P. HÜNERMANN (Hrsg.), *Das Zweite Vatikanische Konzil und die Zeichen der Zeit*, Herder, Freiburg, 2006, p. 71-84.

1. A fé cristã como opção livre

Na época da *cristandade*, a fé cristã era uma realidade óbvia transmitida juntamente com outras de cunho sociocultural como a educação, a língua materna, as características regionais e nacionais. Em nossos dias o cenário mudou. Pois vivendo hoje numa sociedade pluralista e secularizada, experimenta o cristão mais conscientemente que sua fé resulta de uma *opção livre* que o torna diferente de muitos de seus contemporâneos. De fato, ao investir sua vida na pessoa e na mensagem de Jesus Cristo, o cristão interpreta a realidade e vive sua existência de *modo singular.* Se em outras épocas históricas poderia existir certa pressão social em favor da fé cristã, hoje a liberdade do compromisso cristão, como de qualquer outra adesão religiosa, vem sendo enfatizada pela Igreja. Fator decisivo em favor da liberdade da fé é o próprio *exemplo de Jesus Cristo* em sua missão pelo Reino, seguido pelos primeiros proclamadores do Evangelho (DH 11). O mesmo vem afirmado pelos santos Padres e pelo magistério da Igreja. Nesse sentido, não podemos reduzir a "obediência da fé" a uma fé de pura obediência a uma autoridade externa. A obediência da fé é o acolhimento do gesto salvífico de Deus em Jesus Cristo, possibilitado pelo Espírito de Deus que não tolhe a liberdade humana. Observemos, no entanto, que a *unidade* da Igreja provém em última instância do mesmo Espírito Santo atuando em todos os seus membros, aí compreendido o magistério. Daí, portanto, não ser a obediência à Igreja estranha à obediência da fé.[24]

O Concílio Vaticano II, que tratou expressamente dessa questão, fundamenta a liberdade religiosa "na própria dignidade da pessoa humana, como a conhecemos pela palavra revelada de Deus e pela própria razão natural" (DH 2). Portanto, "ninguém deve ser forçado contra sua vontade a abraçar a fé" (DH 10). Só assim se respeita a pessoa humana como ser responsável e capaz de determinar livremente sua existência. Num ambiente de liberdade religiosa, a opção cristã é mais *consciente e real* (DH 10), e menos uma fé institucionalizada e de certo modo passivamente

---

[24] HENRI DE LUBAC, *La Foi Chrétienne. Essai sur la structure du Symbole des Apôtres*, Aubier, Paris, 1970, p. 260.

professada. Por outro lado, o mesmo Concílio afirma "que a verdade não se impõe senão por força da própria verdade, que penetra nas mentes de modo suave e ao mesmo tempo forte" (DH 1). Cremos que essa asserção conciliar deva ser enfatizada em nossos dias. Ao contrário de um passado recente, quando a mensagem salvífica anunciada era acompanhada por ameaças de condenações e de castigos, hoje é fundamental que o Evangelho seja proclamado em toda a sua *verdade, beleza e força atrativa*, pois a atual sociedade, devido ao relativismo reinante e à superficialidade da mídia, está carente de referências sólidas que ajudem na formação da identidade da pessoa.

A opção livre da fé exige romper os limites do próprio eu, voltado somente para suas necessidades e interesses e dominado por uma racionalidade funcional. Pois ter fé significa ir mais além, confiar numa realidade transcendente que chamamos Deus e assim libertar o ser humano para que ultrapasse o círculo fechado do egocentrismo em direção aos outros. A fé em Deus nos *descentra* de nós mesmos, leva-nos a viver diante do Mistério que nos obriga a deixar nossas certezas e seguranças, nos sensibiliza para as carências dos nossos próximos e nos arrasta para a ação capaz de remediá-las. Uma sociedade que desconhece a abertura ao Transcendente permite que seus membros sejam dominados pelas satisfações imediatas e limitadas, sejam presas fáceis do individualismo e do consumismo, como vemos hoje.

2. A fé cristã como experiência salvífica

Sabemos que, ao acolher livremente pela fé a iniciativa salvífica de Deus em Jesus Cristo, estamos acolhendo o próprio Deus que se doa a cada um de nós. É o próprio Deus por seu Espírito que nos faz confessar Jesus Cristo (1Cor 12,3) e invocar Deus como Pai (Rm 8,15s). O cristão é templo do Espírito (Rm 8,11; 1Cor 6,19), morada de Deus (Jo 14,23; 2Cor 6,16). E como a salvação do ser humano é Deus para o qual fomos criados, como já afirmava Tomás de Aquino,[25] é a fé que atua pelo amor

---

[25] "Tota hominum salus...in Deo est" (*S.Th.* I,1,1).

(Gl 5,6) realmente um *evento salvífico*. É na fé que o gesto salvífico de Deus é captado e acolhido e chega assim à sua realização. Toda a Bíblia representa a sedimentação de experiências salvíficas feitas pelo povo de Israel e pelos primeiros discípulos com Jesus Cristo. E como Deus atinge o coração enquanto centro e totalidade da pessoa humana, pode tal experiência salvífica ser descrita com termos de cunho sensível e afetivo como aparece no Novo Testamento: provar, saborear, sentir a consolação, a alegria (1Pd 2,3; Hb 6,4s; 2Cor 1,5; Rm 15,13). Paulo não hesita em apelar para a experiência do Espírito Santo feita pelos gálatas como argumento decisivo para dissuadi-los de voltar à lei mosaica (Gl 3,2-4).

É a experiência do amor de Deus que chega até nós por seu Espírito e fundamenta nossa esperança (Rm 5,5), dando início a uma *nova existência*. Pois ao acolher a iniciativa de Deus o cristão a confronta com tudo o que constitui sua própria existência, experiências e convicções, vendo-as então de modo diferente, a saber, à luz da fé em Jesus Cristo. Não se trata só de uma aceitação formal da doutrina cristã. A Igreja se preocupou no passado com a formulação doutrinal, as normas morais e o enquadramento jurídico, deixando, muitas vezes, em segundo plano a vivência, o *existencial da fé*. Vemos hoje como nossos contemporâneos buscam uma realização de si de cunho imanente e egocêntrico, uma felicidade inalcançável que acaba na decepção. Nesse contexto a fé cristã será pertinente à medida que der sentido à vida das pessoas, atingindo-as em sua existência concreta, tornando-as mais humanas e mais felizes por colocarem em Deus seus anseios de felicidade e de paz.

3. A fé cristã como fé eclesial

Afirmar que a fé do cristão é uma realidade que não pode prescindir da Igreja não é mais uma asserção tão óbvia em nossos dias. Pois a crescente emergência da subjetividade, característica do nosso passado mais recente, se degenerou nos últimos decênios no atual individualismo cultural que desvincula a pessoa humana das tradições e das instituições, erigindo-a como origem autônoma de suas concepções, de seus valores e de suas ações. O pluralismo religioso presente na atual sociedade e a liberdade que tem o indivíduo de escolher sua religião ou sua Igreja geram uma mentalidade que deprecia, relativiza ou mesmo se distancia da instituição religiosa. Essa situação se vê agravada pelas leituras da Igreja efetuadas pelas ciências humanas e sociais, cujas perspectivas se detêm no seu aspecto institucional externo, sem chegar à sua identidade verdadeira. As deficiências e os escândalos provocados por membros da hierarquia e fartamente propagados pela mídia tornam a *desafeição eclesial* ainda maior.

Em *nosso país* pode ser observado o chamado "trânsito religioso", a saber, a adesão sucessiva a várias Igrejas por parte do fiel, que significa no fundo certa relativização da instituição religiosa em favor dos interesses ou das necessidades individuais. Evangelização insuficiente, ausência do clero em regiões mais carentes, forte atuação das Igrejas pentecostais, desavenças na própria comunidade, situações extremas de miséria, ou individualismo cultural são alguns fatores que explicam esse fenômeno, que não é exclusivo da Igreja Católica.

Reconhecemos de antemão que a graça de Deus pode alcançar qualquer ser humano fora de uma comunidade eclesial e que ele pode mesmo acolhê-la sem mais em sua vida, como deixou claro o Concílio Vaticano II (LG 16; GS 22). Mas o nosso tema é outro, a saber, a *fé*. Esta nos chega sempre mediatizada pela Igreja, pois a plenitude da fé se encontra na Igreja e "a fé do cristão não é senão uma *participação nessa fé comum da Igreja*. É pela mediação da Igreja, é no interior da Igreja que o cristão pode dizer com toda verdade: eu creio em Deus".[26] Pois o cristianismo resulta da iniciativa de Deus de *entrar na história* na pessoa de Jesus Cristo com o fim de salvar a humanidade. Este Jesus Cristo nos é legado *vivo*, de geração em geração, pela Igreja, realidade visível e histórica, em cuja vida e querigma o apelo de Deus se faz ouvir. "Todo cristianismo privado é ilegítimo", como afirmava Karl Barth.[27]

Por outro lado, a história do cristianismo nos comprova que a livre leitura da Palavra de Deus, sem ter em conta a fé da Igreja, provoca

---

[26] H. DE LUBAC, op. cit., p. 221.
[27] Citação em LUBAC, op. cit., p. 218.

uma enorme e sempre crescente *fragmentação* do próprio cristianismo à mercê de interpretações inconsistentes que, em alguns casos, nos levam a questionar se ainda estamos lidando com a verdadeira fé cristã. Esse fato se vê agravado pela atual sociedade pluralista, na qual a Igreja não mais detém o controle social de suas verdades e de seus símbolos. Assistimos assim aos maiores disparates sobre a pessoa e a mensagem salvífica de Jesus Cristo, por serem leituras feitas a partir de *perspectivas estranhas* à fé cristã. Mais um motivo para enfatizarmos a *eclesialidade da fé cristã.* Esta é teologal em seu objeto, por se dirigir ao próprio Deus, mas em sua modalidade é eclesial, pois é a Igreja que garante a autenticidade do meu ato de fé. É a Igreja que nos ensina a dizer: eu creio, nós cremos (*Porta Fidei* 10).

Essa plenitude da fé está presente em todos os membros da Igreja pelo "sentido da fé" (*sensus fidei*), "excitado e sustentado pelo Espírito da verdade", que lhes possibilita com reto juízo e no respeito ao magistério mais profundamente penetrá-la e mais plenamente aplicá-la à vida (LG 12). "Assim a Igreja, em sua doutrina, vida e culto, perpetua e transmite a todas as gerações tudo o que ela é, tudo o que crê" (DV 8). Porém, o texto conciliar vai mais além ao afirmar um crescimento na compreensão das verdades transmitidas, por parte de todos, pela ação do Espírito Santo. "Cresce, com efeito, a compreensão tanto das coisas como das palavras transmitidas, seja pela contemplação e estudo dos que creem, os quais as meditam em seu coração (cf. Lc 2,19.51), seja pela íntima compreensão que experimentam das coisas espirituais, seja pela pregação daqueles que com a sucessão do episcopado receberam o carisma seguro da verdade. A Igreja, pois, no decorrer dos séculos, *tende continuamente* para a plenitude da verdade divina, até que se cumpram nela as palavras de Deus" (DV 8). Essas afirmações sobre a ação do Espírito Santo são certamente corretas, mas incompletas. Pois o mesmo Concílio nos lembra: "Deus na Sagrada Escritura falou através de homens e de *modo humano*" (DV 12). O texto conciliar conclui daí que se deve conhecer o contexto sociocultural dos hagiógrafos, os gêneros literários de suas respectivas épocas, seus modos próprios de sentir, falar e contar (DV 12).

Tais afirmações do Concílio Vaticano II são importantes para nossa reflexão. Primeiramente é a fé da Igreja anterior à distinção de Igreja docente e discente por estar presente em ambas.[28] Ela também é mais rica na vivência de fé da Igreja universal do que nas próprias expressões da teologia e mesmo do magistério eclesiástico.[29] Não que ela acrescente algo à revelação, mas que indique ser a *apropriação subjetiva* do dado revelado, guiada pelo Espírito Santo, uma tarefa que compete à própria Igreja ao longo de sua história, como afirma o texto supracitado da *Dei Verbum*. Essa *fé eclesial*, que se faz presente e atuante na vida dos fiéis, resulta da ação do Espírito Santo e proporciona um conhecimento *sui generis* das verdades de fé, reconhecido na época patrística e valorizado numa eclesiologia de comunhão.[30] Tomás de Aquino considerava o sentido da fé um "conhecimento por conaturalidade", uma percepção pré-conceptual, um saber que provém da sintonia do fiel com o dado da fé. Desse modo, ele atribui aos que vivem seriamente sua fé uma maior penetração na verdade revelada.

Deve-se notar que esse "sentido da fé" não é uma realidade autônoma, pois nele estão implicadas a Escritura, a tradição, o magistério e a teologia. Ele também não pode ser verificado por pesquisas de cunho sociológico que buscam resultados estatísticos. Além disso, esse saber pessoal do fiel emerge na consciência e consegue se expressar sempre no interior de um contexto sociocultural com seus desafios e linguagens. Observamos, entretanto, que hoje a insuficiente formação religiosa de muitos cristãos pode conviver com uma *autêntica* vida de fé expressa de modos próprios, simples, e talvez pouco conformes com o ensino oficial da Igreja. Representam as mediações disponíveis em seu contexto vital para se relacionarem realmente com Deus. A pobreza da expressão não nos deve iludir sobre a seriedade do gesto. Todos nós conhecemos bem a firmeza da fé entre os mais simples da sociedade.

---

[28] Ibid. p. 221.

[29] K. RAHNER, "Dogmatische Randbemerkungen zur 'Kirchenfrömmigkeit'", *Schriften zur Theologie V*, Benzinger, Einsiedeln, 1962, p. 391s.

[30] W. BEINERT, "Der Glaubenssinn der Gläubigen in Theologie – und Dogmengeschichte. Ein Überblick", em: D. WIEDERKEHR (Hrsg.), *Der Glaubenssinn des Gottesvolkes:Konkurrent oder Partner des Lehramts?*, Herder, Freiburg, 1994, p. 66-131.

4. A urgência de um laicato adulto

O Concílio Vaticano II marca o início de um processo que busca recuperar não só uma eclesiologia de comunhão, mas também a fundamental igualdade, dignidade e vocação de todos os membros da Igreja (LG 30), sua participação no tríplice múnus de Cristo (LG 34-36), a missão comum de todos na Igreja. Em vez de membro ativo ou passivo, fala-se de complementaridade (LG 32; AA 25): "Existe na Igreja diversidade de ministérios, mas unidade na missão" (AA 2). A delegação dos leigos/as para o apostolado não depende da hierarquia, mas provém do próprio Cristo. São missionários *constitutivamente*, e não por mandato, embora possam receber também uma determinada missão (por mandato) da autoridade eclesiástica. Daí afirmar o Concílio:

> Da aceitação desses carismas, mesmo dos mais simples, nascem em favor de cada um dos fiéis o direito e o dever de exercê-los para o bem dos homens e a edificação da Igreja,[31] dentro da Igreja e do mundo, na liberdade do Espírito Santo, que "sopra onde quer" (Jo 3,8), e, ao mesmo tempo, na comunhão com os irmãos em Cristo, sobretudo com seus pastores (AA 3).

Assim, os leigos/as, "segundo sua ciência, competência e habilidade, têm o direito e por vezes até o dever de exprimir sua opinião sobre as coisas que se relacionem ao bem da Igreja" (LG 37).

Sem pretender expor exaustivamente as consequências das afirmações conciliares, não podemos deixar de indicar algumas delas que conduzem a uma *nova configuração eclesial* requerida pelo nosso tempo. Gostaríamos de observar, já de início, que nos motiva não a atual escassez de sacerdotes constatada em diversos países, nem mesmo o ideal da democracia que caracteriza a cultura política em nossos dias. Pois nossa argumentação não admite considerar o laicato como um *substituto* do clero, que acabaria por clericalizá-lo, nem podemos conceder que a Igreja possa ser uma

---

[31] Omitido, infelizmente, no Código de Direito Canônico ao tratar dos direitos e deveres dos leigos/as.

democracia sem mais,[32] já que não instituída pela vontade e pelo consenso do povo, mas pelo próprio Deus, o que não a priva, pelo contrário, de estruturas que permitam a participação de todos.[33]

O grave perigo de uma hierarquia falante e de um laicato silencioso é a distância que vigora entre eles, enfraquecendo os pronunciamentos das autoridades, vistos como demasiado afastados da vida concreta. Trata-se de *algo novo* que vai além da participação de leigos/as nos conselhos paroquiais ou diocesanos. Os leigos/as devem ser incentivados a se manifestar como membros ativos da Igreja para se sentirem mais comprometidos na mesma missão e mais unidos no mesmo amor à Igreja.[34] Julgamos que esse espaço de expressão livre e responsável possa acontecer também no interior de nossas instituições, mesmo com a participação de pessoas de fora da Igreja, na linha do "Pátio dos Gentios", criado pelo Cardeal Carlos Martini e levado adiante pelo Cardeal Ravasi. No fundo estamos afirmando que a Igreja deve ouvir mais a sociedade para poder melhor anunciar a Boa-Nova, conforme já indicou a Constituição Pastoral *Gaudium et Spes*.

Daí nasce a consciência de que *todos* são responsáveis pela missão, consciência essa que retroage urgindo a criação de instituições adequadas. Tais instituições não devem fomentar tanto o poder, como no passado, mas as *relações fraternas* no interior da comunidade. Se a Igreja é comunhão, então a sinodalidade deveria ser sua característica primeira, e não a hierarquia; o relacional deveria prevalecer sobre o jurídico, o vivido em comunidade sobre o meramente doutrinal, a necessidade da comunidade sobre a opção individual. Pois todos são Igreja, todos são necessários, todos estão a serviço da mesma missão. Pressuposta a indispensável formação religiosa e a não menos necessária vivência da fé, o que nos falta

---

[32] Uma exposição objetiva desta questão oferece H. HEINEMANN, "Demokratisierung oder Synodalisierung? Ein Beitrag zur Diskussion", em: *Kirche Sein*, p. 349-360.

[33] Mesmo que etimologicamente reconheçamos o termo "hierarquia" como origem sacra, deveria ser preferida a expressão "ministério", como *serviço* prestado à comunidade. Ver M. KEHL, *A Igreja. Uma eclesiologia católica*, São Paulo, Loyola, 1997, p. 107-109.

[34] M. FRANÇA MIRANDA, "É possível um sujeito eclesial?", *Perspectiva Teológica* 43 (2011) p. 77-82.

hoje é a *confiança mútua* que nos faz aceitar o diferente, colaborar com ele, receber sua ajuda, dele aprender, seja quem for esse outro, ministro ordenado ou leigo.

5. A participação de todos os fiéis nas expressões e práticas da fé cristã

A eclesialidade da fé cristã não consiste num único padrão a ser igualmente imposto a todos, pois os *itinerários de fé* são diversos, como reconheciam os bispos na Assembleia de Aparecida (DAp 281). A multiplicidade de situações e contextos vitais da atual sociedade pluralista obriga os cristãos a viverem sua fé em meio a *novos* desafios que exigem *novas* linguagens e *novas* práticas. Essas experiências poderiam representar uma *contribuição importante* para o magistério eclesiástico e para a teologia. Todos sentimos hoje o problema candente da proclamação e da transmissão da fé. A fé do laicato tem também algo a dizer à compreensão mais ampla da fé cristã.[35] Recordemos que nos primeiros séculos do cristianismo se chegava a um consenso sobre algum tema na Igreja através da sua *recepção* por parte das Igrejas locais. Não se tratava tanto de uma obediência *formal* (aspecto jurídico) a uma instância superior (Sumo Pontífice, Concílio Ecumênico), mas de um reconhecimento de que o conteúdo correspondia à fé ou ao bem da Igreja.[36] A recepção implicava uma eclesiologia de comunhão que, por razões históricas,[37] acabou dando lugar a uma maior centralização do governo da Igreja no papado. Esse fato fez nascer posteriormente, a partir do século XIX, uma eclesiologia ultramontanista que reduzia o acolhimento dos pronunciamentos do magistério a uma obediência formal, dependente apenas da legitimidade da autoridade e da verdade do que é prescrito.[38]

---

[35] K. RAHNER, "Offizielle Glaubenslehre der Kirche und faktische Gläubigkeit des Volkes", *Schriften zur Theologie* XVI, Einsiedeln, Benzinger, 1984, p. 217-230.

[36] Y. CONGAR, "A 'recepção' como realidade eclesiológica", em: Y. CONGAR, *Igreja e Papado*, São Paulo, Loyola, 1997, p. 291.

[37] Y. CONGAR, *L'Église de saint Augustin à l'époque moderne*, Paris, Cerf, 1997.

[38] H.-J. POTTMEYER, "Rezeption und Gehorsam. Aktuelle Aspekte der wiederentdeckten Realität 'Rezeption'", em: W. BEINERT (Hrsg.), *Glaube als Zustimmung. Zur Interpretation kirchlicher Rezeptionsvorgänge*, Freiburg, Herder, 1991, p. 58-66.

Mesmo reconhecendo ao magistério eclesiástico sua legitimidade proveniente da própria revelação de Deus e sua missão de zelar pela verdade da fé, constatamos hoje certa crise de autoridade no interior da Igreja. Nossos contemporâneos demonstram uma consciência crítica quando deles se exige uma obediência apenas formal, sem *fundamentar* a verdade a ser acolhida. Além disso, a mentalidade reinante hoje é que todos participem das opções que digam respeito à organização da sociedade. Não mais vivemos numa sociedade hierárquica de acesso mediado, mas numa sociedade de acesso direto, que possibilita a *participação* de todos.[39] E essa mentalidade atinge também os cristãos em sua relação com a Igreja. Nesse sentido, a diversidade de contextos culturais nos quais os cristãos vivem a sua fé recomenda que eles sejam *escutados* quando expressam sua vivência própria da mesma fé cristã. Pois também neles atua o Espírito Santo, também eles gozam do sentido da fé, também eles poderão oferecer expressões e práticas adequadas aos nossos dias e assim facilitar a compreensão e a aceitação da Palavra de Deus hoje.

Também dessa temática emergem *novas questões*.[40] Não serão as expressões e as práticas cristãs enquanto distintas, seja na variedade de contextos socioculturais, seja na diversidade de ouvintes da Palavra de Deus, uma séria dificuldade para a unidade da fé? Bastaria a confissão de um mesmo símbolo de fé? Ou a ação do mesmo Espírito que faz todos os fiéis invocarem o mesmo Jesus Cristo? Que papel desempenha uma vivência cristã autêntica como garantia para a verdade da fé? Será possível uma linguagem da fé sincronicamente comum e universal? Estará a solução no fato de que essa fé é professada no interior da Igreja, sujeito primeiro dessa fé? Bastará promover um maior diálogo entre as Igrejas locais? Como romper com uma mentalidade que identifica unidade com uniformidade? Como preparar o cristão para aceitar e conviver com certa diversidade na Igreja?

---

[39] CH. TAYLOR, *Uma era secular*, Editora Unisinos, S. Leopoldo, 2010, p. 255s.

[40] Algumas delas já foram abordadas no excelente comentário de J. Ratzinger ao texto da Comissão Teológica Internacional, intitulado *A unidade da fé e o pluralismo teológico* (teses I-VIII). Ver *El pluralismo teológico*, BAC, Madrid, 1976, p. 15-50.

III. Uma Igreja que testemunha o que crê

1. A importância do tema

Vivemos uma época saturada de palavras e imagens, sofrendo contínuo bombardeio por parte dos modernos meios de comunicação social, despejando-nos numerosas afirmações, avaliações e visões da realidade, diversas e até contraditórias, que acabam por relativizá-las e *desvalorizá--las*. Esse fluxo incessante de novas problemáticas, de novas leituras da realidade, de novas terminologias nos torna um pouco céticos e descrentes dos discursos e das interpretações teóricas. Portanto, os sinais tradicionais que nos desvelam a realidade indicam valores e estimulam ideais perderam bastante força e significado hoje. Nesse sentido assistimos não somente a uma crise das instituições que não conseguem acompanhar as rápidas e sucessivas mudanças socioculturais, mas também experimentamos um enfraquecimento das *palavras*, com exceção apenas para aquelas situadas no setor pragmático, utilitarista e econômico do saber.

Esse fato traz sérios problemas para os demais setores sociais e culturais que lidam com realidades não materiais, as quais necessitam de sinais adequados para se manifestarem e se tornarem visíveis e perceptíveis. Como transmitir para as novas gerações ideais, valores, crenças sem dispor de mediações adequadas, expressivas e eficazes? Essa questão atinge fortemente o cristianismo e faz aparecer em toda a sua importância o impasse atual da transmissão da fé, já que os enunciados doutrinais e as normas morais tradicionais, enquanto expressões da mensagem cristã, já não conseguem como outrora atrair os jovens para a fé cristã. Mas existe outra mediação da presença e da atuação de Deus no mundo que, aliás, sempre acompanhou o cristianismo ao longo de sua história, e que hoje recebe enorme importância. Trata-se do *testemunho de vida*.

Ao considerarmos o cristianismo sob esse ponto de vista, constatamos estar *todo ele fundamentado* no testemunho. Nossa fé num Deus transcendente, invisível e inacessível, a quem nós invocamos como Pai, está baseada no testemunho de Jesus Cristo. Só ele teve um conhecimento de Deus absolutamente único: "Ninguém conhece o Pai a não ser o Filho"

(Mt 11,27), ou nas palavras de São João: "Ninguém jamais viu a Deus; o Filho unigênito, que está no seio do Pai, este o deu a conhecer" (Jo 1,18). De fato, ele fala do que sabe e dá testemunho do que viu (Jo 3,11; 8,38), fala da verdade que ouviu de Deus (Jo 8,40). Toda a sua vida, palavras e ações, é revelação de Deus, de tal modo que quem o vê, vê o Pai (Jo 14,9). Assim Jesus Cristo é afirmado como a "imagem do Deus invisível" (Cl 1,15), "o esplendor de sua glória e a expressão de sua substância" (Hb 1,3). Nós, cristãos, cremos não num deus em geral, que pouco nos diria, mas no Deus testemunhado por Jesus Cristo.

Por sua vez, os apóstolos devem ser testemunhas de Jesus Cristo: "Vós sereis minhas testemunhas" (At 1,8). Testemunhas de sua vida (At 10,39s) e, sobretudo, de sua ressurreição (Lc 24,48; At 2,32; 4,33). "Deus o ressuscitou dentre os mortos, e disso nós somos testemunhas" (At 3,15). Esse testemunho se deve à ação do Espírito Santo no íntimo dos corações (Jo 15,26s). Também Paulo se afirma como testemunha de Jesus (At 22,15; 26,11). Enfim, se a nossa fé é apostólica, é porque está fundada no *testemunho de fé* dos apóstolos.

2. O testemunho como realidade inerente ao ser humano[41]

Todo ser humano, porque dotado de razão e de liberdade, almeja metas determinadas em sua vida, acolhe orientações particulares, plasma sua pessoa por meio de opções livres. Como ser corpóreo e social deixa *transparecer* em suas palavras, comportamentos e ações o que leva em seu interior. Assim, sua pessoa manifesta seus valores e revela o invisível que lhe é próprio e significativo. Desse modo, cada gesto seu tem um valor de sinal, pois, por sua própria realidade, já exprime um significado vivido por seu autor em sua relação com o mundo e com os outros. Por exemplo, todos sabemos da força que tem o olhar nas relações interpessoais. É próprio do gesto como sinal estar em íntima unidade com o seu sentido, a saber, o significado é *imanente* ao significante. Podemos mesmo

---

[41] Para essa temática ver E. BARBOTIN, *Le témoignage spirituel*, Editions de l'Épi, Paris, 1964.

concluir que o corpo é mediador de significado pelo seu próprio ser, já que revela um sentido que lhe é imanente. Assim, cada pessoa revela *no que é* o sentido que deu livremente a sua existência. A realidade histórica aponta para uma realidade meta-histórica, o que é transcendente é captado no imanente. Naturalmente a percepção do que manifesto vai depender também da capacidade do outro a quem me dirijo de captar o sentido presente em minha pessoa.

Além do gesto, também a *palavra* assinala e revela o que está no coração da pessoa. E com mais força porque sempre interpela o outro que a escuta, solicitando sua reação. Quanto mais tocar em realidades que atingem e concernem todos os seres humanos, quanto mais universal for, tanto maior será sua repercussão no ouvinte. Naturalmente se pressupõe que o contexto vital dele seja sempre considerado. Se a palavra veicula um valor, um ideal, então ela se constitui como um apelo à liberdade do outro para viver o mesmo ideal daquele que fala.

Observemos ainda que o testemunho diz respeito ao que *não é evidente*, eventos ou experiências já pertencentes ao passado, inacessíveis hoje, ou valores e realidades espirituais que necessitam de mediações humanas para se fazerem presentes e atuantes. E quanto menos evidente for a realidade manifestada, tanto mais se exige que a pessoa que testemunha esteja *realmente comprometida* com essa realidade. Assim, no testemunho de valores espirituais é a autoridade moral da testemunha que motiva a adesão. Rejeitar a pessoa é rejeitar aquilo que testemunha. Crença e testemunho são correlativos, já que o testemunho quer suscitar a crença. Cremos em alguém antes de crer numa realidade, o que é verdade para a testemunha torna-se verdade para mim.

3. O testemunho cristão

Pelo fato de Deus ser transcendente a este nosso mundo, todo o seu ser, presença e ação no interior da história, será necessariamente mediatizada por realidades ou pessoas que atuam como testemunhas de sua pessoa inacessível a nossos sentidos e a nossa inteligência. Daí podermos afirmar analogamente que a natureza testemunha o seu Criador como aparece nos salmos (8; 19; 104), no livro da Sabedoria (13,1-9) e nos Atos dos Apóstolos (14,15-17). Em Jesus Cristo temos a testemunha perfeita de Deus, como vimos anteriormente. Portanto, todo testemunho cristão remonta a Jesus Cristo, não como mera memória histórica de sua pessoa e de sua vida, mas como uma *realidade atual* na pessoa da testemunha cristã. Pois ela se encontra num relacionamento existencial com o Ressuscitado, numa adesão atual a sua pessoa e a sua mensagem, de tal modo que sua existência deixa transparecer sua fé na pessoa divina (transcendente) de Jesus Cristo. Pela testemunha cristã o Jesus da história mostra-se idêntico ao Cristo da fé, pois sua fé, fruto do Espírito (1Cor 12,3), capta a pessoa divina na realidade humana. "O que ouvimos, o que vimos com nossos olhos, o que contemplamos e nossas mãos tocaram do Verbo da vida" (1Jo 1,1).

Numa expressão ousada poderíamos dizer que a fé da testemunha *traz Deus ao mundo*. Naturalmente não negamos sua presença criadora universal, mas afirmamos que o cristão autêntico irradia Deus para seus contemporâneos, seja ele um Francisco de Assis ou uma Teresa de Calcutá. Se somos cristãos, o somos porque outros testemunharam para nós sua fé em Jesus Cristo através de suas vidas e de suas palavras. Não nos passaram uma recordação histórica de um personagem insigne do passado, mas Alguém que determinava, orientava e dava sentido para suas vidas, Alguém que se manifestava vivo em suas existências. A *transmissão da fé* não significa passar um pacote de verdades a outras gerações, mas transmitir o próprio Deus vivo, entregando-se a nós no Filho e no Espírito, agindo em nós para nos salvar. Tradição ativa que testemunha (mediatiza) a tradição passiva ao longo da história. No fundo a transmissão da fé a outra geração consiste em legar uma experiência salvífica determinante e decisiva para a geração seguinte, para que possam também experimentar a ação divina em suas vidas como nós próprios experimentamos nas nossas.

4. O testemunho como necessidade e como questão

Vivemos uma época em que a transmissão da fé se tornou problemática. O processo no qual a Igreja gera a si própria cada dia pela admissão de novos cristãos esbarra hoje em sérias dificuldades. Primeiramente advindas da própria sociedade secularizada, dominada por uma *cultura funcional* de cunho econômico que relega a segundo plano a questão dos valores, da ética e do sentido. Tudo é considerado na perspectiva da eficácia e do lucro. Além disso, as rápidas e sucessivas *mudanças* socioculturais não conseguem ser devidamente acompanhadas, e de certo modo enquadradas, pelas instituições tradicionais, entre as quais a própria Igreja. Esta última ainda se apresenta como uma instituição fortemente marcada pela sociedade medieval, de tal modo que sua *identidade teológica* não consegue se expressar em sua configuração fenomenológica. Nela predominam o doutrinal e o jurídico, sem dúvida alguma componentes essenciais de sua realidade, mas que deixam na sombra outros elementos fundamentais como o existencial, o místico, o comunitário, o participativo.

Enquanto presença do Transcendente na história, a Igreja aparece como *sinal e sacramento da salvação de Jesus Cristo* manifestada em seus membros, em seus sacramentos, em suas proclamações do querigma; numa palavra, em seus símbolos enquanto mediações autênticas da ação salvífica de Deus. Porém, hoje ela não mais detém o controle deles, os quais são lidos e interpretados em *outras óticas* que os deformam e os põem a serviço do fator econômico hegemônico na sociedade. Essa situação se vê agravada pelo fato de que muitas expressões (sinais) já não conseguem mais ser veículos da mensagem salvífica simplesmente por não serem mais *compreendidas* em seu significado por nossos contemporâneos; basta examinarmos os termos que encontramos na liturgia da Igreja, para oferecer um exemplo. Poderíamos ainda acrescentar que a época da cristandade, sem negar seus méritos em plasmar a cultura ocidental, ao identificar cristão com cidadão, *privou a Igreja* de sua força de irradiação, de sua identidade particular, de sua dimensão missionária, limitando esse termo à hierarquia. Toda a sociedade era cristã sem que realmente esse fato encontrasse na realidade social sua tradução adequada. Ainda hoje, na América Latina, sofremos suas consequências: uma população majoritariamente batizada, mas não evangelizada, que possibilita injustiças e sofrimentos injustificados num continente cristão.

Aqui aparece como questão da inculturação da fé a temática da maior participação do laicato na busca por expressões e práticas cristãs mais adequadas, a criação de novas áreas de ação missionária, uma maior sensibilidade à voz do Espírito, que nos fala também através da sociedade; tais temáticas são decisivas para uma adequada configuração da Igreja em nossos dias. O que já podemos entrever nessa busca de sinais que possibilitem o testemunho cristão, que remetam o olhar de nossos contemporâneos para além dessa cultura horizontal e fechada, é a sensibilidade de muitos pela promoção humana, pela diminuição dos sofrimentos, pela solidariedade consciente, em meio ao fascínio sedutor das sucessivas novidades tecnológicas.

Também o tema do testemunho cristão apresenta *problemas*. Deveria a Igreja empenhar-se mais na promoção humana, na luta pela paz e pela justiça? Não se concentra demasiado no doutrinal e no jurídico? Mas hoje não estão esses valores cristãos já secularizados e, portanto, privados de sua força simbólica? Basta que suas raízes sejam cristãs? Podem causas humanitárias, desde que assumidas pela Igreja, servir como *sinais* de Deus, como *testemunhos* de sua ação vitoriosa na humanidade, como *mediações* históricas de realidades eternas? Ou corre a Igreja o perigo de ser vista apenas como uma entidade filantrópica? Ou deveria ela se voltar com maior decisão para realidades como a gratuidade, a solidariedade, a compaixão, a partilha, não só proclamados, mas vividos por seus membros como exemplos conscientes e críticos da atual lógica mercantilista?

Como afirmamos no início desta reflexão, sua finalidade foi apenas fundamentar as necessárias e urgentes mudanças na Igreja e incentivar todos os seus membros a colaborar nessa tarefa. Por conseguinte, sua realização efetiva depende de cada um de nós.

A FÉ CRISTÃ
COMO FÉ ECLESIAL

Parafraseando uma afirmação de Henri de Lubac que aponta na mudança de um sistema de pensamento a origem da dificuldade da fé em Deus,[1] poderíamos iniciar nossa reflexão declarando que as sucessivas *mudanças socioculturais* por nós experimentadas dificultam tanto a fé do cristão quanto sua relação com a Igreja. Pois não existe um ser humano em geral. Toda pessoa se encontra sempre inserida numa época, num local, dispondo de uma linguagem determinada, enfrentando desafios inéditos, interagindo com seus semelhantes dentro dos padrões comportamentais e das instituições sociais que encontra. Esse fato não passa despercebido a nenhum de nós que experimentamos hoje uma profunda crise cultural caracterizada pela hegemonia do fator econômico e da racionalidade funcional, pelo pluralismo de mentalidades e modos de vida, pela sucessão vertiginosa das transformações socioculturais, pela oferta ilimitada de bens de consumo com o nefasto individualismo dela decorrente.

Bento XVI, em sua Carta Apostólica *Porta Fidei*, menciona claramente essa mudança de época e as dificuldades que dela decorrem para a fé. "Enquanto, no passado, era possível reconhecer um tecido cultural unitário, amplamente compartilhado no seu apelo aos conteúdos da fé e aos valores por ela inspirados, hoje parece que já não é assim em grandes setores da sociedade devido a uma profunda crise de fé que atingiu muitas pessoas" (*Porta Fidei* 2). Um tecido cultural unitário determinado pela visão cristã da realidade conferia plausibilidade à fé cristã por *encarnar* verdades e práticas provindas da própria mensagem evangélica. A atual sociedade pluralista convive com múltiplas e variadas compreensões da realidade que se relativizam mutuamente, dão origem a um vazio de

---

[1]   H. DE LUBAC, *Sur les chemins de Dieu*, Paris, Montaigne, 1966, p. 207: "Chaque fois qu'elle abandonne un systéme de pensée, l'humanité s'imagine perdre Dieu".

referências substantivas e dificultam sobremaneira o acolhimento da proclamação salvífica do Evangelho.

Mais adiante Bento XVI menciona outro obstáculo à fé de cunho mais *epistemológico*. "De fato, em nossos dias mais do que no passado, a fé se vê sujeita a uma série de interrogativos, que provêm de uma diversa mentalidade que, particularmente hoje, reduz o âmbito das certezas racionais ao das conquistas científicas e tecnológicas" (*Porta Fidei* 12). A multiplicidade das ciências modernas com suas racionalidades e metodologias específicas, dado o seu enorme desenvolvimento, pode aprisionar o especialista numa compreensão parcial da realidade avaliada como a única válida. Porém, o discurso sobre Deus pressupõe a pergunta pela *totalidade do real* e da existência humana, totalidade essa que não é atingida pelas ciências modernas.[2]

Por outro lado, devemos considerar seriamente em qualquer reflexão teológica não apenas a iniciativa salvífica da parte de Deus, mas ainda o seu acolhimento por parte do ser humano. É o que poderíamos caracterizar como a *dimensão antropológica* presente nas verdades da fé. Aqui vale a formulação de Calcedônia: sem mistura (*inconfuse*) e sem divisão (*indivise*). Pois não podemos chegar ao Verbo de Deus prescindindo do homem Jesus, como já alertava São João em suas cartas, nem à graça divina acolhida com exclusão da pessoa humana, como nos lembrava Henri de Lubac. Podemos afirmar o mesmo das duas realidades que constituem nosso estudo, a saber, a fé e a Igreja. Essa conclusão nos obriga a considerar seriamente o contexto vital do cristão em nossos dias. Caso contrário, estaríamos realizando belas dissertações teóricas, corretas e profundas, sobre a fé e a Igreja, mas que pouco ajudariam os nossos contemporâneos. De fato, uma compreensão da fé desvinculada de sua época nunca houve no cristianismo, mesmo quando a Igreja se afastava de mentalidades e concepções contrárias à fé cristã então em voga, pois elas influíam de certo modo na defesa e na formulação ortodoxa da fé.

---

[2] Ver M. FRANÇA MIRANDA, O desafio do agnosticismo, *Perspectiva Teológica* 41 (2009) p. 211-231.

Nosso objetivo, ao incorporar à reflexão teológica o contexto vital em que vivem os cristãos, apontará inevitavelmente para algumas características presentes seja naquele que crê, seja na comunidade eclesial, as quais, a nosso parecer, devem ser respeitadas se pretendemos favorecer uma fé adulta no interior da Igreja. Portanto, renunciamos de antemão a um estudo completo e sistemático da questão e, simultaneamente, reconhecemos ter tomado a liberdade de indicar o que nos parece mais desafiante em nossos dias para a fé cristã e para a consciência eclesial.

I. A fé cristã hoje

A fé cristã é sempre a mesma, mas pode apresentar compreensões e vivências diversas ao longo da história devido à diversidade do entorno social onde vivem os cristãos. Assim, na época da *cristandade* a fé cristã era uma realidade óbvia que nos era legada juntamente com outras de cunho sociocultural como a educação, a língua materna, as características regionais e nacionais. Notava-se que ela era diferente da fé testemunhada pelas primeiras gerações de cristãos, marcada por uma opção consciente e livre, em contraste com a sociedade envolvente e de modo algum isenta de riscos. Mas essa percepção que implicava o que hoje chamamos o "risco da fé" não chegava a merecer uma maior atenção por parte da teologia, a não ser quando confrontada com uma pequena minoria crítica, dotada de maior formação intelectual e que exigia resposta ao questionar a razoabilidade do ato de fé.

A atual sociedade *secularizada*, sem desmerecermos as aquisições do passado, leva a teologia a novas acentuações em busca de uma compreensão mais adequada da fé cristã para os nossos dias. Esse procedimento é *legítimo* conforme nos comprova a história do cristianismo.[3] Não só no interior do Novo Testamento a fé é entendida e expressa com ênfases diversas conforme seus hagiógrafos, mas o mesmo fato se repete na era patrística e mesmo na tardia Idade Média, que, ao tratar das realidades

---

[3]   M. SECKLER, art. Glaube IV, *LThK3* Freiburg, Herder, 2006, p. 672-685.

salvíficas, considera-as especialmente sob o aspecto da inteligibilidade e da verdade, reservando um papel importante à vontade, movida pela graça de Deus e por vários outros fatores como a garantia da autoridade e a força atrativa da mensagem salvífica. De fato, a afirmação de Jesus de que "ninguém pode vir a mim se o Pai que me enviou não o atrair" (Jo 6,44) é entendida na linha de Agostinho: a atração está no próprio valor da mensagem do Evangelho.

O *Concílio de Trento* mantém a concepção tradicional da compreensão da fé cristã, mas apresenta algumas novas acentuações devido ao desafio do contexto marcado pela Reforma e pela modernidade. Assim, o motivo do assentimento da fé não é tanto a "verdade primeira", mas a "autoridade de Deus que se revela", o objeto da fé se apresenta em forma de proposições e se enfatiza o assentimento da inteligência por força da vontade movida pela autoridade. Pela metade do *século XX* se desenvolveram tendências centradas no aspecto subjetivo da fé, descriminando seu lado objetivo, como se o ato pessoal de fé (*fides qua*) pudesse ser prescindindo de seu conteúdo (*fides quae*). Hoje na fidelidade à compreensão tridentina surgem novos enfoques para a compreensão da fé cristã, como o da questão hermenêutica, o do caráter simbólico da linguagem de fé, o do sentido antropológico e soteriológico do ato de fé. Nesta reflexão priorizamos três perspectivas que constituirão a primeira parte deste estudo, a saber, a fé individual como opção livre, a atuação do Espírito Santo nessa opção e a vivência da fé como experiência salvífica.

1. A fé como opção livre

Julgamos que, vivendo hoje numa sociedade pluralista e secularizada, experimenta o cristão mais conscientemente que sua fé resulta de uma *opção livre* que o torna diferente de muitos de seus contemporâneos. De fato, ao investir sua vida na pessoa e na mensagem de Jesus Cristo, o cristão interpreta a realidade e vive sua existência de modo singular. Se em outras épocas históricas poderia existir certa pressão social em favor da fé cristã, hoje a liberdade do compromisso cristão, como de qualquer outra adesão religiosa, vem sendo enfatizada pela Igreja. Fator decisivo em favor da liberdade da fé é o próprio *exemplo de Jesus Cristo* em sua missão pelo Reino, seguido pelos primeiros proclamadores do Evangelho (DH 11). O mesmo vem afirmado pelos santos Padres e pelo magistério da Igreja. Nesse sentido, não podemos reduzir a "obediência da fé" a uma fé de pura obediência a uma autoridade externa. A obediência da fé é o acolhimento do gesto salvífico de Deus em Jesus Cristo, possibilitado pelo Espírito de Deus que não tolhe a liberdade humana. Observemos, no entanto, que a *unidade* da Igreja provém em última instância do mesmo Espírito Santo atuante em todos os seus membros, aí compreendido o magistério. Daí, portanto, não ser a obediência à Igreja estranha à obediência da fé.[4]

O Concílio Vaticano II que tratou expressamente dessa questão fundamenta a liberdade religiosa "na própria dignidade da pessoa humana, como a conhecemos pela palavra revelada de Deus e pela própria razão natural" (DH 2). Logo, "ninguém deve ser forçado contra sua vontade a abraçar a fé" (DH 10). Só assim se respeita a pessoa humana como ser responsável e capaz de determinar livremente sua existência. Num ambiente de liberdade religiosa a opção cristã é mais *consciente e real* (DH 10), e menos uma fé institucionalizada e de certo modo passivamente professada. Por outro lado, o mesmo Concílio afirma "que a verdade não se impõe senão por força da própria verdade, que penetra nas mentes de modo suave e ao mesmo tempo forte" (DH 1). Cremos que essa asserção conciliar deve ser enfatizada em nossos dias. Ao contrário de um passado recente, quando a mensagem salvífica anunciada era acompanhada por ameaças de condenações e de castigos, hoje é fundamental que o Evangelho seja proclamado em toda a sua verdade, beleza e força atrativa, tal como fez o Papa emérito Bento XVI em seu magistério. Pois a atual sociedade, devido ao relativismo reinante e à superficialidade da mídia, está carente de referências sólidas que ajudem na formação da identidade da pessoa. Não estaria ela assim mais sensível à mensagem cristã, desde que devida e adequadamente proposta?

---

[4]   HENRI DE LUBAC, *La Foi Chrétienne. Essai sur la structure du Symbole des Apôtres*, Paris, Aubier, 1970, p. 260.

A opção livre da fé exige romper os limites do próprio eu, voltado somente para suas necessidades e interesses e dominado por uma racionalidade funcional. Pois ter fé significa ir mais além, confiar numa realidade transcendente que chamamos Deus e assim libertar o ser humano para que ultrapasse o círculo fechado do egocentrismo em direção aos outros. A fé em Deus nos descentra de nós mesmos, leva-nos a viver diante do Mistério que nos obriga a deixar nossas certezas e seguranças, nos sensibiliza para as carências dos nossos próximos e nos arrasta para a ação capaz de remediá-las. Uma sociedade que desconhece a abertura ao Transcendente permite que seus membros sejam dominados pelas satisfações imediatas e limitadas, sejam presas fáceis do individualismo e do consumismo, como vemos hoje.

2. O Espírito Santo na opção de fé

Outro ponto que gostaríamos de ressaltar diz respeito à *ação do Espírito Santo* prévia à opção da fé. Estamos acostumados a ouvir que a fé é dom de Deus, que é o próprio Deus que nos leva a fundamentar nele nossas vidas, que ninguém confessa Jesus como Senhor a não ser na força do Espírito (1Cor 12,3), mas na *prática pastoral* não valorizamos devidamente essa verdade da fé. O episódio de Lídia, mencionado por Bento XVI (*Porta Fidei 10*), aponta para a importância da palavra interna, dirigida ao coração, para que a palavra externa possa ser captada e acolhida: "O Senhor abriu-lhe o coração, para aderir ao que Paulo dizia" (At 16,14). Daí a pertinência da afirmação presente na Constituição Dogmática *Dei Verbum*: "Para que se preste essa fé, exigem-se a graça prévia e adjuvante de Deus e os auxílios internos do Espírito Santo, que move o coração e converte-o a Deus, abre os olhos da mente e dá a todos suavidade no consentir e crer na verdade" (DV 5). Quando a Palavra de Deus é proclamada e explicada, têm seus pregadores consciência da necessária atuação do Espírito para que essa Palavra chegue de fato aos corações e mova as vontades?

E o texto conciliar prossegue: "A fim de tornar sempre mais profunda a compreensão da Revelação, o mesmo Espírito Santo aperfeiçoa continuamente a fé por meio de seus dons" (DV 5). Aqui emerge já a concepção católica da *tradição* que avança, guiada pelo Espírito Santo, para uma compreensão mais perfeita da revelação. Desse modo o Espírito através de seus dons aperfeiçoa continuamente a fé.[5] Daqui podemos ainda tirar outra consequência que se revela significativa para os nossos dias. Toda ação do Deus transcendente se realiza através de uma *mediação humana e histórica*, como nos ensina a Bíblia que tem seu ponto mais alto e definitivo na pessoa do Verbo de Deus encarnado. Já São Paulo, ao evocar os carismas, se refere às qualidades humanas presentes entre os cristãos e que deveriam ser postas a serviço da edificação da comunidade eclesial. Por outro lado, o conhecimento que nos proporciona a fé (2Cor 2,13s), possibilitada pelo Espírito, não diz respeito somente a uma maior compreensão da revelação, mas também ilumina o ser humano sobre o sentido de sua *existência*, sobre como enfrentar seus desafios e onde investir sua liberdade.

Pois a fé cristã é essencialmente *salvífica* e não passa ao lado das vicissitudes próprias da condição humana. E como o ser humano vive sempre no interior da história e de um determinado contexto sociocultural, a ação do Espírito se realizará e se expressará nas contingências enfrentadas por cada geração, sendo que essa voz do Espírito não deve ser extinta (1Ts 5,19). Daí a afirmação da Constituição Pastoral *Gaudium et Spes*: "Movido pela fé, conduzido pelo Espírito do Senhor que enche o orbe da terra, o Povo de Deus esforça-se por discernir nos acontecimentos, nas exigências e nas aspirações de nossos tempos, em que participa com os outros homens, quais sejam, os sinais verdadeiros da presença ou dos desígnios de Deus" (GS 11). E a mesma Constituição afirma que a atuação do Espírito "anima, purifica e fortalece também aquelas aspirações generosas com as quais a família humana se esforça por tornar mais humana sua própria existência" (GS 38).[6] Numa palavra, a ação do Espírito Santo nunca se dá num vazio antropológico e sociocultural. Naturalmente essa ação do Espírito nunca será totalmente transparente

---

[5] J. RATZINGER, *LThK II, Das Zweite Vatikanische Konzil II*, Freiburg, Herder, 1967, p. 514.

[6] JOÃO PAULO II, *Redemptoris Missio* 28: "A presença e a ação do Espírito não atingem apenas os indivíduos, mas também a sociedade e a história, os povos, as culturas e as religiões".

devido ao Mistério de Deus. Portanto, respeitar esse Mistério e ser capaz de discernir no histórico ambíguo a ação do Espírito permanece sempre tarefa da Igreja ao longo da história.

Daqui se tira uma importante conclusão: se quisermos corresponder realmente à ação do Espírito, temos que saber *escutar a sociedade*, discernir o que nos oferece e saber proclamar a Palavra de Deus, levando a sério as interpelações de hoje. Pois a ação do Espírito é universal, atingindo muitos de nossos contemporâneos, intérpretes dos anseios da atual sociedade. Com outras palavras, não basta repetir as formulações do passado por mais corretas que sejam, mas importa anunciar a mensagem cristã a partir da linguagem, das preocupações, dos questionamentos enfrentados por nossos contemporâneos. Só então a fé cristã será significativa e salvífica em nossos dias, só então poderá a atuação interna do Espírito ser captada e seguida numa cultura secularizada e indiferente. Como já foi afirmado: o modo de afirmar o que cremos é tão importante como o que cremos.[7]

3. A fé como experiência salvífica

Vivemos num mundo inflacionado por discursos, somos diariamente bombardeados com textos, falados e escritos, lançados pela mídia, não conseguimos avaliá-los devidamente e para sobreviver a essa torrente de palavras reagimos relativizando-as e desvalorizando-as. Nessa situação ganha força a *experiência vivida* como realidade que se impõe, que convence, que deve ser levada a sério na pastoral. Por outro lado, a história do cristianismo nos mostra que houve no curso dos séculos uma tendência a valorizar o doutrinal e o jurídico em detrimento do experiencial. A concepção "extrinsecista" da graça de Deus ou a compreensão da Igreja como sociedade perfeita aparece como razões de peso em meio a muitas outras. Mesmo reconhecendo que houve tentativas de valorizar a experiência cristã que caíam num subjetivismo alheio à economia salvífica atestada na Bíblia, tal como se deu na crise do modernismo, devemos, entretanto, enfatizar para nossos contemporâneos a dimensão vivencial da fé cristã.

---

[7] A. ROUET, *La chance d'un christianisme fragile*, Paris, Bayard, 2001, p. 43.

Sabemos que, ao acolher livremente pela fé a iniciativa salvífica de Deus em Jesus Cristo, estamos acolhendo o próprio Deus que se doa a cada um de nós. É o próprio Deus por seu Espírito que nos faz confessar Jesus Cristo (1Cor 12,3) e invocar Deus como Pai (Rm 8,15s). O cristão é templo do Espírito (Rm 8,11; 1Cor 6,19), morada de Deus (Jo 14,23; 2Cor 6,16). E como a salvação do ser humano é Deus para o qual fomos criados, como já afirmava Tomás de Aquino,[8] é a fé que atua pelo amor (Gl 5,6) realmente um *evento salvífico*. É na fé que o gesto salvífico de Deus é captado e acolhido e chega assim à sua realização. Toda a Bíblia representa a sedimentação de experiências salvíficas feitas pelo povo de Israel e pelos primeiros discípulos com Jesus Cristo. E como Deus atinge o coração enquanto centro e totalidade da pessoa humana, pode tal experiência salvífica ser descrita com termos de cunho sensível e afetivo como aparece no Novo Testamento: provar, saborear, sentir a consolação, a alegria (1Pd 2,3; Hb 6,4s; 2Cor 1,5; Rm 15,13). Paulo não hesita em apelar para a experiência do Espírito Santo feita pelos gálatas como argumento decisivo para dissuadi-los de voltar à lei mosaica (Gl 3,2-4).

É a experiência do amor de Deus que chega até nós por seu Espírito e fundamenta nossa esperança (Rm 5,5), dando início a uma *nova existência*. Pois ao acolher a iniciativa de Deus o cristão a confronta com tudo o que constitui sua própria existência, experiências e convicções, vendo-as então de modo diferente, a saber, à luz da fé em Jesus Cristo. Não se trata só de uma aceitação formal da doutrina cristã. Nas palavras de Bento XVI:

> Em virtude da fé, essa vida nova plasma toda a existência humana segundo a novidade radical da ressurreição. Na medida de sua livre disponibilidade, os pensamentos e os afetos, a mentalidade e o comportamento do homem vão sendo pouco a pouco purificados e transformados ao longo de um itinerário jamais completamente terminado nesta vida. A "fé que atua pelo amor" (Gl 5,6) torna-se um novo critério de entendimento e de ação, que muda toda a vida do homem (cf. Rm 12,2; Cl 3,9s; Ef 4,20-29; 2Cor 5,17) (*Porta Fidei* 6).

---

[8]   "Tota hominum salus... in Deo est" (*S.Th.* I,1,1).

A Igreja se preocupou no passado com a formulação doutrinal, as normas morais e o enquadramento jurídico, deixando, muitas vezes, em segundo plano a vivência, o *existencial da fé*. Vemos hoje como nossos contemporâneos buscam uma realização de si de cunho imanente e egocêntrico, uma felicidade inalcançável que acaba na decepção. Nesse contexto, a fé cristã será pertinente à medida que der sentido à vida das pessoas, atingindo-as em sua existência concreta, tornando-as mais humanas e mais felizes por colocarem em Deus seus anseios de felicidade e de paz.

Naturalmente a experiência salvífica como toda experiência humana é uma experiência já interpretada, pois se dá num ser dotado de razão que procura identificá-la como tal. Em todo conhecimento de um objeto já se encontra uma percepção subjetiva dele. Essa afirmação vale para a experiência salvífica feita no encontro com Jesus Cristo por parte dos primeiros discípulos, como também para nossas experiências hodiernas interpretadas à luz da Palavra de Deus. A *diversidade* das expressões dessa mesma experiência, já presente nos textos neotestamentários, provém dos diferentes contextos vitais e socioculturais onde se encontra o cristão.

Também tenhamos presente que a transmissão da fé a novas gerações consiste não tanto em comunicar um pacote de doutrinas ou de normas morais, quanto mais verdadeiramente em transmitir o próprio Deus vivo se doando a nós, a saber, a experiência salvífica que deu sentido e realização a nossa existência. Então, para que também as novas gerações possam dela participar, surge claramente a séria questão de expressões condizentes com a realidade vivida e entendida pelas mesmas gerações jovens. Talvez os conceitos e as imagens que utilizamos para descrevê-la pouco lhes dizem por viverem em horizontes culturais diferentes. Nossa pregação deve ser uma porta de entrada para a fé ou uma confirmação da fé. Isso vai exigir da Igreja saber discernir nos anseios de verdade, de vida, de liberdade, de justiça, presentes nas pessoas de bem a ação universal do Espírito de Deus e apresentar a fé cristã como a realização desses anseios, à semelhança dos tradicionais "preâmbulos da fé" (*Porta Fidei* 10).

Faz-se necessário traduzir para os nossos dias o que Paulo chamava de *nova vida em Cristo*, uma existência humana com sentido e esperança, capaz de amar e perdoar, de relativizar as tribulações e os sofrimentos, de experimentar a alegria de fazer o bem, de injetar amor nas relações humanas, de experimentar a liberdade em meio a tantas pressões do ambiente e, sobretudo, de viver a alegria do amor, realização plena do coração humano. Faz-se necessário também que a Igreja, como mãe e pedagoga, ensine os cristãos a experimentarem a presença suave e forte do Espírito, quando exercem sua fé na escuta meditativa da Palavra de Deus, na celebração eucarística, ou no serviço gratuito aos mais necessitados, como acontecia com Teresa de Calcutá.

II. A fé cristã como fé eclesial

Afirmar que a fé do cristão é uma realidade que não pode prescindir da Igreja não é mais uma asserção tão óbvia em nossos dias. Pois a crescente emergência da subjetividade, característica do nosso passado mais recente, se degenerou nos últimos decênios no atual individualismo cultural que desvincula a pessoa humana das tradições e das instituições, erigindo-a como origem autônoma de suas concepções, de seus valores e de suas ações. O pluralismo religioso presente na atual sociedade e a liberdade que tem o indivíduo de escolher sua religião ou sua Igreja geram uma mentalidade que deprecia, relativiza ou mesmo se distancia da instituição religiosa. Essa situação se vê agravada pelas leituras da Igreja efetuadas pelas ciências humanas e sociais, cujas perspectivas se detêm no aspecto institucional externo dela, sem chegar à sua identidade verdadeira. As deficiências e escândalos provocados por membros da hierarquia e farta-mente propagados pela mídia tornam a *desafeição eclesial* ainda maior.

Em *nosso país* pode ser observado o chamado "trânsito religioso", a saber, a adesão sucessiva a várias Igrejas por parte do fiel, que significa no fundo certa relativização da instituição religiosa em favor dos interesses ou das necessidades individuais. Evangelização insuficiente, ausência do clero em regiões mais carentes, forte atuação das Igrejas pentecostais, desavenças na própria comunidade, situações extremas de miséria, indi-vidualismo cultural são alguns fatores que explicam esse fenômeno, que não é exclusivo da Igreja Católica.

Tendo bem presente esse contexto sociocultural, optamos por dividir o tema da fé eclesial em duas partes, de fato intimamente relacionadas entre si, mas que pedem um tratamento próprio. Veremos primeiramente a Igreja enquanto sujeito da fé (*fides Ecclesiae*) e, em seguida, examinaremos nossa fé na Igreja (*credo Ecclesiam*).

1. A Igreja que crê

Reconhecemos de antemão que a graça de Deus pode alcançar qualquer ser humano fora de uma comunidade eclesial e que ele pode mesmo acolhê-la sem mais em sua vida, como deixou claro o Concílio Vaticano II (LG 16; GS 22). Mas o nosso tema é outro, a saber, a *fé*. Alguém poderia pensar na relação entre fé individual e Igreja desse modo: o cristão acolheria na fé a pessoa e a mensagem de Jesus Cristo indo se reunir, num segundo momento, aos outros que professam a mesma fé, constituindo então a comunidade dos fiéis, a Igreja. Porém essa concepção se revela falsa, pois como pode ele chegar até Jesus Cristo, como consegue garantir que sua fé abarca tudo o que se entende por fé cristã, como consegue se assegurar que sua compreensão limitada dessa fé corresponde realmente à compreensão correta dela?[9]

Portanto, a plenitude da fé se encontra na Igreja e "a fé do cristão não é senão uma *participação nessa fé comum da Igreja*. É pela mediação da Igreja, é no interior da Igreja que o cristão pode dizer com toda verdade: eu creio em Deus".[10] Desse modo, o dilema de Schleiermacher, que vê no protestantismo a relação com a Igreja depender da relação com Cristo e no catolicismo o inverso, é um falso dilema, pois também para a Reforma a Igreja não consiste numa união posterior de indivíduos que creem, pois só há Igreja onde o Evangelho é corretamente pregado (*pure*) e os sacramentos retamente (*recte*) administrados, e é exatamente nessa Igreja que o cristão encontra Jesus Cristo.[11]

---

[9]   Já o fato de alguém que recuse qualquer afirmação por lhe parecer estranha, surpreendente ou desinstaladora acaba por permanecer prisioneiro de sua própria subjetividade limitada.

[10]   H. DE LUBAC, op. cit., p. 221.

[11]   W. PANNENBERG, *Systematische Theologie III*, Göttingen, Vandenhoeck, 1993, p. 118s.

Pois o cristianismo resulta da iniciativa de Deus de *entrar na história* na pessoa de Jesus Cristo com o fim de salvar a humanidade. Este Jesus Cristo nos é legado vivo, de geração em geração, pela Igreja, realidade visível e histórica, em cuja vida e querigma o apelo de Deus se faz ouvir. "Todo cristianismo privado é ilegítimo", como afirma Karl Barth.[12] Ainda mais. Os que pretendem fundamentar sua fé apenas nos textos neotestamentários esquecem que eles representam já expressões e confissões de uma fé vivida *na comunidade* antes de se sedimentar nos escritos. A atual cultura individualista ressalta a necessidade de insistirmos na eclesialidade da fé cristã.

Por outro lado a história do cristianismo nos comprova que a livre leitura da Palavra de Deus, sem ter em conta a fé da Igreja, provoca uma enorme e sempre crescente fragmentação do próprio cristianismo à mercê de interpretações inconsistentes que, em alguns casos, nos levam a questionar se ainda estamos lidando com a verdadeira fé cristã. Esse fato se vê agravado pela atual sociedade pluralista, na qual a Igreja não mais detém o controle social de suas verdades e de seus símbolos. Assistimos assim aos maiores disparates sobre a pessoa e a mensagem salvífica de Jesus Cristo, por serem leituras feitas a partir de perspectivas estranhas à fé cristã. Mais um motivo para enfatizarmos a *eclesialidade da fé cristã.* Essa é teologal em seu objeto, por se dirigir ao próprio Deus, mas em sua modalidade é eclesial, pois é a Igreja que garante a autenticidade do meu ato de fé. É a Igreja que nos ensina a dizer: eu creio, nós cremos (*Porta Fidei* 10).

Deve ainda ser observado que a transmissão da fé não acontece apenas pelo anúncio da Palavra de Deus, mas também e muito especialmente pelo *testemunho de vida* da comunidade eclesial (*Porta Fidei* 9). Não legamos apenas verdades aos nossos pósteros, e sim a realidade viva e atuante de Deus nos membros da comunidade que *vivem* a caridade, o perdão, o desapego, a solidariedade, a honestidade, que demonstram terem valores e referências substantivas em suas vidas por serem cristãos, por obedecerem aos impulsos do Espírito Santo (Gl 5,25), por plasmarem suas vidas

---

[12]   Citação em LUBAC, op. cit. p. 218.

à semelhança do Mestre de Nazaré. Membros da comunidade eclesial são nossos pais, nossos familiares, nossos educadores, nossos catequistas, nossos párocos, que por seu exemplo de vida e autêntica profissão de fé cristã nos sensibilizaram a também acolhê-la e por ela estruturar nossas vidas. "A experiência da Igreja se torna nossa experiência, como sua vida se torna nossa vida."[13] Nas palavras de Bento XVI: "Aquilo de que o mundo tem hoje particular necessidade é o testemunho credível de quantos, iluminados na mente e no coração pela Palavra do Senhor, são capazes de abrir o coração e a mente de muitos outros ao desejo de Deus e da vida verdadeira, aquela que não tem fim" (*Porta Fidei* 15).

A plenitude da fé presente na totalidade dos fiéis é garantida pela *ação do Espírito Santo*, responsável pelo "sentido da fé" (*sensus fidei*) que possibilita o consenso na fé de toda a Igreja (LG 12). "Assim a Igreja, em sua doutrina, vida e culto, perpetua e transmite a todas as gerações tudo o que ela é, tudo o que crê" (DV 8). Porém, o texto conciliar vai mais além ao afirmar um crescimento na compreensão das verdades transmitidas, por parte de todos, pela ação do Espírito Santo. "Cresce, com efeito, a compreensão tanto das coisas como das palavras transmitidas, seja pela contemplação e estudo dos que creem, os quais as meditam em seu coração (cf. Lc 2,19.51), seja pela íntima compreensão que experimentam das coisas espirituais, seja pela pregação daqueles que, com a sucessão do episcopado, receberam o carisma seguro da verdade. A Igreja, pois, no decorrer dos séculos, *tende continuamente* para a plenitude da verdade divina, até que se cumpram nela as palavras de Deus" (DV 8).

Essas afirmações do Concílio Vaticano II são importantes para nossa reflexão. Primeiramente é a fé da Igreja anterior à distinção de Igreja docente e discente por estar presente em ambas.[14] Ela também é mais rica na vivência de fé da Igreja universal do que nas próprias expressões da teologia e mesmo do magistério eclesiástico.[15] Não que ela acrescente algo à revelação, mas que indique ser a *apropriação subjetiva* do dado

---

[13] Ibid., p. 229.

[14] Ibid., p. 221.

[15] K. RAHNER, "Dogmatische Randbemerkungen zur 'Kirchenfrömmigkeit'", *Schriften zur Theologie V*, Einsiedeln, Benzinger, 1962, p. 391s.

revelado, guiada pelo Espírito Santo, uma tarefa que compete à própria Igreja ao longo de sua história, como afirma o texto supracitado da *Dei Verbum*. Essa *fé eclesial*, que se faz presente e atuante na vida dos fiéis, resulta da ação do Espírito Santo e proporciona um conhecimento *sui generis* das verdades de fé, reconhecido na época patrística e valorizado numa eclesiologia de comunhão.[16] Tomás de Aquino considerava o sentido da fé um "conhecimento por conaturalidade", uma percepção pré-conceptual, um saber que provém da sintonia do fiel com o dado da fé. Desse modo, ele atribui aos que vivem seriamente sua fé uma maior penetração na verdade revelada. Nas palavras do apóstolo João: "Todo aquele que ama nasceu de Deus e chega ao conhecimento de Deus. Quem não ama não descobriu a Deus, porque Deus é amor" (1Jo 4,7s).

Deve-se notar que esse "sentido de fé" não é uma realidade autônoma, pois nele estão implicadas a Escritura, a tradição, o magistério e a teologia. Ele também não pode ser verificado por pesquisas de cunho sociológico que buscam resultados estatísticos. Além disso, esse saber pessoal do fiel emerge na consciência e consegue se expressar sempre no interior de um contexto sociocultural com seus desafios e linguagens. Hoje a insuficiente formação religiosa de muitos cristãos pode conviver com uma *autêntica* vida de fé expressa de modos próprios, simples, e talvez pouco conformes com o ensino oficial da Igreja. Representam as mediações disponíveis em seu contexto vital para se relacionarem realmente com Deus. A pobreza da expressão não nos deve iludir sobre a seriedade do gesto. Todos conhecemos bem a firmeza da fé entre os mais simples da sociedade.

A eclesialidade da fé cristã não consiste num único padrão a ser igualmente imposto a todos, pois os itinerários de fé são diversos como reconheciam os bispos na Assembleia de Aparecida (DAp 281). A multiplicidade de situações e contextos vitais da atual sociedade pluralista obriga os cristãos a viverem sua fé em meio a novos desafios que exigem novas linguagens e novas práticas. Essas experiências poderiam representar uma

---

[16] W. BEINERT, "Der Glaubenssinn der Gläubigen in Theologie – und Dogmengeschichte. Ein Überblick", em: D. WIEDERKEHR (Hrsg.), *Der Glaubenssinn des Gottesvolkes:Konkurrent oder Partner des Lehramts?*, Freiburg, Herder, 1994, p. 66-131.

contribuição importante para o magistério eclesiástico e para a teologia. A fé do laicato tem também algo a dizer à compreensão mais ampla da fé cristã.[17] Naturalmente todos esses fatores dificultam sobremaneira detectarmos a realização de um "consenso dos fiéis", como aconteceu nos primeiros séculos do cristianismo, quando as condições de vida eram bem menos complexas do que as de hoje. Mesmo reconhecendo essa dificuldade, parece-nos importante ter em séria consideração a fé da Igreja universal em nossos dias, quando presenciamos tensões entre autoridades eclesiásticas e grupos de fiéis na Igreja.

De fato, as sucessivas e rápidas transformações socioculturais que experimentamos nos últimos anos trazem novos desafios, novas perspectivas de compreensão, novos dados que acabam por *questionar* concepções e práticas anteriores. A sabedoria milenar da Igreja a leva a reagir mais lenta e cautelosamente do que muitos católicos desejariam. A comunhão de recasados, a admissão ao sacerdócio de homens casados (*viri probati*), os métodos de controle da natalidade, a pastoral dos homossexuais, uma descentralização no governo da Igreja, um espaço maior para o laicato, um maior reconhecimento da mulher na comunidade eclesial são questões complexas pelas sérias consequências que decorrerão de qualquer decisão tomada pelo magistério eclesiástico. Nesse meio tempo, muitos católicos se afastam da Igreja, principalmente no Primeiro Mundo, mas também entre as classes sociais mais cultas do Terceiro Mundo.

Não nos cabe aqui apresentar respostas para tais problemas. Mas julgamos dever apontar alguns fatores que poderão contribuir para a Igreja chegar a tais respostas. Sabemos que nos primeiros séculos do cristianismo se chegava a um consenso sobre algum tema na Igreja através da *recepção* dele por parte das Igrejas locais. Não se tratava tanto de uma obediência *formal* (aspecto jurídico) a uma instância superior (Sumo Pontífice, Concílio Ecumênico), mas de um reconhecimento de que o conteúdo correspondia à fé ou ao bem da Igreja.[18] A recepção implicava

---

[17] K. RAHNER, "Offizielle Glaubenslehre der Kirche und faktische Gläubigkeit des Volkes", *Schriften zur Theologie* XVI, Einsiedeln, Benzinger, 1984, p. 217-230.

[18] Y. CONGAR, "A 'recepção' como realidade eclesiológica", em: Y. CONGAR, *Igreja e Papado*, São Paulo, Loyola, 1997, p. 291.

uma eclesiologia de comunhão que, por razões históricas,[19] acabou dando lugar a uma maior centralização do governo da Igreja no papado. Esse fato fez nascer posteriormente, a partir do século XIX, uma eclesiologia ultramontanista que reduzia o acolhimento dos pronunciamentos do magistério a uma obediência formal, dependente apenas da legitimidade da autoridade e da verdade do que é prescrito.[20]

Mesmo reconhecendo ao magistério eclesiástico sua legitimidade proveniente da própria revelação de Deus e sua missão de zelar pela verdade da fé, constatamos hoje certa crise de autoridade no interior da Igreja. Algumas características da atual cultura poderão ajudar a diminuir a desafeição de alguns para com o governo eclesiástico. Assim, *a noção de autoridade* não significa sem mais poder, pois ela respeita a inteligência e a liberdade dos indivíduos e da comunidade, sabendo oferecer razões e cativar a liberdade. Sua legitimidade ganha força quando é *reconhecida* pelos que lhe estão sujeitos. É o sentido que lhe dava Santo Agostinho, quando falava da autoridade (*auctoritas*) da Igreja que o impressionava ou de Newman ao explicitar a atração que sobre ele exerce o catolicismo.[21] Ainda hoje constatamos como alguns pastores desfrutam de grande autoridade junto a seu rebanho pelo seu testemunho de vida cristã.

Nossos contemporâneos demonstram uma consciência crítica quando deles se exige uma obediência apenas formal, sem fundamentar a verdade a ser acolhida. Além disso, a mentalidade reinante hoje é que todos participem das opções que digam respeito à organização da sociedade. Não mais vivemos numa sociedade hierárquica de acesso mediado, mas numa sociedade de acesso direto, que possibilita a participação de todos.[22] E essa mentalidade atinge também os cristãos em sua relação com a Igreja.

---

[19] Y. CONGAR, *L'Église de saint Augustin à l'époque moderne*, Paris, Cerf, 1997.

[20] H.-J. POTTMEYER, "Rezeption und Gehorsam. Aktuelle Aspekte der wiederentdeckten Realität 'Rezeption'", em: W. BEINERT (Hrsg.), *Glaube als Zustimmung. Zur Interpretation kirchlicher Rezeptionsvorgänge*, Freiburg, Herder, 1991, p. 58-66.

[21] J. KOMONCHAK, "Authority and Conversion or: Limits of Authority", *Cristianesimo nella Storia* 21 (2000) p. 216-220.

[22] CH. TAYLOR, *Uma era secular*, Editora Unisinos, São Leopoldo, 2010, p. 255s.

Nesse sentido, a diversidade de contextos culturais nos quais os cristãos vivem a sua fé recomenda que eles sejam *escutados* quando expressam sua vivência própria da mesma fé cristã. Pois também neles atua o Espírito Santo, também eles desfrutam do sentido da fé, também eles poderão oferecer expressões e práticas adequadas aos nossos dias e assim facilitar a compreensão e a aceitação da Palavra de Deus hoje.

No momento em que a Igreja reconhece explicitamente que os leigos/as não são massa passiva, mas discípulos/as missionários, já que a todo cristão como membro da Igreja compete participar de sua atividade missionária, faz-se mister reconhecê-los como "sujeitos" e lhes conceder uma verdadeira participação na tríplice missão que lhes confere seu Batismo.[23] Nesse sentido, ganha importância a eclesiologia de comunhão, a colegialidade vivida, o reconhecimento das Igrejas locais, conquistas do Concílio Vaticano II recuperando a rica herança dos primeiros séculos da Igreja, pois a inculturação da fé nos diversos contextos socioculturais facilitará a aceitação e o reconhecimento da autoridade eclesiástica e crescimento de uma autêntica fé eclesial. No fundo estamos levando a sério a presença viva de Cristo e a atuação de seu Espírito nas Igrejas locais, que sendo *o mesmo* é a garantia última da unidade da Igreja na diversidade das expressões.

2. A fé na Igreja

Nas mais antigas profissões de fé, a Igreja aparece em seguida à confissão de fé na Santíssima Trindade. Como nossa fé vai dirigida somente a Deus, resulta ser essa fé diversa da fé teológica. Os antigos distinguiam, assim, um "credere *in* Deum" e um "credere Ecclesiam".[24] Nossa língua não consegue traduzir essa diferença, embora importantíssima para não cairmos numa idolatria. E, contudo, expressamos nossa adesão filial à Igreja dizendo que cremos nela. Como explicar esse uso? Primeiramente deixemos claro que nossa referência à Igreja diz respeito a todos os seus

---

[23] M. FRANÇA MIRANDA, "É possível um sujeito eclesial?", *Perspectiva Teológica* 43 (2011) p. 55-82.

[24] LUBAC, Op. cit., p. 201-212.

membros, e não somente à hierarquia. Ela abarca *todas as pessoas* que acreditam em Deus, que confiam no Mistério Infinito como amor e misericórdia, como o sentido último de suas vidas, como fator estruturante de sua existência. Tudo isso jamais seria possível sem a atuação do próprio Deus através de seu Espírito. De fato, é o próprio Deus que nos capacita a ter fé em Deus. Portanto, na comunidade eclesial está presente e atuante o próprio Deus, acolhido pelos fiéis. Assim, a Igreja é antes de tudo uma *comunidade de fé* que existe pela ação do próprio Deus que a sustém, mais do que por fatores institucionais ou jurídicos.[25]

Ciente dessa verdade de fé, o texto da Constituição Dogmática sobre a Igreja inicia-se tratando a Igreja como *mistério* por dever sua existência à ação salvífica do Pai, do Filho e do Espírito Santo (LG 2-4), de tal modo que não conceitos, mas apenas imagens podem caracterizá-la (LG 6s; 9). Ora, somente na fé, portanto, se pode chegar a uma *compreensão adequada e correta* da Igreja. Essa afirmação se revela muito importante em nossos dias. Pois sendo ela também um "organismo visível", "uma só realidade complexa em que se funde o elemento humano e o divino" (LG 8), pode ela ser captada apenas em sua dimensão institucional, sobretudo hoje com o progresso das ciências sociais. A ótica que prescinde da fé é sem dúvida legítima, desde que consciente de sua perspectiva de leitura, limitada e parcial, ao ter a Igreja como seu objeto. Caso contrário, podemos ceder à tentação (e quantos caem!) de utilizarmos apenas critérios de organização e de eficácia para garantir a solidez e o florescimento da comunidade dos fiéis. Pior ainda quando tais estudos e tais avaliações são realizados por pessoas sem fé e sem uma genuína experiência eclesial. Afirmemos mais uma vez: a Igreja existe porque nela Deus está presente e atuante na fé de seus membros. Se, por um lado, chegamos à fé através da Igreja, esta última subsiste através da fé dos cristãos.[26]

Somente um *olhar a partir da fé* pode nos revelar o mistério da Igreja. Um olhar que vai além da hierarquia, das celebrações, das normas, da organização, das pastorais, enfim do que chama mais a nossa atenção,

---

[25] K. RAHNER, art. cit., p. 395.

[26] Ibid., p. 388: "So wird Glaube durch Kirche und Kirche durch Glaube".

e consegue ver o Espírito Santo atuando na fé e na vida dos mais simples, dos mais anônimos, dos mais humildes, dos mais sofridos, que constituem a grande maioria dos fiéis. Essa multidão que, em difíceis condições de vida, testemunha sua fé, mantém sua esperança e realiza sua caridade para com Deus e o próximo, constitui a Igreja e é a prova segura da presença atuante de Deus na comunidade eclesial. Quanto mais homens e mulheres estiverem a serviço dos outros à semelhança de Cristo, tanto mais aí estará a Igreja. Seu centro verdadeiro não coincide com seu centro de governo e administração.[27] E nesse sentido podemos falar de um amor à Igreja, um amor a seus membros que nos legaram por palavras e ações a mensagem salvífica de Jesus Cristo, que nos acolheram e educaram na fé.

Temos que corrigir nossa maneira de *olhar a Igreja*. Vemo-la como que "de fora" atentos a seu aspecto institucional e a sua hierarquia. Então não resulta difícil apontar nela insuficiências, do mesmo modo que protestamos contra as imperfeições das demais instituições da sociedade, sobretudo, como já mencionamos, numa época de rápidas e sucessivas mudanças socioculturais. Temos de nos convencer de que *nós é que somos Igreja* com nossas limitações, nossos egoísmos, nossos comodismos, nosso fechamento aos apelos do Espírito. Portanto, não nos iludamos, a transformação que desejamos para a Igreja passa necessariamente pela nossa *conversão*. Cabe a nós, pelo nosso testemunho de vida, deixar transparecer para a sociedade o verdadeiro rosto da comunidade de fiéis, mesmo que na imperfeição própria da condição humana.

Assim, a luta pela renovação institucional da Igreja é também tarefa que compete a cada um de nós. Sem nossa colaboração, seja ela como apoio, sugestão, crítica, o teologal da Igreja (sua identidade) não poderá transparecer no institucional, diminuindo assim sua credibilidade e sua irradiação na sociedade. A instituição deve ser moldada pelos valores do Reino de Deus, (frutos do Espírito) e não pelos critérios do mundo (prestígio, poder, sucesso). Como já se afirmou: "O modo pelo qual a Igreja se deixa ver, pertence à sua missão. Ou dito com outras palavras,

---

[27] J. RATZINGER, *O novo Povo de Deus*, São Paulo, Paulinas, 1974, p. 230.

a organização da Igreja deve refletir o conteúdo da própria fé mesmo que seja apresentado de modo diferente conforme as épocas".[28]

Tal *renovação* desejada por todos nós, por ter lugar numa sociedade secularizada e crítica, não pode cair na tentação de voltar a formulações e práticas do passado, tentação essa nascida de uma concepção errada do que seja a tradição na Igreja e do medo (consciente ou não) de correr o risco da fé. Hoje essa renovação deverá se inspirar na pessoa de *Jesus Cristo* que fez de sua vida uma vida para os outros, que sacrificou sua existência por nós, comprovando assim o amor real de Deus por nós. Veio para servir (Mt 20,28), veio "para que todos tenham vida e a tenham plenamente" (Jo 10,10), um conceito amplo de vida que inclui a vida eterna. A missão da Igreja passa pelo cuidado com o ser humano, pela luta com outros para diminuir o sofrimento, as desigualdades sociais, as injustiças, a violência, sabendo, anunciando e testemunhando que só com a força de Deus o ser humano consegue voltar-se para seu semelhante à semelhança do Bom Samaritano. Onde a comunidade eclesial segue seu Mestre, aí não temos dificuldade em amar a Igreja.

Resumindo esta exposição: nossa *fé cristã* hoje está desafiada pela sociedade, fato que nos possibilita vivê-la com maior autenticidade; nossa *fé eclesial* pede de nós uma participação ativa em traduzi-la e vivê-la no atual contexto sociocultural; nossa *fé na Igreja* nos capacita olhá-la em sua verdade e assim amá-la.

---

[28]   A. ROUET, *J'aimerais vous dire*, Paris, Bayard, 2009, p. 211.

Em vista da NOVA EVANGELIZAÇÃO

Falar de "nova evangelização" não é algo tão óbvio e inocente como parece à primeira vista. Pois evangelização, enquanto proclamação do querigma salvífico presente nas palavras e na vida de Jesus Cristo, não pode ser velha ou nova, já que é sempre a mesma; é o que garante a identidade do cristianismo. Portanto, a confissão de fé de que Deus nos reconcilia consigo através da pessoa de seu Filho, inaugurando assim uma nova era para a humanidade, permanece sempre a mesma, embora continuamente exposta a interpretações diversas ao longo da história, como já aconteceu na primeira geração de cristãos, conforme nos atestam Paulo e João, que empregam expressões diversas para o mesmo evento salvífico. Logo, o termo "nova" não pode dizer respeito ao *conteúdo* da verdade cristã. Então, como justificá-lo a não ser examinando a *modalidade* através da qual essa evangelização está sendo realizada?

Pois a Igreja experimenta em nossos dias grande dificuldade em transmitir a fé para as novas gerações, sinal de alarme que exige um exame sério dos *canais tradicionais* dessa transmissão. Por outro lado, não podemos afirmar estar diante de uma questão totalmente nova, pois tanto os participantes do Concílio Vaticano II como os textos posteriores de Paulo VI, como a Exortação Apostólica *Evangelii Nuntiandi*, ou de João Paulo II, como a Encíclica *Redemptoris Missio*, já se debatiam com esse desafio. Reconhecemos, por um lado, ainda hoje a pertinência de suas conclusões, mas, por outro, somos premidos a examinar de novo a questão da transmissão da fé. Esse fato já nos indica que o contexto sociocultural, as condições de vida e os ouvintes da mensagem são *outros*. Ora, a mensagem cristã da salvação só será considerada *tal* por uma geração à medida que puder incidir em seus anseios, angústias, carências, sofrimentos, busca de sentido e de realização. Certamente não se trata de proclamar *outra* mensagem adaptada ou submissa às necessidades históricas e transitórias de uma geração, mas de *enfatizar* no mesmo anúncio da fé *algumas verdades*, talvez esquecidas ou relegadas no passado, mas de grande importância em nossos dias.

De fato, a proclamação da fé jamais se dirige ao ser humano em geral, pois este nunca existiu, porém sempre a homens e mulheres vivendo numa época histórica e numa sociedade concreta. Desse modo a plenitude da mensagem inevitavelmente será entendida e apropriada através de perspectivas peculiares, parciais e imperfeitas, porque históricas, mas abertas a outras leituras que as completarão. Embora a fé do cristão se dirija à plenitude do mistério de Deus, inacessível ao conhecimento humano, ela sempre terá *o todo no fragmento* da compreensão, da linguagem e da expressão humana, condicionadas e limitadas. A história do cristianismo apresenta assim uma sucessão de compreensões de verdades centrais que, embora diversamente tematizadas, sempre se mantiveram fiéis aos dados da revelação bíblica. Mencionemos, como exemplo, o conceito fundamental de "salvação cristã". Sem dúvida alguma, a *razão principal* dessa evolução ao longo dos séculos está nas transformações socioculturais, nos desafios existenciais, nas linguagens disponíveis próprias de cada época. Pois a evangelização é a razão de ser da Igreja, e essa proclamação da fé deve poder chegar, de fato, a seus ouvintes, deve ser entendida e significativa para cada geração. Daí poder e dever ela hoje apresentar modalidades diversas, tal como se deu de fato no passado. Querer manter a mesma modalidade de pastoral evangelizadora, quando o cenário já pede outra, acaba se revelando uma solução cômoda, mas enganosa e ineficaz, gerando uma crise na transmissão da fé.

Essa afirmação se vê confirmada quando tomamos consciência explícita de que vivemos o final de uma *era de cristandade* e adentramos num outro período histórico, ainda não bem definido devido à velocidade das mudanças em curso. Sabemos que durante muitos séculos a fé cristã recebeu importante respaldo da sociedade, marcada por valores e práticas provindas do Evangelho que atuavam como uma autêntica estrutura de plausibilidade para a fé cristã. Pois essa fé, já inserida na cultura e no tecido social, era uma realidade aceita por todos, concentrando-se então a evangelização no ensino da doutrina e na frequência às práticas especialmente sacramentais. Além disso, ao difundir os princípios morais cristãos na sociedade, a Igreja atuou como educadora dessa sociedade. Não negamos que a atividade missionária para fora da Europa proclamou o querigma salvífico, mas em geral pouca importância deu aos contextos vitais e às culturas locais dos evangelizados, insistindo mais no doutrinal e no sacramental, visando reproduzir em terras distantes a comunidade eclesial ocidental.

A *atual sociedade* pluralista, instável, diversificada, participativa, secularizada, dominada por uma racionalidade de cunho científico-experimental e econômico, e assim pragmática e utilitarista, vê no discurso cristão apenas mais um entre tantos os que são apregoados, relativizados e, consequentemente, enfraquecidos. O crescimento dos que se declaram sem religião, a indiferença de muitos fiéis com relação ao magistério eclesiástico, o surto de religiões esotéricas, a religiosidade afastada da instituição, para citar apenas alguns sintomas hodiernos, demonstram a necessidade de se *rever* a modalidade evangelizadora do passado. Pois a fé não mais pode ser pressuposta, pois *é ela exatamente que se encontra questionada*. Portanto, o problema de fundo gira hoje em torno da proclamação do querigma aos "de fora", que os leve a uma livre opção de fé, opção essa que lhes proporcione orientação e fundamento para viverem a aventura da existência humana. Só nessa perspectiva podemos enfim entender por que podemos e devemos falar hoje de *nova* evangelização.

Entretanto, podemos ainda indicar *outra razão* que justifica a urgência de novos caminhos de evangelização. A ação salvífica de Deus no mundo e na história acontece sempre através de uma *mediação humana* pela qual Deus realiza seu desígnio salvífico. De fato, o Transcendente se faz presente e atuante na humanidade através de determinadas pessoas que influem e moldam a sociedade e a história. Prova disso é o Antigo Testamento com seus patriarcas, profetas e reis. Prova disso é a humanidade de Jesus Cristo, revelação e realização perfeita e última do projeto divino, através de suas palavras e ações. Prova disso é a comunidade humana dos fiéis, a Igreja, a testemunhar nas palavras e na vida de seus membros a ação salvífica de Deus em Jesus Cristo, demonstrando-a sempre viva e atual para as sucessivas gerações humanas.

Mas essa mediação humana, vista mais de perto, nunca é geral e indeterminada como seu conceito universal. Pois todo ser humano se encontra sempre inserido num contexto sociocultural bem concreto, que lhe fornece características próprias, como cultura, linguagem, *éthos*, organização social, diretivas para sua vida afetiva e profissional. Portanto, a proclamação salvífica deve respeitar tais condicionamentos para que possa realmente ser captada, entendida e acolhida. Querer reter apenas a ação divina ao liberá-la de sua expressão histórica, contextualizada, particular, constitui sem mais uma tarefa impossível. Naturalmente não só a iniciativa divina deve se "encarnar" e se submeter à mediação humana histórica, mas também essa mediação se vê questionada, transformada e plenificada pelo agir salvífico de Deus. "A graça pressupõe e aperfeiçoa a natureza", como diziam os antigos. Mas não vamos entrar nessa questão. Basta que retenhamos que a Palavra de Deus não pode ser tal prescindindo de seu entorno sociocultural, como vem afirmado na Constituição Dogmática *Dei Verbum* do Concílio Vaticano II (DV 12).

Sendo assim, a modalidade de evangelização do passado, mesmo que outrora adequada e eficaz, não deve ser fossilizada e aplicada para hoje, já que experimentamos fortes transformações socioculturais, as quais a tornam inadequada e inócua. Desse modo, é tarefa urgente em nossos dias esquadrinhar a sociedade para descobrir *novas mediações* de Deus que sejam acessíveis e pertinentes para nossos contemporâneos. E aqui se abre todo um programa pastoral para a Igreja. Ao entrar em diálogo com a sociedade, tal como aconteceu no Concílio Vaticano II, a Igreja se renova, se mantém viva, se expressa, compreende a si própria, se institucionaliza, exerce sua missão evangelizadora em coerência com os desafios, apelos e necessidades de uma época. Na fidelidade ao legado da revelação, ela, como realidade humano-divina, está em contínua evolução, voltada para o futuro, para o Deus sempre maior, único absoluto de sua caminhada.

Vamos tratar desta temática privilegiando três focos de tensão em nossos dias. Sem dúvida uma escolha subjetiva sujeita a alternativas possíveis e justificadas, mas que, em nossa opinião, aponta para pontos nevrálgicos da missão pastoral da Igreja. O primeiro deles trata da situação da *fé hoje*, vista não tanto em seu conteúdo (também importante) quanto em seu ponto de partida, a saber, trata do acesso ao ato de fé. Em seguida examinaremos a necessária *conversão eclesial* que tanto diz respeito aos membros da Igreja (nova mentalidade) como a seu aspecto institucional (nova configuração). Finalmente, abordaremos um componente da vida eclesial que deveria ser mais reconhecido e valorizado, a saber, a ação do Espírito Santo ou a *dimensão mística e existencial* da fé cristã.

I. Crer e transmitir a fé em nossos dias

1. A importância da experiência pessoal

O fim de uma época histórica caracterizada como a *cristandade* vem sendo experimentado por todos nós em meio à preocupação, desânimo, sentimento de insegurança e até mesmo angústia. A visão cristã da realidade com sua mensagem orientava as mentes e com suas normas ordenava a vida social. Ela conseguia se fazer presente e atuante nos mais diversos setores da vida humana: familiar, profissional, cultural, econômica, política etc. A identidade social de cada indivíduo já lhe era dada por esse seu contexto sociocultural e religioso. Entretanto, como sabemos, a hegemonia da visão cristã irá se enfraquecendo no decorrer da história devido ao desenvolvimento das ciências experimentais, à emancipação do poder político da tutela religiosa (especialmente por razão das guerras internas ao cristianismo no século XVI), à emancipação da economia, que, como os demais setores vitais e sociais, passa a desfrutar de própria racionalidade e normatividade sem necessitar recorrer à moral como outrora. Daí o surgimento de setores sociais múltiplos com linguagens e práticas próprias. A sociedade perde a homogeneidade e a unidade do passado e se torna assim uma *sociedade pluralista*, como hoje a conhecemos.

Entretanto, sabemos que os diferentes setores sociais, embora usufruindo de cidadania numa sociedade democrática, não detêm com a mesma força um poder de influência nesta sociedade. Pois o enorme desenvolvimento das ciências exatas e experimentais moldou lentamente um tipo de *racionalidade* assim dita científica que desvaloriza qualquer saber que não provenha da experiência e seja por ela comprovado. Assim, um tipo de conhecimento acaba por se impor como o único e autêntico conhecimento, tornando problemáticas e degradando as outras modalidades do saber humano que buscam respostas para questões que ultrapassam o conhecimento empírico e limitado das ciências exatas. Naturalmente, dentro dessa perspectiva tudo o que não for diretamente objeto de experiência verificável passa a ser considerado ilusão, imaginação, projeção de sonhos.

Deus enquanto transcendente a este mundo, enquanto não pode ser um objeto de conhecimento ao lado de outros, enquanto é o que subjaz, suporta e mantém toda a realidade, enquanto não pode ser atingido diretamente por nenhuma racionalidade científica, se vê, por conseguinte, diretamente questionado em sua realidade. Então, a fé em Deus tão tranquila nos séculos passados se transforma num verdadeiro problema em nossos dias. Vivemos hoje um humanismo fechado, imanente, horizontal, apenas ocupado e preocupado com as realidades deste nosso mundo.[29] Essa situação é agravada pela rejeição das *tradicionais representações* de Deus por parte das ciências, representações essas que atribuíam a Deus a solução para os âmbitos desconhecidos da razão humana, desvendados ou controlados posteriormente pelas mesmas ciências. Igualmente, imagens de Deus demasiado antropomórficas, ou mesmo atributos divinos sem as devidas precisões da história salvífica, como a onipotência de Deus, acabam gerando uma atmosfera de ceticismo em nossos contemporâneos. Sem dúvida a crise de fé em nossos dias está intimamente relacionada com o questionamento das representações tradicionais de Deus devido às profundas transformações socioculturais que experimentamos.

---

[29] Ver a gênese histórica dessa situação em Ch. TAYLOR, *Uma era secular*, Ed. Unisinos, S. Leopoldo, 2010.

Podemos e devemos acrescentar ao quadro descrito o importante fato da *emergência da subjetividade* na cultura atual. A sociedade pluralista se caracteriza por uma ampla oferta de sentidos e de orientações para o indivíduo construir sua autobiografia sem enquadrá-lo, como no passado, apenas numa única visão aceita e imposta pela sociedade. Ao contrário, ela é fortemente tolerante, deixando a cada um a liberdade de escolha entre tantas possibilidades, embora essa mesma liberdade seja considerada por alguns como um verdadeiro ônus para o indivíduo. De qualquer modo, este consegue uma identidade própria mais flexível, capaz de compromissos, não tanto dependente de normas vindas "de fora", mas caracterizadas por serem autônomas, distantes de "papéis sociais", tolerantes, ambíguas, empáticas e capazes de representarem a si próprias. Sua repercussão no âmbito familiar e religioso é altamente problemática, pois desses setores provinham as orientações decisivas para a formação da personalidade.[30]

Por outro lado, a oferta generosa de sentidos e orientações leva o indivíduo a ter que *optar*. Observamos que o critério determinante de suas opções passa a ser o que *melhor* integra as várias facetas de sua vida, o que melhor o capacita para a ação, o que melhor o faz experimentar sentir-se bem, ser feliz, equacionar ou mesmo dominar seus problemas vitais. Esse mesmo critério o leva a relativizar os dados tradicionais que herda, a criar novos tipos de relacionamento afetivo e familiar, a distanciar-se das instituições tradicionais, religiosas ou não e, sobretudo, a valorizar suas *experiências fortes* e marcantes. Pois a ampla oferta de caminhos a seguir diminui o valor e a relevância de cada um deles. Igualmente, por sua grande quantidade exige um tempo de reflexão que o sujeito não tem a sua disposição, pressionando-o a optar em condições impróprias. Também as grandes e tradicionais instituições, incluída a Igreja, não mais conseguem através de orientações e normas fazer face à complexa e mutante situação em que vivem nossos contemporâneos.[31]

---

[30] F. X. KAUFMANN, *Kirche in der ambivalenten Moderne*, Herder, Freiburg, 2012, p. 81s.

[31] F. X. KAUFMANN, *Kirchenkrise. Wie überlebt das Christentum?*, Herder, Freiburg, 2011, p. 109.

A sucessão vertiginosa de novas problemáticas, novos horizontes, novas interpretações da realidade questiona para muitos o valor da *reflexão racional*, quando se trata de buscar critérios para a necessária e premente opção de vida. Diante de um passado que não é mais o seu e de um futuro desconhecido, alguns estudiosos opinam que a opção hoje nasce das *expectativas futuras* decorrentes dessa mesma opção para cada indivíduo, baseando-se não na racionalidade, mas numa "imaginação consistente".[32] E tais consequências da opção serão naturalmente consideradas e avaliadas a partir da perspectiva individual de cada pessoa, não podendo ser enquadradas numa teoria científica que as generalizasse, pois compete somente ao indivíduo esse juízo definitivo sobre sua opção. E tal opção está, assim, nas mãos de cada um com seus diferentes desejos, possibilidades e recursos.

Desse modo, ganham peso as experiências pessoais qualificadas, subjetivamente evidentes e afetivamente intensas. Elas são momentos em que o indivíduo *sintoniza* e se une fortemente com o que experimenta, sentindo que tais situações o levam a *ultrapassar* a si próprio, significando assim tais momentos "valores" para a construção de sua personalidade, já que lhe dão autoconfiança no acerto de sua decisão. Por brotarem de "dentro da pessoa", são tais experiências de grande resistência, podendo suportar arrazoados teóricos e racionais.[33] A sociedade "multiopcional" como a nossa não fragiliza sem mais as opções decorrentes dessas experiências, pois o indivíduo não experimenta as múltiplas opções oferecidas pela sociedade como realmente atrativas e significativas para sua vida, embora possam fragilizar sua opção de fundo. Mas também podem fazê-lo vivê-la com mais profundidade e verdade como uma opção viva.[34]

Naturalmente a ênfase na experiência pessoal pode degenerar num *individualismo* de cunho cultural ou religioso, que prioriza sempre as necessidades e os anseios pessoais de realização, de bem-estar e de proveito próprio. Pois a recusa a qualquer instância que venha "de fora" torna o

---

[32] G. L. S., SHACKLE, *Epistemics&Economics. A Critique of Economic Doctrines*, Cambridge, 1972, citado por F. X. KAUFMANN, *Kirche in der ambivalenten Moderne*, p. 332.

[33] H. JOAS, *Glaube als Option*, Herder, Freiburg, 2012, p. 139.

[34] Ibid., p. 148.

sujeito prisioneiro de si mesmo ao buscar um caminho de autorrealização, sem falar dos problemas que cria para a convivência social com os demais. Tal postura no setor da religião terminaria em sua forma extrema em considerá-la apenas como um *meio* para sua felicidade pessoal, nivelando-a ao âmbito da autoajuda e privando-a de sua característica de abertura ao Transcendente ou de receptividade a valores que ultrapassem os limitados valores pessoais. Entretanto, deve ser observado que o contexto sociocultural individualista não significa que seus membros devam forçosamente viver de modo individualista, pois muitos só encontram nas Igrejas as referências vitais que procuram, embora o compromisso com a instituição tenha-se enfraquecido devido ao impacto da sociedade pluralista.[35]

2. A transmissão da fé

Sem pretender um estudo exaustivo do ensinamento do Concílio Vaticano II sobre a transmissão da fé, gostaríamos de chamar a atenção para algumas de suas características que são de muita importância para nossa reflexão. A primeira delas diz respeito ao que é transmitido: não só palavras, doutrinas, normas, mas uma verdadeira comunicação dos *dons divinos* (DV 7), a saber, da própria plenitude de Deus a nós doada. Esta acontece já na geração apostólica através não só da "pregação oral", mas ainda dos "exemplos" e das "instituições" que os apóstolos aprenderam das "palavras, da convivência e das obras de Cristo", ou das "sugestões do Espírito Santo", sob cuja inspiração as puseram por escrito (DV 7). Com outras palavras, a *experiência viva* com a pessoa de Cristo através da convivência não expressa em palavras, mas sedimentada na existência concreta de discípulos, é também transmitida. Portanto, transmissão de uma experiência vital que vai além dos conceitos.[36]

Daí poder o Concílio afirmar que a Igreja "em sua doutrina, vida e culto perpetua e transmite a todas as gerações tudo o que ela é, tudo o que

---

[35] Ch. TAYLOR, *Varieties of Religion Today. William James Revisited*, Harvard University Press, Cambridge, 2003, p. 100-112.

[36] J. RATZINGER, "Comentário à Constituição Dogmática sobre a Divina Revelação", em: *Das Zweite Vatikanische Konzil. LThK II*, Herder, Freiburg, 1967, p. 516.

crê" (DV 8). A tradição vem assim identificada com o próprio ser e com a própria fé da Igreja, na qual está presente não só o que vem expresso no ensino oficial, mas também o *não dito* e mesmo o que não consegue ser dito da vida cristã autêntica.[37] No parágrafo seguinte o Concílio caracteriza essa tradição como dinâmica e aponta tanto aqueles que a geram quanto aqueles que a levam adiante. "Essa Tradição, oriunda dos Apóstolos, progride na Igreja sob a assistência do Espírito Santo: cresce, com efeito, a compreensão tanto das coisas como das palavras transmitidas, seja pela contemplação e estudo dos que creem, os quais as meditam em seu coração (cf. Lc 2,19 e 51), seja pela íntima compreensão que experimentam das coisas espirituais, seja pela pregação daqueles que com a sucessão do episcopado receberam o carisma seguro da verdade. A Igreja, pois, no decorrer dos séculos, tende continuamente para a plenitude da verdade divina, até que se cumpram nela as palavras de Deus" (DV 8).

Aqui aparece que a concepção católica de Tradição não é estática nem meramente repetitiva, já que ela "progride". Sua evolução compete não apenas à hierarquia, já que se fundamenta na vida de fé de *toda a Igreja*, em sua experiência espiritual, em seu relacionamento com Jesus Cristo, em sua oração e estudo. É também a vivência de todos seus membros que possibilita ser a Palavra salvífica de Deus uma realidade sempre *atual* no decurso da história, pois ao ser anunciada pela comunidade dentro dos respectivos contextos socioculturais, torna-se capaz de ser entendida pelas sucessivas gerações. Nesse processo desempenha a hierarquia um papel importante, como instância crítica (interpretação autêntica), mas não produtiva.[38] De fato, a conservação, o exercício e a profissão da fé transmitida são tarefa de toda a Igreja (*tota plebs sancta*), pastores e fiéis não ordenados em estreita colaboração (DV 10).[39]

Portanto, a transmissão da fé consiste em passar a outra geração a *experiência salvífica* vivida na adesão à pessoa de Jesus Cristo como o

---

[37]   Ibid., p. 519.

[38]   Ibid., p. 520.

[39]   Já que nem tudo o que se encontra na Igreja é tradição legítima, deveria o Concílio oferecer, à luz da Escritura, critérios para distinguir as tradições autênticas das outras deformadas. Uma lacuna conciliar deplorada por J. Ratzinger (art. cit., p. 519; 524).

sentido último e a verdade definitiva da existência humana. Trata-se de comunicar uma realidade viva, presente e atuante nas palavras e nas ações da precedente geração cristã, enquanto decorrem e manifestam a experiência plenificante da fé vivida. Logo, transmite-se uma *realidade viva* e atual, transmite-se o próprio Deus doando-se a si próprio na pessoa de Cristo-verdade e do Espírito-força. Assim, a transmissão da fé não consiste primeiramente em comunicar doutrinas e normas, embora estas últimas estejam nela implicadas. Entretanto, e tenhamos isso bem claro, ao acolher a realidade salvífica na fé, ao vivê-la como fator nuclear de sua existência, o cristão sempre o faz a partir de seu horizonte de compreensão, de sua linguagem, de sua perspectiva de leitura. A apropriação de uma verdade de fé não pode prescindir do sujeito que dela se apropria, e este sempre se encontra condicionado por sua época e por seu contexto. A compreensão de uma realidade histórica leva sempre embutida uma interpretação inevitável por parte de quem a compreende. Como já se disse, a tradição é a historicidade da fé, é a fé que se pensa no curso da história.[40]

3. Consequências para a pastoral

Como vimos, a transmissão da fé é legar para outra geração a experiência como uma realidade viva, polarizadora, abrangente, que é o próprio Deus se entregando a nós. O ato de fé é acionado pelo mesmo Deus que nos leva a acolhê-lo e essa ação de Deus é por nós percebida, embora discreta e misteriosa como costuma ser a atuação do Espírito Santo em nossa vida. Vimos que as necessárias mediações para que essa realidade nos seja consciente, a saber, a família, a Igreja e a sociedade, todas outrora imbuídas de valores cristãos, diminuíram ou quase desapareceram em nossos dias. As *mudanças* que nos ocorrem dizem respeito a uma linguagem mais atualizada da proclamação, a novas práticas de cunho cristão, à revisão das celebrações sacramentais, à insistência no que é central na fé cristã, a uma maior ênfase na graça do que no pecado, ao fomento de comunidades menores, à maior participação de leigos e de

---

[40] J. MOINGT, *Croire quand même*, Temps Présent, Paris, 2010, p. 177.

leigas na missão da Igreja, para só citar algumas transformações que se impõem diante dos desafios de hoje.

Entretanto, devemos afirmar que elas são, de um lado, necessárias, mas, de outro, insuficientes, pois todas pressupõem, implícita ou explicitamente, os fiéis apenas como meta da pastoral, e não como *sujeitos*, deixando-os de fora do urgente processo das transformações requeridas. Assumi-los como auxiliares e colaboradores, tal como acontece em muitas partes, não significa reconhecê-los plenamente como participantes ativos da missão da Igreja. Tentação constante na Igreja é proferir afirmações sem oferecer as condições para que elas possam se tornar realidade.[41] Nessa questão há, sem dúvida, um processo em andamento, com idas e vindas, desde o Concílio Vaticano II, mas ainda modesto diante do desafio da evangelização no mundo de hoje. Entre as várias razões que poderiam ser mencionadas, parece-nos que a Igreja não conhece devidamente o seu auditório, que ela desconhece a realidade em que vivem nossos contemporâneos, tornando assim ineficazes seus esforços pastorais.

Porém, o conhecimento de nossos contemporâneos só se tornará realidade se a Igreja *souber escutá-los*. Aí então se manifestarão seus modos de encarar a vida, seus sonhos e seus medos, os desafios concretos que enfrentam diariamente, sua linguagem, seus valores e suas angústias. Os responsáveis na Igreja têm que mudar sua atitude de medo (ouvirão talvez coisas inapropriadas) para uma atitude de confiança, acolhendo o que há de verdade e de autenticidade nessas expressões que nos são pouco familiares. Sem dúvida alguma falta ainda na Igreja um espaço no qual os fiéis possam se expressar livremente, e não só os fiéis, mas toda a sociedade, como buscava o cardeal Carlos Martini com grupos que deram lugar ao "pátio dos gentios". Nossas instituições não estão preparadas para ouvir em seu interior vozes dissidentes que, desde que buscando a verdade e o bem comum, muito poderiam ajudá-las em sua missão evangelizadora. Penso, sobretudo, nas Universidades Católicas, que deveriam ser um espaço privilegiado para o encontro da fé com a cultura, mas nas quais

---

[41] M. FRANÇA MIRANDA, "É possível um sujeito eclesial?", *Perspectiva teológica* 43 (2011) p. 55-82.

se encontram emudecidas as vozes mais conscientes por não estarem tão sintonizadas com a linguagem oficial do magistério. Nossa sociedade é pluralista e ela está dentro de nossas instituições, que não mais podem desempenhar o papel de ilhas de cristandade no mundo atual.

A fé cristã é *salvífica*, constitui um encontro com Deus que realiza e plenifica o ser humano. Portanto, ao ser apresentada deve levar em conta esse ser humano concreto, com suas limitações e carências, para que essa oferta de sentido e de vida possa realmente lhe ser *significativa*, pertinente, esperançosa. Naturalmente isso não significa rebaixar a mensagem cristã ao nível das necessidades humanas, tentação já mencionada anteriormente, mas, na fidelidade a sua verdade, apresentá-la como atual e digna de credibilidade em nossos dias. Mas como realizar tal missão salvífica desconhecendo nossos contemporâneos?

O conhecimento adequado das *condições de vida* dos nossos contemporâneos, bastante duras e sofridas para muitos devido à lógica capitalista que rege hoje a vida social, levaria a Igreja a considerar com mais cuidado as possibilidades de cada pessoa em face das exigências inerentes ao seguimento de Cristo. Nossos discursos e nossas pastorais são universalizadores por desconhecerem o contexto vital, a história pessoal, as limitações de cada um, penalizando e descriminando aqueles que não conseguem se enquadrar no quadro ideal apresentado. Exigir de cada um o passo que ele realmente possa dar constitui um grande desafio pastoral, mas que deve ser encarado se queremos resolver o problema dos "afastados da Igreja" manifestado em Aparecida (DAp 173).

A urgência de *experiências qualificadas*, dada a ineficácia de discursos e normas em nossos dias, representa sem dúvida outro sério desafio para uma nova evangelização. Experiências fortes de cunho explicitamente religioso como em peregrinações ou em encontros monumentais de juventude podem fazer deslanchar uma caminhada para uma fé adulta e responsável. Mas também experiências sem etiquetas religiosas, mas profundamente cristãs, podem desempenhar o mesmo papel mediador da fé, como os compromissos em favor dos mais pobres, as experiências de voluntariado, as atividades assistenciais, as iniciativas de promoção humana, as vivências fortes de vida comunitária. Naturalmente tais experiências, embora evangélicas, só serão devidamente entendidas e valorizadas *como cristãs* por meio de uma compreensão cristã delas, já que toda experiência humana é sempre experiência interpretada.[42]

II. A imprescindível conversão

A transmissão da fé, tornada problemática em nossos dias, é apenas uma das realidades que pedem mudanças na Igreja. Poderíamos acrescentar outras como uma devida valorização da Igreja local, um maior espaço ao laicato também no interior da Igreja, uma descentralização de seu governo, uma adequada seleção e formação dos candidatos ao presbiterato, outra atitude diante da mulher, entre outras. Mudanças que se impõem, mas de *difícil realização*. Pois o peso de hábitos adquiridos, de práticas familiares, de compreensões tradicionais de Igreja que nos foram legadas, todos esses fatores constituem um horizonte estável e conhecido que não queremos abandonar porque nos proporciona estabilidade e segurança. Toda instituição busca se autopreservar, e a Igreja não constitui exceção a essa tendência.[43] Embora sua história nos comprove como passou por transformações institucionais ao longo de dois milênios de existência, mesmo assim constatamos forte resistência às necessárias mudanças.

Naturalmente nessa resistência se encontra subjacente uma *eclesiologia deficiente* que considera a Igreja uma instituição voltada mais para seus membros, enquanto os ajuda em sua caminhada para Deus com a proclamação do Evangelho e com a administração dos sacramentos. Uma Igreja situada ao lado da sociedade como outra sociedade perfeita (Bellarmino), e não tanto voltada toda ela *para* essa sociedade, tendo no serviço a essa mesma sociedade sua razão de ser. Pois exatamente aqui surge o imperativo para as mudanças institucionais: por apresentar-se

---

[42] Outra consequência mais desafiante está na instituição do *catecumenato* enquanto entrada progressiva, experimentada e amparada pela comunidade eclesial, na vida de fé, como emergiu em Aparecida (DAp 276-346). Se levada a sério, implica sérias mudanças na pastoral tradicional de nossas paróquias e na própria instituição paroquial.

[43] A. FAIVRE, *Chrétiens et Églises. Des identités en construction*, Cerf, Paris, 2011, p. 12s.

com mentalidades e estruturas ultrapassadas para a época, ela acaba por não ser mais entendida, acolhida, significativa para a sociedade. Com outras palavras, sua configuração fenomenológica não mais traduz sua realidade teológica. Daí a urgência de mudanças.

Não negamos que ao lado dessa inércia eclesiológica também fatores de *cunho pessoal* constituam resistências significativas. Cargo de poder, de prestígio, de influência, ciência teológica reconhecida e louvada, comodismo que não quer mudar, preguiça que não quer pensar, deficiência da fé em Deus, medo do novo, fragilidade psicológica, conhecimento de mudanças exageradas e precipitadas ocorridas no passado são fatores que emperram sensivelmente o processo renovador, embora atuem disfarçados em discursos e apologias a favor de uma tradição mal entendida.

1. A conversão como imperativo do Evangelho

Diante desse quadro se deve enfatizar como fator decisivo para o futuro da Igreja um componente da mensagem cristã conhecido como *conversão*. Se formos buscar no Novo Testamento a compreensão cristã de conversão, veremos que não se trata somente de uma mudança de vida de cunho moral, tal como foi pregada por João Batista na linha dos profetas como pressuposto para se obedecer à vontade divina.[44] Bem diverso é o sentido que lhe dá Jesus em sua proclamação: "Completou-se o tempo, e o Reino de Deus está próximo. Convertei-vos e crede na Boa-Nova" (Mc 1,15). Aqui a conversão está intimamente relacionada com o anúncio do Reino e com a pessoa de Jesus, pois significa acolher sua mensagem e aderir a seu movimento. Assim ela vai além de uma recusa ao pecado e de uma volta para Deus, visto que consiste em *já acolher na fé* a salvação definitiva de Deus na pessoa de Jesus Cristo como núcleo e fundamento da própria existência.[45]

A necessidade dessa conversão *não exclui* os já cristãos, como nos advertem os textos neotestamentários. As admoestações aparecem na

---

[44] E. NEUHAÜSLER, *Exigence de Dieu et morale chrétienne*, Cerf, Paris, 1971, p. 180ss.

[45] W. TRILLING, "Metanoia als Grundforderung der neutestamentlichen Lebenslehre", em: G. STACHEL-A. ZENNER (Hrsg.), *Einübung des Glaubens*, Würzburg, 1965, p. 179s.

segunda Carta de Pedro (2Pd 2,20s), na Carta de Judas (Jd 4-6), na versão de Mateus da parábola do banquete de casamento (Mt 22,1-14), que termina alertando os cristãos de que "muitos são chamados, mas poucos são escolhidos" (Mt 22,14), na censura aos relapsos na Carta aos Hebreus (Hb 6,4-8), nos avisos às Igrejas no Apocalipse (Ap 2,4s; 2,16; 3,3; 3,19). Portanto, a fé autêntica, salvífica, implica a conversão, que constitui assim uma *atitude fundamental* na vida do cristão.[46] Essa conclusão revela sua enorme importância para a Igreja hoje, se compreendemos melhor o que significava a proclamação do Reino feita por Jesus.

A expressão "Reino", enquanto procura traduzir a *Basileia* grega, não faz justiça ao termo *malkuta* (aramaico), que seria mais bem expresso por *soberania*, o qual conserva mais o caráter dinâmico de um acontecimento que irrompe e que continua irrompendo, embora o termo Reino aponte para o âmbito onde essa soberania se realiza (Mc 10,15). De qualquer modo, fundamental aqui é notar que Jesus não fala sobre a soberania de Deus, mas proclama-a publicamente como *realidade presente* que exige de Israel a conversão para acolhê-la. O agir de Deus precede a resposta do ser humano e a possibilita; a conversão é consequência da salvação já presente. Se o texto fala do Reino de Deus que está *próximo* é porque a resposta do Povo de Deus ainda não foi dada, depende de sua decisão. Daí o pedido "venha o teu Reino" (Mt 6,10). Pois as pessoas costumam reagir negativamente quando Deus irrompe em suas vidas, preferindo adiar o Reino e não viver já sob a soberania de Deus. O "hoje" de Jesus na sinagoga de Nazaré (Lc 4,21) provocou rejeição, e esse "hoje" vale também para nossos dias, já que Deus continua nos oferecendo sua salvação definitiva na pessoa de Jesus Cristo, portanto, uma *oferta atual* que pede uma resposta. Essa resposta consiste em nossa conversão, em mudanças sérias em nossa existência que implicam opções e renúncias, pois a soberania de Deus não é a dos homens, passa pelo abaixamento e pela morte, e aí está o seu triunfo, como nos demonstra o destino de Jesus Cristo. "A soberania de Deus só pode acontecer onde o ser humano esbarra em seus limites, onde não consegue conhecer mais, onde se abandona, onde

---

[46] Ibid., p. 190.

dá espaço para Deus, de tal modo que Deus possa agir. Somente aí, nessa zona do contínuo morrer e ressuscitar, começa a soberania de Deus".[47]

Essa soberania de Deus é um acontecimento que se realizará na história através de um *povo*, como nos mostra a profecia de Daniel: "A soberania, o poder e a grandeza de todo o Reino que debaixo do céu existe serão entregues ao povo santo do Altíssimo" (Dn 7,27). Ela inclui a vocação de Abraão para constituir um povo, pequeno e frágil, destinado a levar a salvação de Deus aos outros povos, não pela força, mas pelo exemplo de vida no respeito à liberdade dos demais (Gn 12,1-3). O desígnio divino é transformar toda a sociedade, até constituí-la como "nova Jerusalém" e "cidade santa" (Ap 21,2), pois só com a transformação da sociedade, presa da injustiça, do egoísmo e da violência, pode o ser humano experimentar o que seja salvação, redenção, paz, bênção, justiça.[48] Daí a grande responsabilidade de Israel: manifestar a soberania de Deus acontecendo na história, visível e bem localizada. Pois a eleição se deu *em favor dos outros povos*. O papel decisivo de Israel na economia salvífica é pressuposto por Jesus ao constituir os doze apóstolos, simbolizando a reunião das doze tribos, a saber, o povo de Israel com sua missão de levar a toda a terra a soberania de Deus, já preanunciada na profecia da peregrinação dos povos em Isaías (Is 2,1-5). Daí a afirmação taxativa do Concílio Vaticano II: "A Igreja… recebeu a missão de anunciar o Reino de Cristo e de Deus, de estabelecê-lo em todos os povos e desse Reino constitui na terra o germe e o início" (LG 5), sendo assim considerada "sacramento universal da salvação" (LG 48).

Os desvios encontrados por Jesus na religião de seu tempo o levarão a *exigir mudanças*, tanto por parte dos responsáveis quanto por parte das instituições. São bem conhecidas suas discussões com os fariseus (embora os relatos evangélicos deixem transparecer já a polêmica posterior entre cristãos e judeus), a crítica feita por Jesus às autoridades religiosas por terem abandonado o povo (como ovelhas sem pastor), enfatizando a

---

[47] G. LOHFINK, *Jesus von Nazaret. Was er wollte, wer er war*, Herder, Freiburg, 2011, p. 58s.
[48] Mais detalhadamente: G. LOHFINK, *Deus precisa da Igreja?*, Loyola, São Paulo, 2008, p. 50-79.

importância da pessoa humana sobre a lei, o culto, as práticas religiosas, os tempos e lugares sagrados, ou o valor da misericórdia divina a ser seguida pelos seus seguidores, bem como o distanciamento que manteve com relação às instituições respeitadas por seus contemporâneos, mas fontes de poder, de vaidade e de cobiça. A vertente profética do comportamento de Jesus exigia mudanças tanto das mentalidades quanto das instituições religiosas. No fundo Jesus pretendeu fazer voltar o povo de Israel à sua identidade autêntica, à sua missão primeira de manifestar na história para as demais nações a soberania de Deus, a verdadeira face de Deus, o culto que lhe agrada, o comportamento humano que lhe corresponde, o núcleo autêntico da Torá, a sociedade que dele decorre.[49] Daí sua proclamação: "Convertei-vos e crede na Boa-Nova" (Mc 1,15).

2. A conversão pastoral na Assembleia Episcopal de Aparecida

Embora sejam diversos os fatores incidentes no judaísmo dos anos de Jesus e na Igreja em nossos dias, não podemos ignorar as semelhanças presentes em ambas as situações. Pois o momento crítico atravessado pela Igreja, sentido por todos nós e motivo do apelo a uma "nova evangelização", tem sua raiz no *descompasso* entre, de um lado, as concepções da fé cristã com suas respectivas estruturas eclesiais e, de outro, a vida concreta dos fiéis, a adequada missão da Igreja para nossos dias. O que já vinha sendo preocupação de teólogos e sociólogos nos últimos decênios, o que explica o próprio Concílio Vaticano II, os anos turbulentos que se seguiram a esse grande acontecimento, o atual conflito de interpretações do mesmo, acabou emergindo claramente na última Assembleia Episcopal do CELAM em Aparecida.

Seus textos não permitem nenhuma dúvida sobre esta constatação:

> Não resistiria aos embates do tempo uma fé católica reduzida a uma bagagem, a um elenco de algumas normas e de proibições, a práticas de devoção fragmentadas, a adesões seletivas e parciais das verdades da fé, a

---

[49] G. LOHFINK, *Jesus von Nazaret*, p. 273-308.

uma participação ocasional em alguns sacramentos, à repetição de princípios doutrinais, a moralismos brandos ou crispados que não convertem a vida dos batizados (DAp 12).

E mais adiante:

> O projeto de Jesus é instaurar o Reino de seu Pai. Trata-se do Reino da vida. Por isso, a doutrina, as normas, as orientações éticas e toda a atividade missionária das Igrejas, devem deixar transparecer essa atrativa oferta de vida mais digna, em Cristo, para cada homem e para cada mulher da América Latina e do Caribe (DAp 361).

Os bispos em Aparecida deixaram claro que se deve "abandonar as ultrapassadas estruturas que já não favoreçam a transmissão da fé" (DAp 365) ou que "a necessidade de uma renovação eclesial implica reformas espirituais, pastorais e também institucionais" (DAp 367).

Porém, como pressuposto e condição para essa renovação, se faz necessária a *conversão pessoal* como o fator que "desperta a capacidade de submeter tudo ao serviço da instauração do Reino da vida" (DAp 366). Como já aparecia na proclamação de Jesus, o chamado à conversão está *intimamente relacionado* com a irrupção da soberania de Deus, a saber, com a missão fundamental da Igreja, com sua mesma razão de ser. Nessa exigência de conversão está subentendido o que vem afirmado enfaticamente ao longo de todo o documento: todos são Igreja, todos participam de sua missão, todos são responsáveis pela promoção do Reino de Deus. O imperativo de conversão é dirigido a *todos* na Igreja.

Entretanto, o texto de Aparecida fala também de uma *conversão pastoral* que é caracterizada como uma atitude permanente "que implica escutar com atenção e discernir 'o que o Espírito está dizendo às Igrejas' (Ap 2,29) através dos sinais dos tempos em que Deus se manifesta" (DAp 366). Sem ulterior clarificação, o documento apenas menciona duas exigências decorrentes dessa conversão pastoral: "que as comunidades eclesiais sejam comunidades de discípulos missionários", responsáveis e participantes (DAp 368), e "que se vá além de uma pastoral de mera conservação para uma pastoral decididamente missionária" (DAp 370). A menção das primitivas comunidades cristãs como modelo paradigmático dessa renovação é importante, pois o texto esclarece que elas "souberam buscar novas formas para evangelizar de acordo com as culturas e as circunstâncias" (DAp 369).

Valorizamos o Documento de Aparecida porque ele representa a percepção lúcida, feita pela Igreja latino-americana, reunida num clima de oração e reflexão guiado pelo Espírito Santo, sobre a tarefa missionária que compete a todos neste momento histórico. Os bispos pleiteiam uma mudança de mentalidade eclesial por parte dos fiéis, especialmente do clero (DAp 213), que equivale a uma *verdadeira conversão*, bem como transformações estruturais vistas como obstáculos à evangelização em nossos dias (DAp 365). Desse modo não lhes passou despercebido que ambas devem ser transformadas, pois ambas interagem continuamente, se condicionam e se influenciam mutuamente. Não pode haver uma Igreja de comunhão e participação se não existem estruturas de comunhão e participação. Mas estas últimas, por sua vez, enquanto são produção humana, dependem de pessoas conscientes de sua necessidade e devidamente qualificadas para constituí-las.

3. As modalidades de conversão

Bernard Lonergan distingue três modalidades de conversão: a intelectual, a moral e a religiosa, que, embora diversas, estão relacionadas entre si.[50] Entendemos a nosso modo a *conversão intelectual* como um ultrapassar o nível das impressões primeiras e imediatas ao buscar seriamente conhecer a realidade ou abordar a questão que defrontamos. Muito ajuda saber que o nosso conhecimento é sempre um conhecimento interpretado, já que sempre enquadramos o objeto conhecido no interior do nosso horizonte de compreensão. Portanto, o que chamamos de realidade ou de objetividade contém sempre uma *perspectiva própria* de leitura embutida. Este ponto é deveras importante, pois só *conscientes desse fato* poderemos realizar uma autêntica conversão intelectual, isto é, só então

---

[50]   B. LONERGAN, *Method in Theology*, Herder and Herder, New York, 1973[2], p. 238.

estaremos capacitados a ultrapassar o nosso próprio horizonte e poder captar e acolher, se for o caso, as leituras da realidade, feitas em outros horizontes, e o que elas nos dizem. E devido à história pessoal de cada pessoa, a sua formação, a seu contexto sociocultural, a suas experiências vitais, aos seus interesses, podemos certamente esperar que os horizontes sejam múltiplos e variados.

Muitas desavenças, tensões, desentendimentos, observados hoje na Igreja, podem provir de compreensões realizadas em horizontes diferentes, explicando, em parte, o conflito das interpretações do Concílio Vaticano II. Creio que a noção de historicidade é ainda um forte divisor de águas em nossos dias, bem como a não aceitação dos métodos modernos de exegese bíblica. O mesmo poderíamos afirmar da noção de ministério eclesial, de autoridade eclesiástica, de configuração da instituição eclesial, da dimensão social da fé cristã. Acompanhar a ação do Espírito Santo ao longo da história, *discernir corretamente seus desígnios*, sintonizar com as expectativas do Povo de Deus e com as diretrizes do magistério não é tarefa fácil, pois exige estudo sério, abertura para o diferente, ultrapassar mesmo que parcialmente o seu próprio horizonte, buscar sinceramente a verdade.

A *conversão moral* consiste em se orientar, ao tomar decisões, por *critérios de valor* e não de satisfação pessoal. Pois o que optamos reflui sobre nós, afeta nossa pessoa, decide o que queremos ser. A conversão moral opta para o que realmente é valor, é bem, mesmo que sacrifique minha satisfação, quando esta conflita com algum valor. Conversão mais do que necessária ao constatarmos, por vezes, atitudes e decisões decorrentes do desejo de aparecer, de ser popular, de ter poder, de apoiar-se num grupo, de salvar sua imagem, de evitar conflitos pessoais, de agradar aos poderosos, de continuar usufruindo vantagens e privilégios. Hoje a pressão da cultura utilitarista que endeusa a produtividade e a eficácia dificulta sobremaneira as decisões éticas e exige de todos nós uma autêntica conversão moral. Assim é também a conversão moral um transcender o próprio egocentrismo. Naturalmente ela irá motivar e desencadear a mencionada conversão intelectual.

A *conversão religiosa* diz diretamente respeito a Deus que nos ama, que se entrega a nós e que provoca em cada um de nós uma aceitação irrestrita, total, um abandono confiante que chamamos de fé. É o amor de Deus derramado em nossos corações pelo Espírito Santo (Rm 5,5), prévio ao nosso conhecimento, que nos incita à busca pelo Transcendente, pelo Mistério, por Deus. A conversão religiosa nos leva a tudo relativizar diante desse Amor incondicionado; ela nos possibilita sermos *livres*, olhar a realidade com outros olhos, nos faz deixar Deus ser Deus, ser Senhor de nossas vidas, razão última de nosso agir, sempre subjacente e atuante em nossas decisões concretas. Ela fundamenta a conversão intelectual e moral.

Bem observada, essa tríplice conversão significa fundamentalmente uma *mudança decisiva* na própria pessoa que se transforma ao ultrapassar seu limitado horizonte, seu autocentramento, os obstáculos à sua liberdade na entrega irrestrita a Deus. Suas interpretações dos fatos, suas diretivas para a ação, suas atitudes diante das questões que surgem ou dos conflitos que irrompem, seriam diferentes se a conversão não estivesse subjacente. Entretanto, ter uma consciência lúcida com relação à urgência da tríplice conversão não significa que já a vivamos plenamente na vida real. Ela vai constituir todo um processo em nossa vida à semelhança da conversão apregoada por Jesus Cristo.[51]

Certamente a *nova evangelização* vai exigir mudanças na Igreja, como já perceberam os bispos em Aparecida. As resistências que encontram tais mudanças, desde que consoantes com a grande tradição da Igreja e solicitadas pela sociedade a ser evangelizada, denotam no fundo certa *insuficiência de conversão* por parte dos fiéis, laicato e hierarquia. Sabemos, por exemplo, que a oposição a textos do Vaticano II proveio de uma não percepção de verdades provindas da época patrística, que constituíam uma volta às fontes, e não uma ruptura com a autêntica

---

[51] B. HÄRING, "Entrevista", *Il Regno* n. 569 (1987) p. 161: "E devemos estar muito atentos às bem-aventuranças: 'Felizes os puros de coração; eles verão a Deus'. O conhecimento salvífico, o conhecimento das coisas de Deus pede uma excelente pureza de motivações: quem quer fazer carreira, quem não quer ser perturbado nem pelo centro nem pela periferia, quem segue uma tática para agradar a todos ou ao menos aos poderosos se coloca fora da ciência sagrada. Nem mesmo a epistemologia mais elaborada poderá cobrir a sua nudez ou abrir os seus olhos, se lhe falta a absoluta retidão, a humilde coragem de servir e não de se servir".

tradição.[52] Igualmente a defesa do *status quo* e a resistência a mudanças podem nascer do apego ao poder, ao prestígio, ao comodismo, enquanto carências da conversão moral. Quem pode negar que certa mentalidade e certa configuração eclesial brotam não da mensagem evangélica, mas de interpretações e instituições realizadas no passado por pessoas carentes de autenticidade cristã? Somos Igreja e não somos melhores dos que nos precederam. A conversão também é para cada um de nós um *imperativo urgente* se queremos colaborar verazmente para uma nova evangelização.

III. Resgatar o núcleo existencial e místico da fé cristã

1. Sua importância na atual sociedade

O fato de o cristianismo depois dos séculos iniciais ter-se tornado a religião oficial e dominante no continente europeu deu lugar ao que chamamos hoje de *cristandade*. Essa configuração histórica da fé cristã, embora ofereça o testemunho de muito santos e santas que viveram autenticamente a fé cristã, contudo, se preocupou mais com a unidade e a coesão do corpo eclesial insistindo na exatidão das expressões doutrinais e na clareza das normas canônicas. Na mesma linha se situa uma catequese padronizada e práticas religiosas a serem observadas por todos. Pensemos na obrigação dominical da Missa, nas práticas devocionais, na redução da vida interior a alguns atos ou atividades externas, na preocupação primeira em não pecar, que podem ter ocasionado o que Bento XVI chama de "fiéis de rotina que na Igreja não veem senão uma instituição".[53] E aí chega mesmo a afirmar, aludindo à afirmação de Jesus de que os publicanos e as prostitutas vos precedem no Reino de Deus (Mt 21,31), que hoje ela corresponderia aos agnósticos perturbados pela questão de Deus e aos pecadores sofrendo com seus pecados e desejando

---

[52] J. W. O'MALLEY, "The Hermeneutic of Reform": a Historical Analysis, *Theological Studies* 73 (2012) p. 539.

[53] BENTO XVI, Homilia no Aeroporto de Friburgo, *Documentation Catholique* (2011) n. 2477, p. 955.

um coração puro. Bento XVI observa ainda que em nosso rico mundo ocidental, muitas pessoas não experimentam a bondade de Deus, que na Alemanha a Igreja está excelentemente organizada, mas que devemos reconhecer que há um excesso de estruturas com relação ao Espírito.[54]

Devemos reconhecer que *herdamos* um catolicismo onde o hierárquico vale mais que o comunitário, a fidelidade à lei sobrepuja a docilidade ao Espírito, a palavra deprecia o silêncio, a organização e a eficácia dominam as atenções, as celebrações não mais remetem para além de si os seus participantes, não mais os colocam diante do Deus Vivo, não mais lhes proporcionam uma experiência salvífica. Infelizmente, com honrosas exceções, a Igreja está assim estruturada e essa configuração determina fortemente a mentalidade dos católicos. Para que Deus seja mais que uma simples palavra em seus lábios, os fiéis necessitam de uma autêntica conversão que se fará gradativamente. Vejamos brevemente alguns pontos que poderão melhor realçar a importância da dimensão existencial e comunitária da fé cristã.

Numa sociedade pluralista e secularizada deve-se enfatizar que a fé é uma *opção livre* que distingue o cristão de seus semelhantes. Significa acolher o gesto salvífico de Deus em Jesus Cristo possibilitado pelo Espírito Santo que não tolhe a liberdade humana. "Ninguém deve ser forçado contra sua vontade a abraçar a fé" (DH 10). Só assim se respeita a pessoa humana como ser responsável e capaz de determinar livremente sua existência. Num ambiente de liberdade religiosa, a opção cristã é mais consciente e real (DH 10), e menos uma fé institucionalizada e de certo modo passivamente professada. É no risco de investirmos nossas vidas em Jesus Cristo que encontramos o Deus vivo e verdadeiro!

Deve-se também corrigir o déficit pneumatológico da tradição ocidental. Não podemos esquecer a importância da *ação do Espírito Santo* que antecede a opção livre da fé. Sabemos que a fé é um dom de Deus, que ninguém confessa Jesus como Senhor a não ser na força do Espírito (1Cor 12,3), mas em nossa vida cristã e na prática pastoral não

---

[54] BENTO XVI, Discurso ao Comitê Central dos Católicos Alemães, *Doc. Cath.* (2011) n. 2477, p. 948.

valorizamos devidamente essa verdade da fé. A palavra interna precede a palavra externa, como nos mostra o episódio de Lídia (At 16,14). Daí a pertinência da afirmação da Constituição Dogmática *Dei Verbum*: "Para que se preste essa fé, exigem-se a graça prévia e adjuvante de Deus e os auxílios internos do Espírito Santo, que move o coração e converte-o a Deus, abre os olhos da mente e dá a todos suavidade no consentir e crer na verdade" (DV 5).

Não esqueçamos, como, talvez, se deu na época da cristandade, que crer é um *evento salvífico* na vida da pessoa e que é, de certo modo, por ela *experimentado*. Pois na opção de fé é o próprio Deus doando-se a nós que é acolhido; só aí a iniciativa salvífica de Deus chega a sua realização. E, como Deus atinge o coração como centro e totalidade da pessoa humana, essa experiência não é meramente intelectual, fornecendo sentido à existência humana, mas também sensível e afetiva, consolando, fortalecendo, animando, pacificando os que a fazem. É a experiência do amor de Deus que chega até nós por seu Espírito e fundamenta nossa esperança (Rm 5,5), dando início a uma *nova existência*. É ela que nos permite viver a vida em profundidade, com suas luzes e sombras, alegrias e sofrimentos; é ela que nos faz experimentar a aventura cristã de dentro e não olhar o Evangelho apenas de fora.

2. A vivência da fé

De fato, *crer* significa confrontar diariamente sua vida com a de Jesus Cristo, plasmá-la gradativamente segundo os critérios evangélicos, assumir um novo modo de olhar e entender a realidade. *Crer* exige ultrapassar os limites do próprio eu, voltado somente para suas necessidades e interesses e dominado por uma racionalidade funcional. Pois ter fé significa ir mais além, confiar numa realidade transcendente, reconhecer que o invisível tem o primado sobre o visível e o aceitar precede o agir. Desse modo a fé tanto orienta o agir como ilumina o visível. *Crer* significa romper o círculo fechado do nosso egocentrismo em direção aos outros. Pois a fé nos descentra de nós mesmos, leva-nos a viver diante do Mistério que nos obriga a deixar nossas certezas e seguranças, nos sensibiliza diante das carências dos nossos próximos e nos incita a remediá-las. Uma sociedade que desconhece essa abertura e essa sede do ser humano pelo Transcendente permite que seus membros sejam dominados por satisfações imediatas e limitadas, sejam presas fáceis do individualismo e do consumismo, sejam insensíveis à situação dos mais necessitados e excluídos.

Faz-se necessário traduzir para os nossos dias o que Paulo chamava de *nova vida em Cristo*, uma existência humana com sentido e esperança, capaz de amar e perdoar, de relativizar as tribulações e os sofrimentos, de experimentar a alegria de fazer o bem, de injetar amor nas relações humanas, de experimentar a liberdade em meio a tantas pressões do ambiente e, sobretudo, de viver a alegria do amor, realização plena do coração humano. Mas só chegamos a essa realização gradativamente através de um despojamento de nossas seguranças, de nossas certezas, de nossos juízos, de nossos apegos, de nossas referências. Experiência de morte para podermos ressurgir, experiência pessoal do *mistério pascal* à semelhança de Cristo, que nos liberta de representações de Deus e concepções do cristianismo plasmadas segundo nossos interesses.

Pois, para a Bíblia, Deus é um mistério inacessível ao ser humano, é uma liberdade absolutamente soberana, que se revela como amor sem perder sua transcendência. A revelação é o desvelar-se do mistério de Deus como mistério, conteúdo central da fé cristã. Aquele que crê não "sabe" mais sobre Deus, mas tem plena lucidez sobre o mistério de Deus e sobre sua ignorância. Entretanto, ele *experimenta a autodoação salvífica de Deus*, ou seja, experimenta Deus como amor e como mistério (1Jo 4,8-16). Mais precisamente ele "sente" Deus próximo enquanto sintoniza com essa força que o leva aos outros, enquanto prolonga a autodoação divina com uma autodoação concreta em favor de seu próximo. "O amor vem de Deus e quem ama nasceu de Deus e conhece a Deus" (1Jo 4,7). Sabemos como aqueles que dedicam suas vidas no serviço aos mais pobres e sofridos da sociedade experimentam a dimensão mística da fé, a consolação de um Deus próximo que os ilumina e fortalece nessa missão. Não seria importante para a Igreja focar a pastoral nesse ponto, naturalmente sem depreciar o doutrinal e o normativo?

Ainda um ponto. Devido à transcendência de Deus podemos afirmar que todo o cristianismo, em suas múltiplas concretizações, é essencialmente sacramental, pois assinala uma realidade que o ultrapassa. Podemos afirmar isso até de Jesus Cristo, sacramento do Pai, e da comunidade eclesial, "sacramento universal da salvação" (LG 48). São realidades humano-divinas cujo sentido é remeter para além de si mesmas (SC 1) e permitir um encontro e uma experiência com o Transcendente, com Deus. Aí se incluem tanto a Palavra da Bíblia como os sacramentos da Igreja, sem deixarmos de mencionar o testemunho de fé dado na vida exemplar de muitos cristãos.[55] *Se o sinal não remete para além de si, ele se degenera e torna-se rito.* O rito constitui uma ação fechada em si, padronizada, cujo efeito depende da exatidão de sua execução.[56] Como se preocupou a Igreja no passado, quase que exclusivamente, com a validez e com a correção da ação sacramental! Causa dessa queda de sinal para rito pode provir do próprio sinal, que já não mais é captado como tal devido às mudanças socioculturais ocorridas no decurso da história. É o que acontece hoje com a linguagem presente em muitos textos das celebrações sacramentais.

Mas o sinal não consegue realizar seu sentido e sua tarefa não só devido à configuração externa da celebração, mas também à *deficiência interna* por parte do participante, que carece de uma consciência adequada à ação litúrgica. Daí a advertência da Constituição sobre a Liturgia do Concílio Vaticano II: "Na ação litúrgica não só se observem as leis para a válida e a lícita celebração, mas que os fiéis participem dela com conhecimento de causa, ativa e frutuosamente" (SC 11). É urgente que os fiéis saibam participar conscientemente das celebrações sacramentais, especialmente da Eucaristia, não se detendo apenas no rito externo, como vemos acontecer em nossos dias. Desapareceram os momentos de interiorização, de silêncio, de oração pessoal, de um autêntico encontro pessoal com Deus, tornando, por vezes, as celebrações sacramentais verdadeiros espetáculos

---

[55] "Os fiéis exprimam em suas vidas e aos outros manifestem o mistério de Cristo e a genuína natureza da verdadeira Igreja" (SC 2).

[56] J. M. CASTILLO, *Símbolos de Libertad. Teología de los sacramentos*, Sigueme, Salamanca, 1981, p. 165-220.

à semelhança de shows televisivos. O mesmo pode ser afirmado da escuta da Palavra de Deus, que deve ser acolhida na fé como realmente *Palavra de Deus* que nos fala, interpela, ilumina e fortalece, para não cairmos na rotina de escutá-la como uma simples palavra humana. Como afirma a Constituição Dogmática *Dei Verbum*: "A leitura da Sagrada Escritura deve ser acompanhada pela oração a fim de que se estabeleça o colóquio entre Deus e o homem, pois 'a Ele falamos quando rezamos; a Ele ouvimos quando lemos os divinos oráculos'" (DV 25).

Naturalmente a escolha desses três desafios para a Nova Evangelização foi subjetiva, já que outros temas são também importantes e urgentes, como a ênfase maior na pneumatologia, uma acentuação da fé como opção livre e consciente, a importância da Igreja local, o papel do testemunho dos cristãos em meio a uma sociedade secularizada.[57] Certamente outras temáticas merecem também nossa atenção e, oxalá, possam estimular os teólogos a novos estudos. Aqui, entretanto, termina a tarefa do teólogo ao apontar desafios e metas que serão, então, enfrentados por outros com maior competência e responsabilidade.

---

[57] Ver M. FRANÇA MIRANDA, "Rumo a uma nova configuração eclesial", *Cadernos Teologia Pública* n. 71, Instituto Humanitas Unisinos, São Leopoldo, 2012.

A URGÊNCIA DE UM CRISTIANISMO UNIDO[*]

Confesso que não sou um perito em questões teológicas controvertidas entre as Igrejas cristãs. Desse modo, também não me considero apto a entrar em temas que ocupam os especialistas dessa modalidade teológica, bem como do movimento ecumênico. Como então aceitei esse convite? A resposta é simples: porque *sou cristão* dirigindo-me a um auditório de cristãos. Como alguém que professa sua fé em Jesus Cristo, que procura ser um seguidor do Mestre de Nazaré, sinto-me muito unido a todos vocês e mesmo feliz por ter a oportunidade de tratar um tema que é igualmente central para vocês e para mim. Confesso também que a presença de pastores, pastoras, leigos e leigas protestantes lá na PUC, que tive como alunos e alunas, e com os quais sempre tive um ótimo relacionamento, muito me ensinou a admirar neles a seriedade da fé, a coerência de vida e o interesse em aprofundar as verdades da revelação.

Quero deixar claro já de início o *enfoque* desta reflexão. Reconheço que o movimento ecumênico busca a união das Igrejas cristãs no respeito às características de cada uma delas. Reconheço, por outro lado, que essa meta do movimento ecumênico, mesmo apresentando uma fundamentação neotestamentária consistente, necessita de tempo, de dedicação, de humildade, de debate teológico, de respeito mútuo, de muita oração, para se tornar, de fato, uma realidade na história humana. Pois há pontos controversos importantes que, embora sejam atualmente vistos sem a atmosfera polêmica do passado e, portanto, possibilitando compreensões mais objetivas por parte das Igrejas envolvidas, constituem ainda diferenças de peso que não devem ser superficialmente escamoteadas.

---

[*] Palestra proferida no Centro Universitário Bennet, por ocasião do Fórum Bennet (2011).

Reconheço, além disso, que alguma afirmação doutrinal por parte de uma Igreja pode ter um *sentido positivo* para as outras, ao convidá-las a uma revisão da própria compreensão. Assim, desse diálogo pode provir uma compreensão mais plena e rica da verdade revelada, mesmo sem ter ainda atingido a unidade pretendida.

Entretanto, a atual situação do mundo cristão levou-me a preferir a expressão *cristianismo unido* em vez de insistir numa unidade eclesial inevitavelmente adiada para quando não sabemos. Entendo a expressão *cristianismo unido* como uma etapa prévia, incompleta, mas urgente devido ao enorme desafio à fé posto pela sociedade atual. Daí a urgência de um cristianismo unido para que este possa ter melhor presença e atuação no *espaço público* através da proclamação e da vivência do Reino de Deus. Pois julgo que o atual contexto sociocultural em que vivem hoje os cristãos difere muito daquele da época de cristandade que marcava o mundo ocidental. Naquele tempo, as desavenças se situavam no interior de uma sociedade mais homogênea, estruturada principalmente pelas verdades e valores da fé cristã. As divergências doutrinais entre as Igrejas, mesmo se agravadas pelo fator cultural e político, se davam dentro de um contexto homogêneo e culturalmente cristão (cristandade).

Hoje o cristão se encontra inserido, quer queira, quer não, numa sociedade pluralista e secularizada que apresenta mentalidades e modos de vida bem diferentes do seu, fazendo-o se sentir como um estranho em seu próprio ambiente de vida. Com outras palavras, o cristianismo não é sem mais aceito, carecendo de força apelativa caso se apresente desunido e fragmentado. Está em jogo a própria *credibilidade da fé cristã* questionada pela atual sociedade. Ela só será plausível para nossos contemporâneos caso se apresente *unida* diante da sociedade, respeitadas as diferenças, as acentuações diversas, as práticas plurais encontradas nas Igrejas. Julgamos que essa unidade é possível se abandonarmos a atitude polêmica do passado por uma postura de mútuo respeito e colaboração, cientes de que a *fé em Jesus Cristo* que nos une é mais importante que as divergências que nos separam. Esta afirmação está subjacente a toda a nossa reflexão.

Outro ponto que nos guiou nesta reflexão foi a dimensão *existencial* da fé. Reconhecemos de antemão a importância da clareza doutrinal para a própria identidade do cristianismo. Mas constatamos que vivemos numa cultura marcada por uma inflação de discursos que acaba por enfraquecê-los e relativizá-los mutuamente, numa cultura descrente de ideologias e teorias, mais sensível a ações humanizadoras, mais movida por realizações concretas em prol da justiça, da paz e da fraternidade, mais atingida por testemunhos de vida. Por isso mesmo julgamos dever ressaltar a vivência da fé por parte dos cristãos das diferentes Igrejas que, sem ignorar as divergências doutrinais, ganham hoje maior importância do que no passado. A história do cristianismo nos ensina que os grandes movimentos reformadores se originaram da busca de maior fidelidade ao Evangelho: assim o monaquismo na antiguidade, assim personagens como Gregório Magno, Francisco de Assis, Jan Huss, Lutero, John Wesley.[1] Nenhum deles pretendeu fundar nova Igreja, mas reformar espiritualmente a Igreja de sua época. Esse fato confirma nossa convicção em enfatizar o peso do testemunho de vida dos cristãos para a atual sociedade.

Para tal vamos dividi-la em três partes. Primeiramente veremos os principais desafios à fé cristã em nossos dias que pedem uma maior união de todos os cristãos; em seguida examinaremos por que são inevitáveis as diferenças no interior do próprio cristianismo e como caminhamos para um cristianismo unido e plural no futuro; e numa terceira e última parte apontaremos as verdades cristãs fundamentais, geradoras de uma configuração futura do cristianismo que possa ser levado a sério e irradiar assim a mensagem cristã para a humanidade.

I. As ameaças atuais à fé cristã

A primeira delas pode ser caracterizada com o termo *secularização*.[2] A sociedade ocidental estava assentada no passado sobre verdades e valores cristãos, que lhe forneciam uma homogeneidade cultural e facilitavam

---

[1]   M. HURLEY (Ed.), *John Wesley's Letter to a Roman Catholic*, Belfast, 1968.

[2]   Ver CH. TAYLOR, *Uma era secular*, São Leopoldo, Ed. Unisinos, 2010.

sobremaneira a credibilidade e a difusão do cristianismo. As lutas religiosas no século XVI, a busca da paz e da convivência de todos na sociedade fizeram emergir outros fatores dominantes na organização social que prescindissem da religião e buscassem consenso apenas na força da razão. Desse modo se procurou construir a vida social fundamentada na racionalidade, na produtividade, na divisão de bens, com forte hegemonia do fator econômico. Essa tentativa de compreender o ser humano sem recorrer a realidades transcendentes gerou o que hoje conhecemos como o humanismo autossuficiente, fechado, imanente. Embora enfraquecido pelas duas últimas guerras mundiais do século passado e pelas crescentes desigualdades sociais no planeta, ele ainda constitui o horizonte cultural no qual se move a parcela mais influente da atual sociedade. Felizmente a grande maioria do povo brasileiro demonstra ter ainda uma forte religiosidade de raiz cristã, mas não podemos evitar o efeito nocivo que nela exerce a cultura atual veiculada pela mídia.

Essa situação é agravada pelo atual *pluralismo cultural* que todos experimentamos. As ciências e as técnicas estão continuamente despejando no mercado cultural novos conhecimentos, novas interpretações da realidade, novos questionamentos, que se constituem como campos do saber dotados de racionalidade e linguagem próprias, sem necessidade de referência alguma a qualquer fator que se situe fora de sua autocompreensão, como a fé em Deus ou em qualquer verdade religiosa. Desse modo a linguagem cristã se torna apenas mais uma nesse mercado de interpretações plurais sobre o homem e o mundo. Inclusive, a compreensão dela se torna mais difícil para nossos contemporâneos que vivem outras cosmovisões no seu dia a dia. Desse modo, o mundo cristão pode ser enquadrado numa ótica de leitura meramente humana e visto apenas em sua dimensão histórica ou artística, como acontece com os monumentos erigidos pela fé cristã no passado e hoje reduzidos a meras atrações turísticas. Os símbolos cristãos podem se ver reduzidos a palavras e imagens sem substância própria, desnaturadas por utilizações espúrias e comerciais, sendo que a perda do seu mundo simbólico seria fatal para o cristianismo, pois é ele que garante sua continuidade histórica (doutrina, sacramentos, comunidade eclesial, práticas etc.).

Outro sério desafio vem das demais *religiões* que hoje desfrutam de uma proximidade inédita na história da humanidade e que impelem o cristão a melhor conhecê-las e entendê-las em vista de uma convivência pacífica com seus membros. Desse modo, o diálogo inter-religioso passou a ser tema obrigatório na teologia cristã. Se confessamos um único Deus, criador de toda a realidade, que quer "que todos sejam salvos e cheguem ao conhecimento da verdade" (1Tm 2,4), então não podemos negar a ação salvífica do Espírito de Deus em outras tradições religiosas, mas nem por isso devemos omitir ser Jesus Cristo o único mediador entre Deus e os homens (1Tm 2,5), cuja salvação é universal e não limitada apenas aos cristãos. Ceder nessa questão equivale a destruir a identidade do cristianismo.[3] Infelizmente constatamos hoje falta de coerência e de espírito crítico em muitas afirmações proferidas em nome da tolerância e do diálogo. Entretanto, não podemos igualar o cristianismo às outras religiões pela afirmação de que todas são boas, salvíficas e verdadeiras. Felizmente, nesse ponto, há perfeita sintonia entre os melhores teólogos cristãos independentemente da respectiva Igreja.

Outro desafio provém da *diversidade cultural* dos povos. O fenômeno da globalização econômica arrastou consigo uma globalização cultural ao impingir às culturas nativas, nacionais ou regionais, visões da realidade e padrões de comportamento estandardizados, embutidos em seus produtos comerciais e tecnológicos. Esse fato provocou uma forte reação por parte das culturas locais que tendem a enfatizar o que lhes é próprio para poderem sobreviver. A fé cristã, enquanto recebida e vivida por homens e mulheres, encontra-se sempre dentro de um contexto sociocultural concreto onde é entendida, expressa e vivida. Portanto, a fé proclamada pelo missionário já é uma fé inculturada em seu país natal. Seus ouvintes, vivendo em outras culturas, querem também ser cristãos sem ter que renunciar a suas raízes culturais, a sua identidade social. Simplificando a questão: um africano não tem que se ocidentalizar para ser cristão; ele quer

---

[3] W. PANNENBERG, "Pluralismus als Herausforderung und Chance der Kirche", em: Id., *Kirche und Ökumene. Beiträge zur Systematischen Theologie III*, Göttingen, 2000, p. 31; K. RAHNER, "Das Christentum und die nichtchristlichen Religionen", *Schriften zur Theologie V*, Einsiedeln, 1962, p. 136-158.

ser um cristão permanecendo africano. Devemos, portanto, nos habituar a reconhecer no cristianismo ocidental não o cristianismo universal, mas uma modalidade de cristianismo, embora com elementos e aquisições que não podem ser descartados pelos demais povos. Ninguém desconhece o enorme problema constituído pela inculturação da fé semita no contexto sociocultural marcado pela racionalidade greco-romana. Pois o processo é difícil, longo e bastante arriscado como nos ensina a história dos grandes Concílios. Pois nem tudo nas culturas pode ser aceito pelo Evangelho. O imperativo da inculturação da fé constitui assim um desafio comum a todas as Igrejas cristãs.

A consciência moral da humanidade se desenvolve através da história em reação aos desafios dos diversos contextos existenciais e socioculturais que encontra, ou mesmo das conquistas provenientes das ciências modernas. Desse modo, aflorou à consciência cristã que o mandamento do amor fraterno tinha em seu bojo uma exigência de mudança das estruturas sociais e das ideologias que as justificavam. Razão dessa exigência estava no simples fato de que elas produziam desigualdades gritantes entre as classes sociais e sofrimentos humanos que poderiam ser evitados. Portanto, aparece a *dimensão política da fé* como um elemento que lhe é intrínseco por brotar do amor cristão por seu próximo. Entretanto, haverá sempre o perigo de se instrumentalizar a fé pondo-a a serviço de um objetivo de cunho político, ainda que este seja bom para a sociedade. Seria fazer do cristianismo uma ideologia a favor de mudanças sociais que, realizadas ou frustradas, poderiam descartar posteriormente o cristianismo como uma ferramenta já inútil. Mas principalmente seria esquecer que o advento do Reino de Deus é obra de Deus e não nossa, embora devamos pedir e nos empenhar por sua realização.

O fenômeno do *pentecostalismo* em suas diversas manifestações e que tão fortemente se faz sentir em nosso país, independentemente das respectivas confissões e comunidades cristãs, impressiona por sua rápida expansão e pelo entusiasmo que desperta em seus adeptos. As Igrejas históricas sentem o seu impacto, mas reconhecem ser difícil avaliar esse fenômeno: reação a um cristianismo ocidental demasiado racionalizado?

Ou iniciativa de Deus para despertar e vivenciar mais um cristianismo tradicional? Sem dúvida há muitos frutos positivos que confirmam a proveniência divina do fenômeno pentecostal. Mas também se deve cuidar para que o exercício da fé cristã não seja reduzido a experiências fortemente emotivas, centradas na própria pessoa, desconsiderando o compromisso cristão por uma sociedade mais justa, já implícito na mensagem do Reino de Deus.

Ainda encontramos um novo desafio à fé cristã que decorre da cultura neoliberal dominante em nossa sociedade. Certos pregadores prometem cura súbita, felicidade imediata, soluções simples para os problemas vitais das classes mais carentes, desde que paguem pelos serviços prestados. Essas agências religiosas de serviços, por terem eficiente organização e saberem utilizar a mídia, proliferam, enriquecendo seus líderes. Os símbolos cristãos são utilizados então numa *ótica funcionalista e lucrativa* que os deturpa profundamente. Quando não mais apontam para as realidades salvíficas da fé cristã, são "profanizados" como se exprimia Paul Tillich,[4] tornam-se "ídolos". Se tivermos presente que a realidade salvífica do cristianismo, por ser Deus e de Deus, nos chega sempre através da linguagem dos símbolos, então o mau uso do nome de Jesus Cristo, da própria Bíblia, dos sacramentos, das preces ou mesmo do termo Igreja cristã, acaba por enfraquecer o próprio cristianismo, que vê seus símbolos desgastados e nossos contemporâneos descrentes deles.

II. Um cristianismo uno e diverso

Como já afirmamos anteriormente, existem *diferenças* no interior do cristianismo que ainda separam as Igrejas e que devem ser objeto de futuros encontros ecumênicos. Temas como a sucessão apostólica, o ministério ordenado, a compreensão da Eucaristia, do papado, da própria noção de comunidade eclesial, não chegaram ainda a um consenso de fundo, como se deu com relação à primazia da Palavra de Deus no

---

[4]   P. TILLICH, *Korrelationen*, Stuttgart, 1975, p. 59-70.

Concílio Vaticano II (*Dei Verbum* 10), ou com a noção de justificação (Declaração Conjunta sobre a doutrina da justificação da Igreja Católica Romana e da Federação Luterana Mundial). Por outro lado constatamos no interior do cristianismo uma *diversidade* tal no tocante ao culto, à organização eclesial, às teologias, à pastoral, que nos perguntamos como é possível que, em meio a toda essa diversidade, todas as Igrejas apontem para o mesmo Deus, o mesmo salvador Jesus Cristo, o mesmo Espírito Santo que a todos santifica e fortalece? Será essa diversidade (não diferença) inevitável? Será ela apenas negativa e danosa, ou fator positivo e enriquecedor para o cristianismo? Não estariam por detrás de certas separações entre os cristãos apenas diferenças de cunho pessoal ou cultural que se apresentam como essenciais sem o serem de fato?[5] Nesse caso poderíamos ter um cristianismo que já apresenta certa unidade no respeito à diversidade plural de suas Igrejas. Aceitar essa afirmação nos leva a uma reflexão que a fundamente. É o que faremos a seguir nesta segunda parte.

A ação salvífica de Deus na história, seja no período de preparação à vinda de Jesus Cristo (Antigo Testamento), seja nos primórdios do cristianismo (Novo Testamento), só chega realmente a sua meta quando é *acolhida na fé* pelo ser humano. Assim, para os que não tinham fé, Jesus de Nazaré foi apenas um galileu exaltado e logo eliminado pelas autoridades religiosas de seu tempo. O gesto salvífico de Deus enviando seu Filho para nos salvar não foi por elas reconhecido. Portanto, só existe revelação salvífica de Deus quando a iniciativa divina é acolhida na fé pelo ser humano. Mas não existe o ser humano em geral, pois todos vivemos necessariamente no interior de um contexto vital, sociocultural, histórico, caracterizado por um horizonte de compreensão e uma linguagem bem determinada, dotada de ideias, experiências e práticas próprias.

Portanto, ao acolher na fé a ação salvífica de Deus, necessariamente toda essa realidade humana estará também presente. Pois o homem para aceitá-la deve entender a revelação salvífica de Deus, que se dará

---

[5] J. RATZINGER, "A propos de la situation oecuménique", em: Id., *Faire route avec Dieu*, Paris, 2003, p. 239.

inevitavelmente dentro do seu respectivo horizonte cultural.[6] É a mesma ação divina, mas a diversidade plural daqueles que creem faz com que haja diversidade nas expressões dessa mesma fé.[7] Só assim explicamos a existência de quatro Evangelhos e a impossibilidade de reduzi-los a apenas um. Só assim explicamos a diversidade constatada na pneumatologia lucana, paulina ou joaneica. Só assim explicamos a diversidade das comunidades eclesiais constituídas por cristãos judeus ou gentios tal como aparece na Igreja de Jerusalém e de Antioquia.[8]

A própria *história do cristianismo* nos atesta a pluralidade de expressões que apontam todas elas para o evento salvífico Jesus Cristo: expressões plurais de cunho doutrinal, litúrgico, pastoral, de organização comunitária. Além disso, a convivência de teologias diversas no interior do mesmo cristianismo confirma que os percursos biográficos e os modos de pensar dos que aderem a Jesus Cristo incidem fortemente em sua compreensão e expressão da fé. A já mencionada *Declaração Conjunta sobre a Doutrina da Justificação* demonstrou como é importante esse fator no âmbito ecumênico. A síntese de Lutero tinha como princípio básico de sua teologia o "Deus que me salva". Já Tomás de Aquino partia da noção de "Deus criador e salvador". A teologia mais sapiencial de Tomás de Aquino e a teologia mais existencial de Lutero resultam de modos diversos de refletir a fé, que não podem ser reconciliados numa síntese posterior, mas que são legítimos no interior da mesma fé cristã.[9]

Também devemos considerar que a noção cristã de *verdade* se fundamenta na concepção bíblica, expressa no vocábulo *emet*: firmeza,

---

[6]   Mesmo as dissensões presentes na história do cristianismo foram fortemente influenciadas pelo aspecto cultural, embora não exclusivamente. Ver Y. CONGAR, *Diálogos de outono*, São Paulo, Loyola, 1990, p. 70-74.

[7]   K. RAHNER, "Theologie im Neuen Testament", *Schriften zur Theologie V*, Einsiedeln, Benzinger, 1962, p. 33-53.

[8]   W. PANNENBERG, "Pluralismus als Herausforderung und Chance der Kirche", em: Id., *Kirche und Ökumene. Beiträge zur Systematischen Theologie III*, Göttingen, 2000, p. 25s.

[9]   Sobre esse ponto ver: O. H. PESCH, *Die Theologie der Rechtfertigung bei Martin Luther und Thomas von Aquin*, Mainz, 1967; H. LEGRAND, "La legitimité d'une pluralité des 'formes de pensée' (Denkformen) en dogmatique catholique". Retour sur la thèse d'un précurseur: Otto Hermann Pesch, em: F. BOUSQUET (ed.), *La responsabilité des théologiens. Mélanges offerts à Joseph Doré*, Paris, 2002, p. 690-694.

consistência, fidelidade (entre pessoas). Algo que se comprova como digno de confiança é *emet*. Portanto, essa concepção de verdade não pode prescindir do tempo, pois deve acontecer na história. Tal característica falta ao conceito grego de verdade que *não acontece,* mas simplesmente *é.* Daí não poder mudar. Entretanto, a noção bíblica de verdade não se opõe à concepção grega, embora seja dela distinta, pois os feitos de Deus na história (o *emet* divino) são pressupostos como objetivamente verdadeiros no sentido grego. Assim, as verdades de fé reivindicam validez universal e correspondência com a realidade, não se reduzindo a estados de ânimo ou situações existenciais,[10] embora abertas ao futuro.

Sendo assim, a verdade cristã não pode ser contida num conceito, mas é acessível à fé enquanto esta última confia e se apoia no Deus que virá no futuro em plenitude.[11] Desse modo, ela se opõe a qualquer tipo de dogmatismo, como infelizmente já se deu no passado. Hoje temos consciência do "já" e do "ainda não" que caracterizam as verdades da fé, pois a distância entre Deus e nós apenas nos permite expressá-lo de modo análogo e fragmentário. "Agora nós vemos num espelho, confusamente; mas, então, veremos face a face. Agora, conheço apenas em parte; mas, então, conhecerei completamente, como sou conhecido" (1Cor 13,12). E como só podemos ter a verdade infinita de Deus na limitação das palavras humanas, estas últimas apontam corretamente para o mistério sem a pretensão de esgotar sua compreensão. Assim, temos o todo no fragmento, a verdade da fé no instrumental linguístico que dispomos. Nenhum conceito, estrutura mental ou horizonte cultural pode reivindicar *a priori* a *mediação exclusiva* da articulação da fé. Devemos afirmar o absoluto do mistério divino na condição humana que dá lugar, na questão da verdade da fé, a uma pluralidade.

No interior do cristianismo sempre tivemos não só escolas teológicas diversas, que acentuavam e articulavam diversamente os dados da fé, mas também liturgias, organizações eclesiais, práxis cristãs diversas, que davam lugar a configurações plurais da mesma fé. Todas elas são legítimas,

---

[10] A. KREINER, "Überlegungen zur theologischen Wahrheitproblematik und ihrer ökumenischen Relevanz", *Catholica* 41 1987 p. 114-119.

[11] M. DE FRANÇA MIRANDA, "Verdade cristã e pluralismo religioso", em: Id., *A Igreja numa sociedade fragmentada*, São Paulo, 2006, p. 297-314.

iluminando determinados aspectos e deixando outros mais na sombra, testemunhando assim a impossibilidade de abranger toda a riqueza da fé numa só configuração. O que diversifica, nesse caso, não rompe a unidade do cristianismo, nem o empobrece. Pelo contrário, manifesta *mais plenamente* essa mesma unidade presente na pluralidade de suas expressões.

A fé cristã é uma realidade viva, atual, abrangente. Como realidade viva deve ser vivida, sincrônica e diacronicamente, nos diversos ambientes culturais onde se encontra. Tal só é possível na medida em que é vivida e expressa nos variados contextos históricos onde se encontra, na medida em que é vivida numa pluralidade de vivências e de expressões. Mesmo as dissensões que ela apresenta confirmam que o aspecto cultural teve um grande peso, embora não exclusivamente. Portanto, a diferença das confissões cristãs pode implicar uma necessidade histórica inevitável. Mas devemos observar que o clima polêmico fez com que as Igrejas radicalizassem o que tinham de próprio para garantir sua identidade. Esta afirmação atinge não só a doutrina, mas também a instituição como o culto, a organização, a ação caritativa, que marcam fortemente a religiosidade do fiel e dificultam mesmo qualquer mudança.[12]

Devemos também considerar que nem todas as verdades cristãs têm a mesma importância. Podemos mesmo falar de uma *hierarquia de verdades*[13] conforme a proximidade e o nexo de cada uma delas com o núcleo da fé cristã. Este está constituído pelo mistério da vida, morte e ressurreição de Jesus Cristo, no qual temos a revelação do Deus Trino e o acesso à nossa salvação. É o que vem enfatizado na recente *Declaração Conjunta sobre a Doutrina da Justificação* (n. 18). Já Tomás de Aquino, ao afirmar ser a doutrina revelada uma doutrina salvífica, distingue as verdades de fé que concernem o fim, a saber, a própria salvação, e aquelas que dizem respeito aos meios salvíficos. As diferenças doutrinárias teriam mais relação com estas últimas.[14] Nesse sentido, podemos afirmar que a

---

[12] J.-P. WILLAIME, "Les paradoxes contemporains de l'oecuménisme", em: Id., *La precarité protestante. Sociologie du protestantisme contemporain*, Genève, Labor et Fides, 1992, 174s.

[13] W. HENN, "The Hierarchy of Truths and Christian Unity", *Ephemerides Theologicae Lovanienses* (1990) p. 112.

[14] W. THÖNISSEN, "Hierarchia Veritatum. Eine systematische Erläuterung", *Catholica* 54 (2000) p. 183.

pessoa de Jesus Cristo constitui o critério central para uma hierarquização das verdades de fé.

Daqui se segue uma importante consequência para sabermos avaliar as diferenças de cunho doutrinal, já que todas elas não desfrutam de igual importância, dependendo de sua relação com esse núcleo salvífico. De fato, elas constituem uma *totalidade orgânica* em torno do mistério de Jesus Cristo.[15] Contudo, a hierarquia das verdades de fé não constitui um critério que determine *quantitativamente* o que é normativo para a fé cristã, mas abre espaço para acentuações diferenciadas e configurações plurais do núcleo da fé. E também para as "identidades confessionais", que representam a fé vivida num contexto eclesial determinado, constituído não só pela doutrina, mas também pelo testemunho, pelo culto, pela comunidade, pelo serviço. Não poderiam algumas diferenças doutrinárias das confissões ser consideradas como compreensões diferenciadas do mistério central, conforme o contexto existencial e sociocultural de quem o acolhe e, portanto, legítimas? Hipótese séria, mas que não pretende desacreditar as diferenças reais, mas incentivar seu estudo para desfazer preconceitos e favorecer a união. Desse modo, não se perderia toda a riqueza de leituras e vivências aí presentes, fortalecendo a tese de uma unidade na pluralidade, expressa por J. Ratzinger como "permaneçam as Igrejas e, contudo, se tornem uma Igreja",[16] ou da tese do consenso diferenciado, defendida hoje no diálogo ecumênico.[17]

III. Eixos centrais de um cristianismo unido

Trata-se de oferecer *verdades cristãs* que hoje devem ser realçadas em todas as comunidades cristãs e que fortalecem a unidade do cristianismo

---

[15] W. PANNENBERG, "Das protestantische Prinzip im ökumenischen Dialog", em: Id. *Kirche und Ökumene*, Göttingen, p. 190.

[16] Citado por W. KASPER, *Katholische Kirche*, Freiburg, Herder, 2011, p. 436.

[17] M. STRIET, "Denkformgenese und –analyse in der Überlieferungsgeschichte des Glaubens", em: H. WAGNER (ed.), *Einheit _ aber wie? Zur Tragfähigkeit der ökumenischen Formel vom differenzierten Konsens,* Freiburg, Herder, 2000, p. 63s; W. PANNENBERG, Pluralismus als Herausforderung, ob. cit., p. 29; H. MEYER, *Diversidade reconciliada*; o projeto ecumênico, São Leopoldo, Sinodal, 2003.

diante da atual sociedade. Embora a escolha desses eixos seja pessoal e, portanto, subjetiva, procurarei justificar a seguir esta minha opção. Confesso que ela brotou em boa parte dos desafios pastorais enfrentados pelas Igrejas que, bem examinados, se assemelham em todas elas.

1. A pessoa de Jesus Cristo

Pode-se notar nas Igrejas cristãs uma preocupação com sua manutenção, seu crescimento, sua identidade, que acaba por ocupar seus responsáveis com questões de cunho administrativo e pastoral. É um fenômeno natural desde que não se transforme num eclesiocentrismo que veja as demais comunidades cristãs como rivais ou concorrentes ou que não dê a devida importância à proclamação da *pessoa* e da *mensagem* de Jesus Cristo. Pois aqui temos o núcleo da fé cristã, que é primordial e anterior a todas as demais expressões, práticas ou organizações que caracterizam uma Igreja cristã.

Numa época em que a fé cristã não é mais respaldada pela sociedade como se dava no passado, em que crenças religiosas são oferecidas generosamente como num mercado, em que as instituições eclesiais lutam para acompanhar as transformações profundas e sucessivas da sociedade, em que os valores tradicionais, mesmo religiosos, não são mais automaticamente aceitos, torna-se a *transmissão da fé* às novas gerações um problema central para as Igrejas cristãs. É o momento de proclamarmos a pessoa de Jesus, sua vida, sua história, sua mensagem, tal como nos apresentam os Evangelhos, pois a força atrativa que dela emana não deixará de impactar as gerações mais jovens, descrentes da cultura consumista e descartável, vazia de referências substantivas que os orientem na aventura da vida ou que indiquem onde investir a própria liberdade na construção de sua autobiografia. A mensagem cristã potencializa o que há de melhor no coração humano, se realmente apresentada como se deve.

As Igrejas acumularam ao longo dos anos muitas tradições e práticas contingentes, históricas, humanas, que caracterizam seu perfil, mas que podem também encobrir o núcleo da fé cristã, como poeira que se acumula numa obra de arte e impede que seja admirada pelo seu valor.

O cristianismo não toma sem mais partido pela herança institucional religiosa, pois assim como rejeita os ídolos, acolhe a opção rebelde que brota da consciência.[18] Enfatizo este ponto: devemos apresentar aos jovens o caminho de Jesus como uma possibilidade de realização da liberdade. De fato, a adesão a Jesus Cristo na fé é uma *opção livre*, que parte de dentro da pessoa ao aceitar a graça da fé. Essa opção, por ser livre, tem seu risco como tão bem experimentaram os primeiros cristãos. Um risco que se fundamenta não numa argumentação, mas numa pessoa, como tão bem exprime Paulo: "Sei em quem depositei minha fé" (1Tm 1,12). Essa opção livre deve ser respeitada e fomentada pela instituição eclesial, às vezes mais preocupada em enquadrar o fiel em suas práticas.

Juntamente com a ênfase posta na pessoa de Jesus está a importância de recuperarmos a verdadeira *imagem de Deus* revelada na vida e nas palavras do Mestre de Nazaré. Pois imagens deformadas de Deus e veiculadas pelos próprios cristãos podem constituir um sério obstáculo à credibilidade do cristianismo e à atividade missionária das Igrejas. Um Deus juiz e controlador, um Deus distante e ausente, um Deus que incita à violência, um Deus tapa-buraco para momentos difíceis, um Deus ciumento do progresso humano, um Deus concebido à nossa imagem e semelhança, um Deus todo-poderoso, são representações de Deus herdadas do passado e ainda vigentes em nossos dias. Já o Deus de Jesus, já que Jesus é a imagem perfeita do Pai (Jo 14,9), se revela nas ações e nas palavras do Mestre de Nazaré, onde emerge seu amor incondicional por todo ser humano, sua compaixão pelos mais pobres e marginalizados, sua misericórdia diante do sofrimento humano, seu perdão sem reservas diante do pecado, sua humildade diante da liberdade humana, enfim sua preocupação com a felicidade do homem ao procurar diminuir seus sofrimentos físicos e morais. É preciso dar um conteúdo cristão à palavra "Deus", temido por muitos cristãos e invocado diversamente por

---

[18] J. RATZINGER, "Der christliche Glaube und die Weltreligionen", em: H. VORGRIMLER (Hrsg.), *Gott in Welt. Festgabe für Karl Rahner II*, Freiburg, 1964, p. 290.

não cristãos. Nosso Deus é o Deus de *Jesus Cristo*, nosso único acesso verdadeiro ao Mistério Infinito que nos envolve.[19]

2. A comunhão das Igrejas

A fé na pessoa de Jesus Cristo e no Deus por ele revelado constitui os cristãos e as cristãs como um *grupo social* determinado na grande sociedade humana. Esse grupo visibiliza e torna realidade para o mundo a ação salvífica de Deus na história pela profissão de fé, pela celebração dos sacramentos e pela vivência cristã de seus membros. Esse grupo se compreendeu, desde o seu início, como o *novo Povo de Deus*, como uma comunidade de fiéis destinada a anunciar e realizar a mensagem evangélica do Reino de Deus. Sabemos pela história do cristianismo que outras comunidades foram se originando fora da Palestina, organizando--se diversamente conforme os contextos socioculturais respectivos. Mas todas invocando o mesmo Deus, confessando o mesmo Senhor Jesus e vivendo sob a ação do mesmo Espírito.

O cristianismo era então uma comunhão de Igrejas porque todas participavam dos mesmos bens salvíficos. Essa comunhão era, sobretudo, com o Pai e o Filho no Espírito (1Jo 4,12s) e se fundamentava, em última instância, no próprio ser de Deus, que existe como comunhão. Essa *eclesiologia de comunhão* estava muito difusa no primeiro milênio do cristianismo. Ela não era impedida por *configurações diversas* do crer em Jesus Cristo, do viver os valores evangélicos, do organizar a comunidade cristã, do celebrar o culto e os sacramentos, do determinar a ação missionária. Portanto, a diversidade sempre existiu no cristianismo. Algumas resultaram em rupturas sérias na unidade cristã, como a separação dos cristãos do Oriente e a Reforma protestante. Mesmo sem desconhecer pontos controversos que exigem tempo, estudo, abertura ao diálogo para serem devidamente captados e valorizados, podemos afirmar que existe uma profunda unidade de todas as comunidades cristãs, fundamentada na mesma fé e na mesma missão que lhes fornece sua própria identidade.

---

[19] J. M. CASTILLO, *Deus e nossa felicidade*, São Paulo, Loyola, p. 23-42.

As diferenças, que não devem ser escamoteadas, podem ser mais bem compreendidas e toleradas se tivermos em consideração que ter a verdade da fé não significa que a tenhamos captado em toda a sua riqueza e profundidade, como já nos alerta o apóstolo Paulo: "Agora nós vemos num espelho; mas, então, veremos face a face" (1Cor 13,12).[20] Além disso, temos de reconhecer que as diversas Igrejas cristãs podem representar configurações diversas da mesma fé, dotadas de valor único, já que completa e enriquece o cristianismo, e desse modo jamais deveriam desaparecer.[21] Fundamental é aqui constatar que o que une as Igrejas cristãs é muito maior do que as separa. Pois todas elas aí estão, e não têm outro sentido senão manifestar e tornar realidade o Reino de Deus. Não é suficiente, como aconteceu em grande parte no passado, a discussão em torno dos elementos institucionais, presentes ou não, nessa ou naquela Igreja, mesmo que tal debate seja necessário e possa redundar em proveito de todas elas. Pois o institucional recebe sua legitimidade e sentido enquanto está a serviço do Reino de Deus.

Com outras palavras, o *testemunho dos fiéis* como comunidade eclesial, vivendo com coerência sua vocação cristã, deve ser mais valorizado no interior do cristianismo. A proclamação da Palavra, a administração dos sacramentos, os ministérios de governo, devem ser fecundos, ou seja, *fazer crescer o Reino de Deus*. Esse ponto é de grande importância para o tema da comunhão das Igrejas, pois a diversidade de configurações institucionais pode ter-se dado em vista de tornar o institucional (meio) realmente salvífico.[22] Numa sociedade secularizada que já apresenta dificuldade em entender a linguagem cristã e que se encontra à mercê de uma inflação de discursos de todo tipo, o testemunho de vida ganha enorme realce. E em todas as Igrejas cristãs encontramos essa coerência de vida, essa vivência contracultural, essa manifestação da presença e da

---

[20] W. PANNENBERG, "'Glaube und Kirchenverfassung' in einer säkularisierten Welt", em: Id., *Kirche und Ökumene*, p. 243.

[21] H. WAGNER, "Konfessionen und Ökumene eine Widerspruch?", em: F. CHICA-S. PANIZZOLO-H. WAGNER (Ed.), *Ecclesia Tertii Millenni Advenientis. Omagio al P. Angel Antón*, Casale Monferrato, 1997, p. 335s.

[22] O. H. PESCH, "Hermeneutik des Ämterwandels?", em: P. WALTER; K. KRÄMER; G. AUGUSTIN (Hrsg.), *Kirche in ökumenischer Perspektive*, Freiburg, Herder, 2002, p. 417-438.

graça de Deus que assinala para nossos contemporâneos que o Reino de Deus realmente acontece no interior da história.

Esse fato deveria ser *mais enfatizado* nas Igrejas, pois o institucional, o sacramental, o jurídico, o organizativo, o doutrinal, o teológico está (ou deveria estar) necessariamente enraizado na experiência salvífica da graça de Deus que transformou o cristão e o levou a pôr-se a serviço da grande missão: "Ide, pois, fazer discípulos entre todas as nações" (Mt 28,19). Não foi, afinal, a causa do Reino de Deus que levou Lutero a tentar uma reforma da sua própria Igreja, já que não pretendia fundar outra, mas não teve a compreensão da parte de seus responsáveis?[23] Sabemos que a vivência da salvação, a dimensão existencial da fé, sempre teve enorme influência em sua vida e em sua teologia. Sua crítica às instituições e práticas decadentes de sua época, ao enfatizar a imediatidade do cristão com Deus, de onde hauria sua liberdade, não excluía a mediação humana ou institucional, cuja finalidade era exatamente possibilitar tal relacionamento direto com Deus.[24]

Volto a insistir. Numa sociedade pluralista entregue a toda sorte de compreensões da realidade, também de cunho religioso por parte das grandes religiões tornadas próximas, é fundamental que o cristianismo se encontre unido, no respeito à diversidade das confissões, se quiser desfrutar de credibilidade e poder transformar a humanidade na grande família de Deus, meta escatológica que só se realizará perfeitamente na outra vida, mas que deve ser buscada por todo cristão no interior da história. Se quisermos ter vez e voz na vida pública, temos que nos apresentar unidos, já que nossa missão é comum, mesmo reconhecendo devermos continuar nos esforçando para alcançar a verdade nos pontos controversos.[25] Para alcançar esse objetivo temos que mudar nossa atitude com relação às demais Igrejas cristãs. Se no passado caímos num eclesiocentrismo, voltados principalmente para nossa própria comunidade,

---

[23] J. DELUMEAU, *Naissance et affirmation de la réforme*, Paris, 1965, p. 66; W. PANNENBERG, "Reformation und Einheit der Kirche", em: Id., *Kirche und Ökumene*, p. 174.

[24] W. PANNENBERG, "Reformation", p. 179-181.

[25] W. PANNENBERG, "Christianity and the West. Ambiguous Past, Uncertain Future", em: Id., *Kirche und Ökumene*, p. 58s.

hoje se faz necessário respeitar, conhecer e colaborar uns com outros na missão comum diante da sociedade secularizada e pluralista.

3. A missão comum

Toda a pessoa e a vida de Jesus só se entendem à luz do *Reino de Deus*. Não podemos cair num "reinocentrismo" sem Jesus, nem num "cristocentrismo" sem o Reino. No primeiro caso transformaríamos o cristianismo numa ideologia; no segundo, estaríamos tornando ininteligível a atividade salvífica de Jesus. Portanto, a missão de proclamar o Evangelho, de anunciar a Boa-Nova da salvação ao mundo, implica necessariamente uma referência ao Reino de Deus já presente nas palavras e nas ações do Mestre de Nazaré, mas que terá sua plenitude na outra vida. Nessa noção entra primeiramente a soberania de Deus manifestada em seu amor incondicionado pelos seres humanos. À medida que essa iniciativa divina é acolhida, então a pessoa se transforma, se liberta de seu egoísmo e passa a viver para Deus e para seus semelhantes. Esse acolhimento é graça de Deus, é dom, é gratuito.

O novo relacionamento com Deus através de uma fé viva acarreta, assim, um novo relacionamento da pessoa com seus semelhantes, que não deixa de ter *repercussão na sociedade*. O mundo da cultura, da família, da organização social, da vida profissional, da política, da economia não se situa fora do âmbito do Reino de Deus. Este tende realmente a construir uma nova humanidade caracterizada pela justiça, pela paz, pela partilha, pelo amor fraterno, realizando assim a soberania de Deus neste mundo.[26] Entretanto, o advento do Reino não se dá tranquilamente e sem conflitos como nos comprova a história e o destino de Jesus Cristo. Pois a missão cristã é realizada num mundo já marcado pelo pecado e pelo egoísmo, que reage quando se vê questionado pela mensagem evangélica. A quênose e a glorificação, a morte e a ressurreição, são componentes constitutivos da salvação cristã, do mistério pascal, da realização do Reino de Deus.

---

[26] Ver G. LOHFINK, *Deus precisa da Igreja?* Teologia do Povo de Deus, São Paulo, Loyola, 2008.

A compreensão adequada da noção do Reino de Deus levou o Conselho Mundial das Igrejas a incentivar a participação dos cristãos na luta por uma sociedade humana que diminua as desigualdades sociais, os sofrimentos dos mais pobres, a idolatria do mercado, a sustentabilidade do planeta, que teve início em Vancouver (1983) e deu alento ao movimento "Justiça, Paz e Integridade da Criação". No Brasil, a preocupação pela situação das maiorias empobrecidas se concretizou pelos pronunciamentos sociais do CONIC, pelas teologias da libertação e pelos empenhos sociopolíticos por parte de membros das várias Igrejas cristãs no país. Tais atividades são profundamente cristãs porque Jesus não apenas proclamou a mensagem do Reino, mas também através de suas ações diminuiu os sofrimentos físicos ou morais daqueles que encontrava. Sem diminuir a importância da verdade no cristianismo, sua dimensão ética ganha força crescente em nossos dias.[27]

A grande missão de um cristianismo unido em nossos dias é levar a mensagem cristã a uma sociedade secularizada. Uma sociedade cujos membros procuram viver apenas para satisfação de suas necessidades, de seus desejos, de seus sonhos de consumo. Uma sociedade cujos membros não mais perguntam pelo sentido da realidade, contentando-se com o que veem, fechando-se ao Transcendente e dispensando qualquer referência a Deus. Desse modo, os símbolos cristãos (Palavra de Deus, celebrações cúlticas, linguagem cristã) que tanto motivavam nossos antepassados pouco dizem para nossos contemporâneos, exigindo das Igrejas esforço inédito para se fazerem entender pelo mundo situado para além de seus fiéis. É importante que esta sociedade se dê conta de que o cristianismo humaniza o convívio social, melhora as condições de vida, aumenta a paz e diminui a violência; numa palavra, contribui para a felicidade do ser humano. Afirmamos isso sem desconhecer as tragédias, violências e sofrimentos ocasionados pelo cristianismo no passado, que devem ser corrigidos por nosso testemunho no presente.[28]

---

[27] J. RATZINGER, op. cit., p. 246: "Le thème prioritaire du dialogue oecuménique devrait être la recherche de ce que le commandement de l'amour signifie concrètement en ce moment précis".

[28] Como afirmava já John Wesley: "If we cannot as yet think alike in all things, at least we may love alike. Herein we cannot possibly do amiss", M. HURLEY (ed.), op. cit., p. 56.

Agradeço de coração a atenção e a paciência com que vocês ouviram este cristão como vocês, para quem Jesus Cristo é o sentido último e o fundamento de toda a realidade (Cl 1,15-17) e no qual procuro investir esta vida passageira que Deus me concedeu na esperança de com Ele viver a felicidade eterna.

Sumário

Prefácio 5

Como ser Igreja hoje? 9
  I.   Todos na Igreja somos Igreja 10
  II. Todos na Igreja somos sinais do Reino de Deus 13
  III. Todos na Igreja somos cristãos conscientes 15
  IV. Todos na Igreja somos místicos 17
  V.   Todos na Igreja somos uma comunidade sustentada
      pela força de Deus 19

A Igreja como Povo de Deus 23
  I.   Povo de Deus na Escritura e na história do cristianismo 24
  II. No Concílio Vaticano II 26
  III. A recepção da Igreja como Povo de Deus na América Latina .. 30
  IV. Povo de Deus nos anos posteriores ao Concílio Vaticano II 32
  V.   Nova mentalidade e correspondente instituição eclesial 35
  VI. Conclusão 38

A Igreja local 41
  I.   Pressupostos 42
  II. A Igreja local na perspectiva de Deus 46
  III. A Igreja local como comunidade humana 51
  IV. Igreja local e Igreja universal 55
  V.   Igreja local e movimentos 58
  VI. Conclusão 63

Igreja e Estado na atual sociedade 65
  I.   A relação Igreja e Estado como quadro de referência 67
  II. Desafios atuais para o Estado 71
  III. A Igreja diante da nova situação 78
  IV. O compromisso político do cristão 85
  V.   Algumas consequências para a Igreja no Brasil 91

Concílio Vaticano II: o legado e a tarefa 97
    I. O conflito de interpretações do Concílio Vaticano II 98
    II. O processo em busca de um modelo de colegialidade 107
    III. A emergência de um laicato adulto 116
    IV. Observações conclusivas 122

É possível um sujeito eclesial? 129
    I. Os pressupostos necessários 130
    II. A Igreja que herdamos 135
    III. O sujeito eclesial pressupõe uma nova mentalidade eclesial .. 141
    IV. O sujeito eclesial pressupõe uma nova configuração eclesial . 148
    V. O sujeito eclesial pressupõe liberdade interior e amor à Igreja . 156

Verdades urgentes para uma renovação eclesial 163
    I. O Espírito Santo é também responsável pela
       institucionalização da Igreja 165
    II. A fé cristã desafiada pela diversidade dos fiéis 172
    III. Uma Igreja que testemunha o que crê 184

A fé cristã como fé eclesial 191
    I. A fé cristã hoje 193
    II. A fé cristã como fé eclesial 201

Em vista da nova evangelização 213
    I. Crer e transmitir a fé em nossos dias 217
    II. A imprescindível conversão 226
    III. Resgatar o núcleo existencial e místico da fé cristã 235

A urgência de um cristianismo unido 241
    I. As ameaças atuais à fé cristã 243
    II. Um cristianismo uno e diverso 247
    III. Eixos centrais de um cristianismo unido 252

Impresso na gráfica da
Pia Sociedade Filhas de São Paulo
Via Raposo Tavares, km 19,145
05577-300 - São Paulo, SP - Brasil - 2015